うかる！

2023-2024年版

FP
速攻テキスト
3級

フィナンシャル バンク インスティチュート編

JN172602

日本経済新聞出版

はじめに

「今の保険、見直すべき？」「子どもの学費はいくら必要？」「投資を始めたいな」「そろそろ相続について考えないと」……ファイナンシャル・プランナー（FP）は、こういった、誰もが持つお金の悩みや疑問に対して、顧客のライフスタイルや価値観をふまえながらアドバイスを行います。

資産運用、生命保険、年金、税金、不動産、贈与・相続など幅広い知識が問われるFP試験は「金融業界の資格」と思われがちですが、キャリアアップを目指すビジネスパーソンや、就職活動をひかえた学生、家計の見直しのために学ぶ人など、幅広い方々がチャレンジしています。

本書は、FP試験対策の研修を数多く行ってきた弊社の経験を活かし、初めて学ぶ方、独学で試験に挑む方でも、合格に必要な知識を効率的に身につけられるようにまとめたテキストです。試験に出題されやすい項目を絞り込み、オールカラーの見やすいレイアウトで、用語解説や例題、間違えやすいポイント、そして実際に出題された過去問などを盛り込みました。

また、FP試験は「金財」と「FP協会」の2団体で実施されていますが、団体ごとに出題されやすい問題についても各章末に整理しています。さらに、同時発売の『うかる！ FP3級 速攻問題集 2023−2024年版』も併用し反復学習すれば、知識の定着度が高まるでしょう。

読者の皆様が、本書を最大限に活用して、短期間で合格を勝ち取られることを心からお祈りしております。

2023年4月

　　　　　　　フィナンシャル バンク インスティチュート株式会社

　　　　　　　　　　　　CEO　山田　明

目　次

1章　ライフプランニングと資金計画

2章　リスク管理

3章 金融資産運用

4章 タックスプランニング

5章 不動産

6章　相続・事業承継

本書は2023年4月1日現在の法令に基づいて作成しています。刊行後の法改正情報は弊社ホームページに掲載します。2024年1月および5月に受検する方は、法改正情報にも注意して学習してください。

資格の概要

1. FPってどういう資格？

　FP技能検定試験（以下、FP試験）を通して、お金についての基礎知識を広く体系的に学べるため、仕事や実生活の様々な場面で役立ちます。

◎金融機関・不動産業界の人

　より専門的な知識を身につけることで、具体的なアドバイスが可能になります。また、資格があることで、顧客からの信頼が得やすくなります。キャリアアップにもつながるでしょう。

◎人事・労務部門の人

　給与や退職金など、従業員のお金に関わる業務を確実に行えるようになります。また、福利厚生の一環として従業員向けのセミナーを充実させるのにも役立ちます。

◎家計を預かっている人

　生命保険、税務、ローン、貯蓄など幅広い知識を身につけられます。主婦など家計を預かっている人は、FPの知識を自らの家計に活かせば、マイホーム取得や老後の設計がしやすくなるでしょう。

◎就職・転職活動中の人

　履歴書や名刺などでアピールできるため、就職・転職活動の幅を広げやすくなります。他の資格とあわせて取得すれば、独立開業や転職に有利になるでしょう。

　FP試験に合格すると、国家資格である「FP技能士」を名乗ることができます。顧客（個人や中小企業など）に対する資産管理などのアドバイスといったFPの業務は、FP技能士資格を持たなくても行えますが、資格を持たずに「FP技能士」を称することはできません。

2. FP3級の先は？ ～資格の種類と獲得までの流れ～

　FPの検定試験は1級～3級に区分され、それぞれ学科試験と実技試験があります。3級は初めてFP技能検定を受検する人や、実務経験のない人が受けられる試験です。

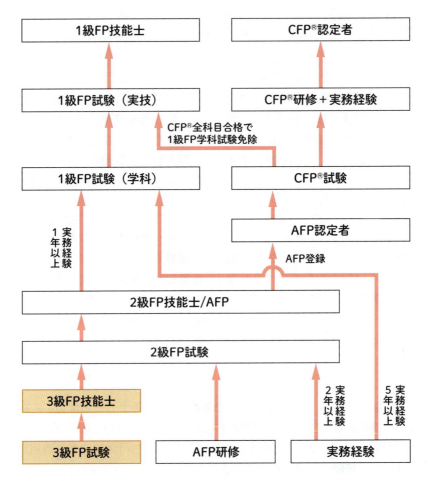

※一部の合格者には試験免除制度があります。
※FP技能検定試験は、一般社団法人金融財政事情研究会（金財）と特定非営利活動法人日本ファイナンシャル・プランナーズ協会（FP協会）の2団体で実施されています。
※本図では、受検資格等の説明を一部省略しています。詳しくは試験実施機関にお問い合わせください。

試験の概要

1. 試験の種類と内容

　3級には学科試験と実技試験があり（同日実施）、合否判定はそれぞれ行われます。学科試験あるいは実技試験合格者には一部合格証書が発行され、学科試験と実技試験の両方に合格すると、合格証書が発行されます。

	学科試験	実技試験	
		金財	FP協会
科目	共通	「個人資産相談業務」「保険顧客資産相談業務」の中から選択	「資産設計提案業務」
出題形式	マークシート形式	事例形式	マークシート形式
合格基準	60点満点で36点以上	50点満点で30点以上	100点満点で60点以上

2. 試験日程（予定）

　試験は、年3回（9月、1月、5月）実施されています。

試験日		2023年9月10日（日）	2024年1月28日（日）
法令基準日		2023年4月1日	2023年10月1日
試験時間	学科	10:00～12:00（120分）	
	実技	13:30～14:30（60分）	
受検申請受付期間		2023年7月5日（水）～7月25日（火）	2023年11月14日（火）～12月5日（火）
合格発表日		2023年10月20日（金）	2024年3月8日（金）

※5月試験の詳細は未定です。各日程は変更されることがあります。詳細は、必ず試験実施機関のホームページ等を参照してください。

試験実施機関	金財	FP協会
ホームページ	https://www.kinzai.or.jp/	https://www.jafp.or.jp/
住所	〒160-8529東京都新宿区荒木町2-3TEL：03-3358-0771	〒105-0001東京都港区虎ノ門4-1-28虎ノ門タワーズオフィス5FTEL：03-5403-9890

本書の特長と使い方

本書は2023年4月1日現在の法令に基づいています。

節ごとに全体像をつかむ

「本節で学ぶこと」で、その節での学習内容や注意点を簡潔に説明しています。

ひと目でわかる重要度

単元ごとの重要度を3段階の★で示しています。★★★が最も重要な項目です。

1 経済・金融の基礎

重要度 ★★★

本 節 で 学 ぶ こ と

- **経済・景気の代表的な指標**
  新聞などでよく目にする経済用語が登場します。意味を理解しておきましょう。
- **金融市場**
  市場は複数ありますが、コール市場が頻出です。
- **日銀の金融政策**
  買いオペ、売りオペの違いやその目的を理解しておきましょう。
- **変動とその原因**
  関係、インフレとデフレの違いがよく問われます。

計算

よく出題される計算式です。確実に計算できるよう、押さえておきましょう。

●単利の計算式（税引き前）

$$\text{満期時の元利合計} = \text{元本} \times \left(1 + \frac{\text{年利率}}{100} \times \text{期間}\right)$$

●複利の計算式（税引き前） ◉ここが出る

$$\text{満期時の元利合計} = \text{元本} \times \left(1 + \frac{\text{年利率}}{100}\right)^{n}$$

す。年複利の場合はその年
倍の値を入れます
複利の場合は年利率を2で割

ここが出る

重要項目・重要論点です。内容を正しく理解し、覚えておきましょう。

過去問で学習の振り返り

単元ごとに「過去問に挑戦！」を掲載。知識の定着に活用してください。

間違えやすいポイント

ひっかけで出やすい、誤解しがちなど、効率的学習に役立つアドバイスです。

ここも大事

優先順位は若干低いものの、学習を深めるために理解しておきたい重要事項を解説しています。

間違えやすいポイント

返済方法の特徴の違いが、ひっかけ問題としてよく出題されます。図でイメージできるようにしておきましょう。

ここも大事

団体信用生命保険とは、住宅ローンを借りている者が死亡・高度障害になった場合に、本人に代わって保険会社がローン残高を返済する保険のこと

章末 実技試験対策

●**相続と相続税** 金財・個人

　Aさんは、2021年1月に死亡した。Aさんの家族は、妻Bさん（73歳）、長女Cさん（38歳）、次女Dさん（35歳）、養子Eさん（30歳）の4人である。Aさんと妻Bさんは長女Cさん夫婦と同居しており、次女Dさんと普通養子Eさんはそれぞれ結婚して独立して生計を営んでいる。Aさんの親族関係図およびAさんの主たる財産の状況は、次のとおり。

〈Aさんの親族関係図〉

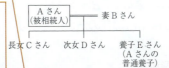

〈Aさんの自宅等の相続税評価額〉
・宅の敷地（500㎡）：1億5,000万円（Aさんおよび妻Bさんが居住用の自宅の敷地であり、金額は「小規模宅地等についての相続税の課税価格の計算の特例」の適用前のものである）
・自宅の家屋：300万円

重要ポイントはスマホ対応

重要ポイントをスマホで確認できます。閲覧方法は13ページを参照してください。

実技試験対策で実力アップ

各章末に 金財・個人 「金財・個人資産相談業務」 金財・保険 「金財・保険顧客資産相談業務」 FP協会 「FP協会・資産設計提案業務」それぞれの実技試験でよく出題されるパターンの問題と解説をアイコン付きでまとめました。各試験共通で出題されやすいパターンには 共通 アイコンを付けています。

学習の前に

1. 学科と実技はなにが違う？　〜試験形式の違い〜

　FP3級の試験には「学科試験」と「実技試験」があります。学科試験はマークシート方式で正誤問題（○×式）と三択問題が出題されます。実技試験は「実技」と名が付いていますが、書類の作成や商品の説明といった実践的な試験ではありません。ひとつの設例に対して、損害保険、税金、不動産など複数の学科科目を横断する三択問題や穴埋め問題などが出題されます。業務の経験や専門的な知識を持たなくとも、本テキストで学んだ知識をしっかり身につけていれば対応できます。

　実技試験問題の出題イメージについては、各章末の「実技試験対策」もご確認ください。

2. 試験はどちらで受ける？　〜実施機関の違い〜

　FP3級の学科試験は、金財とFP協会で共通の内容です。実技試験は金財では「個人資産相談業務」、「保険顧客資産相談業務」の2科目のうちどちらかを選択できます。FP協会では「資産設計提案業務」1科目のみが出題されます。本書は全てに対応しています。

3. 法令基準日

　2023年9月の試験は2023年4月1日現在、2024年1月、5月の試験は2023年10月1日現在の法令に基づいて出題されます。

4. 復興特別所得税

　2013年1月1日から2037年12月31日まで、所得税に復興特別所得税（以下、復興税）が2.1%付加されますが、3級の試験では通常、復興税を考慮しない形式で出題されています。本書では、復興税なしの税率を基本として記載しています。

スマホ学習用ファイルのダウンロード方法

　弊社ウェブサイトより、スマホ学習に適したPDFファイルをダウンロードできます。本書に掲載した重要な図表、頻出事項などを収録しています。

※スマートフォンでのPDFファイル閲覧には、各スマートフォンのOSに適合したアプリケーションのインストールや、アップデートなどが必要になる場合があります

1. ウェブサイトにアクセス

　以下のQRコードから、本書のウェブページ［https://bookplus.nikkei.com/atcl/catalog/23/04/11/00772/］にアクセスできます。

　QRコードを使わずにアクセスする場合は、カタログ［https://bookplus.nikkei.com/catalog/］で本書名を入力・検索ください。

2. PDFファイルをダウンロード

　本書のページから、PDFファイルをダウンロードできます。

3. パスワードを入力

　ダウンロードしたPDFファイルを閲覧する際に、パスワードの入力が必要です。

> ファイルのパスワード　fpukr11777

1章

ライフプランニング
と資金計画

🎓 学科試験

- 社会保険（医療保険、雇用保険、介護保険、労災保険など）や公的年金からの出題が多い
- 医療保険では傷病手当金や退職後の医療保険に関する問題、雇用保険では高年齢雇用継続給付に関する問題が頻出
- 公的年金については、老齢基礎年金、特別支給の老齢厚生年金、老齢厚生年金の受給要件はしっかり押さえたい
- 6つの係数を用いた計算問題、住宅取得資金のプランニングに関する問題も出題が多い

🧮 実技試験

- 学科試験同様、社会保険と公的年金などからの出題が中心
- 公的年金については、老齢基礎年金等の受給額が計算できるように

本節で学ぶこと

- ライフデザインとライフプラン
- ファイナンシャル・プランニング
- ファイナンシャル・プランニングの手順
- FPの職業倫理
- FP業務の関連法規

　本節では、FPがやるべきこと、してはいけないことを学びます。特に関連法規についての引っかけ問題がよく出題されています。

1 ライフデザインとライフプラン

　ライフデザインとは、将来の人生計画のことです。つまり、結婚や子育て、住居、老後の暮らしなどについて、その人の価値観に応じて思い描くことをいいます。

　ライフプランとは、ライフデザインで思い描いた内容を具体化した人生設計のことです。

2 ファイナンシャル・プランニング

ライフプラン（人生設計）を立てる際は資金計画など経済的な面が重要で

す。経済的な面を中心にライフプランを立てることを**ファイナンシャル・プランニング**といいます。

　ファイナンシャル・プランニングの設計や実行、見直しの支援を行うのが**ファイナンシャル・プランナー（FP）**の役割です。

③　ファイナンシャル・プランニングの手順

　FPがファイナンシャル・プランニングを行う場合、一般的には、以下のような手順で行います。

①顧客との関係確立（信頼関係をつくり、サービスの内容や報酬体系などを説明）

②顧客の情報収集と目標の明確化（目的や希望の確認）

③現状分析（資金面などの問題点の洗い出し）

④提案書の作成と提示

⑤プランの実行と支援

⑥プランの定期的なフォロー（見直し）

④　FPの職業倫理

　FPに求められる職業倫理には、主に以下の2つがあります。

> **FPに求められる職業倫理**
>
> ・**顧客利益の優先**
>
> FPは顧客の立場で考え、提案することが求められる。FPは顧客の利益を最も優先すべきで、FP自身や第三者の利益を優先してはいけない。
>
> ・**顧客情報の守秘義務**
>
> FPは顧客のプライバシーに関わる情報を、顧客の同意を得ずに外部に漏らしてはいけない。

5 FP業務の関連法規

FPは、税理士法や弁護士法、保険業法、金融商品取引法などに抵触しないようにするとともに、これらの分野の専門家と連携して業務を行うことが求められます。なお、相続人と利害関係がなければ、FPは公正証書遺言作成時の証人になれます。

FP業務との関連法規 ◎ここが出る

税理士法	FPは有償・無償を問わず、個別の具体的な税務相談や税務書類（確定申告書など）の作成を行ってはならない 例外 仮の事例を用いての税金の計算や一般的な税金の説明を行うことは可能
弁護士法	FPは法律相談および法律事務（遺言書の作成など）を受けてはならない 例外 弁護士資格などをもっていないFPでも、成年後見制度における任意後見人になることはできる
保険業法	保険の募集・勧誘・販売を行うには保険募集人として内閣総理大臣の登録を受けなければならず、FPは保険の募集・勧誘・販売を行ってはならない 例外 将来の必要保障額の計算や保険商品の説明、保険の見直しなどの相談に応じることは可能
金融商品取引法	有価証券投資の助言や代理業および投資顧問業（運用を顧客から一任されて行うこと）等を行うには金融商品取引業者（証券会社などのこと）として内閣総理大臣の登録を受けなければならない 例外 新聞や雑誌などを用いて景気動向や企業業績など、投資判断の前提となる一般的な情報を知らせることは可能

間違えやすいポイント

上記のような業務について、FPは有償、無償を問わず、一般的な説明はできますが、具体的な手続きや相談に応じることはできません。

過去問に挑戦！

1章 ライフプランニングと資金計画

2章 リスク管理

3章 金融資産運用

4章 タックスプランニング

5章 不動産

6章 相続・事業承継

問1 　税理士資格を有しないファイナンシャル・プランナーが、顧客のために反復継続して確定申告書を作成しても、その行為が無償であれば税理士法に抵触しない。【R2年9月】

問2 　弁護士資格を有しないファイナンシャル・プランナーが、将来の財産管理について相談を受けた顧客本人の求めに応じ、その顧客の任意後見受任者となることは、弁護士法に抵触する。【H28年9月】

問3 　保険業法上、生命保険募集人の登録を受けていないファイナンシャル・プランナーが、ライフプランの相談に来た顧客に対し、生命保険商品の商品性を説明することは、禁止されていない。【H28年1月】

問4 　金融商品取引業の登録を受けていないファイナンシャル・プランナーが、資産運用を検討している顧客に対し、NISA（少額投資非課税制度）の一般的な仕組みを説明することは禁止されている。【H27年10月】

問5 　ファイナンシャル・プランナーが顧客と投資顧問契約を締結し、その契約に基づき投資助言・代理業を行うには、金融商品取引業者として内閣総理大臣の登録を受けなければならない。【H27年1月】

問6 　ファイナンシャル・プランナーは、顧客の依頼を受けたとしても、公正証書遺言の作成時に証人となることはできない。【R2年1月】

解答

| 1 | × | 2 | × | 3 | ○ | 4 | × | 5 | ○ | 6 | × |

2 ライフプランと資金計画

本節で学ぶこと

- **ライフプラン**
- **ライフイベント表**
- **キャッシュフロー表**

  これらの単元では、保険の案内などで日常的にも使われる言葉を扱います。試験ではキャッシュフロー表の読み取り方が特に重要です。

- **キャッシュフロー表で使用する係数**

  6種類の係数を、それぞれどの場合に使うか理解しましょう。

- **個人のバランスシート**

  キャッシュフロー表同様、資産と負債の額を読み取って単純な計算をする問題が出題されます。

- **住宅取得資金のプランニング**

  フラット35が頻出です。また、住宅ローンの返済方法も理解しておきましょう。

- **教育資金のプランニング**

  2種類の奨学金制度の違いについて、よく問われます。

- **カードと返済方法等**

  クレジットカードについての出題が、近年増えています。

1章
ライフプランニング
と資金計画

2章
リスク管理

3章
金融資産運用

4章
タックス
プランニング

5章
不動産

6章
相続・事業承継

1 ライフプラン

ライフプランを作成するために必要なツールは以下の3つです。

ライフプラン作成に必要なツール

①ライフイベント表
②キャッシュフロー表
③個人のバランスシート

2 ライフイベント表

①ライフイベントの概要

　ライフイベントには、年代別（ライフステージ別）に結婚、出産、子どもの教育、マイホームの取得などがあります。中でも金額の大きいものが**教育資金・住宅取得資金・老後資金**で、人生の3大資金といわれています。

②ライフイベント表

　ライフイベント表とは、家族のライフイベントを時系列（年ごと）で表し、必要となる資金を一覧表にしたものです。

ライフイベント表の一例

西暦（年）	年齢（歳）				イベント	イベント費用（必要資金）
	夫	妻	長男	長女		
2023	44	39	10	7	長女小学校入学	25万円
2024	45	40	11	8	車購入	250万円
2025	46	41	12	9	住宅購入（頭金）	700万円
2026	47	42	13	10	長男中学入学	25万円

③ キャッシュフロー表

キャッシュフロー表とは、現在の収支状況や今後のライフプランをもとに、「将来の収支状況」や「貯蓄残高」を一覧表にしたものです。

キャッシュフロー表の金額は、将来価値（今あるお金を一定の利率で運用した場合の一定期間後の金額、つまり、金利や物価の変動を加味した将来の金額のこと）で記入します。また、収入金額（年収）は通常、可処分所得を記入します。

可処分所得とは、給与・賞与などの収入から税金や社会保険料を差し引いた金額で、自分で自由に使うことができる手取り収入のことです。

● ここが出る　計算

可処分所得＝年収－（所得税・住民税＋社会保険料）

〈例題〉　Aさんの可処分所得はいくらか。

〈資料〉　Aさんの支出等

・年収	：900万円	・所得税	：50万円
・住民税	：35万円	・社会保険料	：100万円
・生命保険料	：40万円	・火災保険料	：5万円
・ローン返済額	：90万円		

〈解答〉

Aさんの可処分所得

＝収入900万円－（所得税50万円＋住民税35万円＋社会保険料100万円）

＝715万円

キャッシュフロー表には以下の4項目が必要です。

①年間収入　②年間支出　③年間収支　④貯蓄残高

キャッシュフロー表の一例　　　　　　　　　　　　　　　　（単位：万円）

年　次		基準年	1年目	2年目	3年目	4年目	5年目	6年目	7年目	8年目	9年目
年齢	世帯主	47	48	49	50	51	52	53	54	55	56
	配偶者	42	43	44	45	46	47	48	49	50	51
	第1子	15	16	17	18	19	20	21	22	23	24
	第2子	13	14	15	16	17	18	19	20	21	22
各イベント	世帯主	車							車		
	配偶者										
	第1子	中3	高入学			大入学				大卒業	
	第2子	中1			高入学			大入学			
項　目	変動率										
収入	世帯主の収入※2	1.0%	750	758	765	773	780	788	796	804	812	820
	配偶者の収入※2		90	90	90	90	90	90	90	90	90	90
	保険の満期金						300		300			
	収入合計		840	848	855	863	1,170	878	1,186	894	902	910
支出	基本生活費	1.0%	360	364	367	371	375	378	382	386	390	394
	教育費	2.0%	60	102	73	212	281	254	360	230	117	120
	保険料		72	72	72	72	54	54	36	36	36	36
	住宅ローン		170	170	170	170	170	170	170	170	170	170
	一時的支出	1.0%	150							161		
	イベント費			10		10	10		11		12	
	その他	1.0%	18	18	18	19	19	19	19	19	19	20
	支出合計		830	736	700	854	909	875	978	1,002	744	740
	年間収支		10	112	155	9	261	3	208	−108	158	170
	貯蓄残高	1.0%	1,000	1,122	1,288	1,310	1,584	1,603	1,827	1,737	1,912	2,101

360万円×（1＋0.01）² ＝367万円（基準年をベースに金利1％で複利運用した場合の将来価値）

1,288万円×（1＋0.01）＋9万円＝1,310万円〔前年末の貯蓄残高×（1＋運用利率）±年間収支〕

年間収入（878）−年間支出（875）＝3万円

※1　キャッシュフロー表の金額は千円以下を四捨五入
※2　世帯主の収入と配偶者の収入は、可処分所得を用います

キャッシュフロー表で使用する主な計算式

基本生活費	現在の基本生活費 × $(1＋変動率)^{年数}$ **ケース** 3年目年の基本生活費（371万円）の計算方法 基準年の基本生活費 × $(1＋変動率)^{年数}$ ＝ 360万円 × $(1＋0.01)^3$ ＝ 371万円（千円以下四捨五入）
年間収支	年収（**可処分所得**）－年間支出
貯蓄残高	前年末の貯蓄残高 × （1＋運用利率）± その年の年間収支 **ケース** 4年目年の貯蓄残高（1,584万円）の計算方法 前年末の貯蓄残高 × （1＋運用利率）± その年の年間収支 ＝ 1,310万円 × （1＋0.01）＋ 261万円 ＝ 1,584万円（千円以下四捨五入）

4 キャッシュフロー表で使用する係数 ●ここが出る

係数	係数の使い方
$(1＋年利率)^{年数}$ ① **終価係数** （数年後にいくらに増えているか）	現在の元本を、一定期間複利運用した場合、元利（元金と利息）合計がいくらになるのかを計算する 将来の数値＝現在の数値（元本）× 終価係数 **ケース** 100万円を年利率2％で10年間複利運用したときの元利合計はいくらになるか？ 100万円 × 1.219（終価係数）＝ 121万9,000円
$\dfrac{1}{(1＋年利率)^{年数}}$ ② **現価係数** （現在いくらあればいいか）	一定期間後に目標額を受け取るためには、現在いくら必要かを計算する 現在の数値（必要額）＝目標額 × 現価係数 **ケース** 年利率2％で複利運用し、10年後に100万円受け取るためには、現在いくら必要か？ 100万円 × 0.820（現価係数）＝ 82万円

③年金終価係数 （積み立てたら数年後にいくらになっているか） $\dfrac{(1+\text{年利率})^{\text{年数}}-1}{\text{年利率}}$	毎年一定金額を一定期間積み立てて運用した場合、いくらになるかを計算する **将来の数値＝毎年の積立額×年金終価係数** ケース　毎年5万円を年利率2％の複利で10年間積み立てたとき、10年後の元利合計はいくらか？ 5万円×10.950（年金終価係数）＝54万7,500円
④年金現価係数 （毎年一定額を受け取るには、現在いくらあればいいか） $\dfrac{1-(1+\text{年利率})^{\text{年数}\times(-1)}}{\text{年利率}}$	毎年一定金額を一定期間にわたり受け取るには、元本（用意すべき資金）がいくら必要かを計算する **現在の数値（必要額）＝受け取る年金額×年金現価係数** ケース　年利率2％で複利運用しながら、毎年100万円の年金を10年間受け取るには、現在いくら必要か？ 100万円×8.983（年金現価係数）＝898万3,000円
⑤減債基金係数 （げんさい き きんけいすう） （毎年いくら積み立てればいいか） $\dfrac{\text{年利率}}{(1+\text{年利率})^{\text{年数}}-1}$	一定期間後に目標額を受け取るには、毎年いくらずつ積み立てればよいかを計算する **毎年の積立額＝目標額×減債基金係数** ケース　年利率2％の複利で運用して10年後に100万円貯めるには、毎年いくら積み立てればよいか？ 100万円×0.091（減債基金係数）＝9万1,000円
⑥資本回収係数 （毎年いくら受け取れるか） $\dfrac{\text{年利率}}{1-(1+\text{年利率})^{\text{年数}\times(-1)}}$	現在の元本を複利運用しながら、毎年一定金額を受け取る場合、毎年いくら受け取れるかを計算する **毎年の受取額＝現在の金額（元本）×資本回収係数** ケース　100万円を年利率2％の複利で運用しながら10年間にわたって年金として取り崩す場合、毎年受け取れる年金額はいくらか？ 100万円×0.111（資本回収係数）＝11万1,000円

貯蓄残高の試算などは、これらの係数を使うと簡単になります。

6つの係数（年利率2.0%の場合）

期間	①終価係数	②現価係数	③年金終価係数	④年金現価係数	⑤減債基金係数	⑥資本回収係数
1年	1.020	0.980	1.000	0.980	1.000	1.020
2年	1.040	0.961	2.020	1.942	0.495	0.515
3年	1.061	0.942	3.060	2.884	0.327	0.347
4年	1.082	0.924	4.122	3.808	0.243	0.263
5年	1.104	0.906	5.204	4.713	0.192	0.212
10年	1.219	0.820	10.950	8.983	0.091	0.111

 間違えやすいポイント　試験では係数表は与えられるので、数値を覚える必要はありません。各係数の**使い方**を覚えておきましょう。各係数は一定の数値に掛けて計算します。

〈例題①〉

下記の係数表を使って、次の問いに応えなさい。

年利2％で複利運用しながら、今後10年間にわたって毎年20万円を受け取る場合、最低限必要となる元金の額はいくらか（万円未満切り上げ）

（係数表：年利率2％・期間10年）

終価係数	年金現価係数	資本回収係数
1.219	8.983	0.111

〈解答〉

このケースでは、毎年受け取る20万円に年金現価係数を掛けて計算します。

20万円×8.983＝179万6,600円＝180万円

〈例題②〉

3,000万円を年利率2％で複利運用しながら、10年間にわたって一定額を受け取る場合、毎年受け取る金額はいくらか（前ページの係数表を参照）

〈解答〉

このケースでは、3,000万円に資本回収係数を掛けて計算します。

3,000万円×0.111＝333万円

1章 ライフプランニングと資金計画

2章 リスク管理

3章 金融資産運用

4章 タックスプランニング

5章 不動産

6章 相続・事業承継

5 個人のバランスシート

　個人のバランスシートとは、一定時点の家計の資産と負債（借金）状況を表したものです。

　なお、資産合計から負債合計を差し引いたものが純資産額です。

　左側の資産の合計額と右側の負債と純資産額の合計額が等しくなるのでバランスシートといいます。

個人のバランスシートの例 ◉ここが出る

資産		負債	
預貯金	800万円	住宅ローン	2,400万円
株式	300万円	教育ローン	200万円
自宅マンション	2,200万円	B・負債合計	2,600万円
生命保険（解約返戻金）	500万円	純資産	
その他資産	200万円		
		C・純資産（＝A－B）	1,400万円
A・資産合計	4,000万円	負債・純資産合計（＝B＋C）	4,000万円

バランスシートのポイント

・バランスシートの資産および負債の額は、購入価格や当初の借金の額ではなく時価評価額（その時点での金額）を記入する

・生命保険の額は保険金額（死亡したときに支払われる金額）ではなく、解約返戻金の額（解約したときに払い戻される金額）を記入する

'23-11-19 22:29

6 住宅取得資金のプランニング

①財形住宅貯蓄（住宅財形）

　住宅の購入や増改築を行うにあたり、自己資金を準備するための積立金制度の1つとして、財形住宅貯蓄があります。

　財形住宅貯蓄は、自宅の購入などを目的に勤労者が銀行などと契約を結び、給料からの天引きにより購入資金を積み立てていく貯蓄制度のことです。

財形住宅貯蓄（住宅財形）のポイント

特徴	毎月の給与から一定額を天引きして積み立てていく貯蓄商品
対象者	申込み時の年齢が55歳未満の勤労者
積立期間	5年以上
非課税対象額	条件を満たせば、財形年金貯蓄と合算で元本合計550万円までの利息が非課税

1章 ライフプランニングと資金計画
2章 リスク管理
3章 金融資産運用
4章 タックスプランニング
5章 不動産
6章 相続・事業承継

②住宅ローンの種類

　主な住宅ローンには、財形住宅融資とフラット35があります。財形住宅融資とは、財形貯蓄を行っている者が利用できる公的な住宅ローンです。

財形住宅融資のポイント	
融資対象	・1年以上財形貯蓄（一般財形、年金財形、住宅財形のどれか）を行い、残高が**50万円**以上ある者 ・申込み時の年齢が**70歳未満**であること　など
融資額	財形貯蓄残高の**10倍**（最高**4,000万円**）で、住宅購入価額の**90%**以内の金額
金利	**5年固定金利**（5年経過ごとに金利は見直し）
保証料	不要

　フラット35は、住宅金融支援機構と民間金融機関が連携して行う仕組みの住宅ローンです。買取型と保証型があります。

　FP試験では買取型について出題されています。

融資対象	本人・親族の居住用の新築住宅の建設・購入資金（一定の基準を満たした中古住宅も対象） ※融資対象となるのは、床面積が戸建で70㎡以上、マンションで30㎡以上の住宅に限定（購入物件の価格に上限はない） ※店舗兼自宅の店舗併用住宅の場合、住宅部分の床面積が全体の2分の1以上あれば融資可能
融資額	融資限度額は100万円以上、最高8,000万円（購入価額の100％以内）
金利	・全期間固定金利 ・融資実行時点での金利が適用される（契約時の金利ではない）、ただし、融資金利は取扱い金融機関ごとに異なる ・融資率（借入額÷購入価額）が90％を超えると金利が上がる
保証料	不要（保証人も不要）
収入基準	年収に対する住宅ローンなどの総返済額の割合（総返済負担率）が、一定以下であること ・年収400万円未満の場合は、年収の30％以下 ・年収400万円以上の場合は、年収の35％以下
繰上返済	100万円以上から可能で、手数料は不要 住・My Note（インターネット経由の返済）の場合、10万円以上から一部返済が可能
返済期間	15年以上35年以内
申込み時の年齢	70歳未満

また、フラット35では条件を満たせば、親のローンを子供が引き継いで支払う「親子リレー返済」も可能です。

1章 ライフプランニングと資金計画

2章 リスク管理

3章 金融資産運用

4章 タックスプランニング

5章 不動産

6章 相続・事業承継

間違えやすいポイント フラット35では、契約したときの金利ではなく、実際に融資を受ける時点の金利でローンを組みます。

③住宅ローンの金利の種類

　民間金融機関の住宅ローン金利には、固定金利型、変動金利型、固定金利選択型（固定期間選択型）の3種類があります。融資限度額は一般的に**1億円**で、通常、**団体信用生命保険**の加入が義務付けられています。

> 📖 **ここも大事**
>
> **団体信用生命保険**とは、住宅ローンを借りている者が死亡・高度障害になった場合に、本人に代わって保険会社がローン残高を返済する保険のこと

住宅ローン金利の種類

固定金利型	・ローンを組んだ時点での金利が返済終了時まで変わらないタイプ ※金利が一定なので、金利上昇時にローン金利は上がらず有利になる
変動金利型	・市場金利の変動に応じて借入金利も変動するタイプで、金利は**半年に一度**見直しになる ・変動金利型であっても**5年間**は返済額が固定で、6年目以降より返済額は増減する ※金利が低下すると見込まれるときには有利だが、金利上昇時に不利になる
固定金利選択型（固定期間選択型）	・当初の一定期間だけ金利が固定されるタイプ ・固定金利期間終了後は、通常、その時点の金利で固定金利選択型か変動金利型かを選択するのが一般的 ※通常、固定金利の期間が長いほど、その間の金利は**高く**なる

1章 ライフプランニング と資金計画

2章 リスク管理

3章 金融資産運用

4章 タックスプランニング

5章 不動産

6章 相続・事業承継

間違えやすいポイント　固定金利選択型では、固定金利の期間が長いほど、金利が上昇してもその間の金利負担が増えないので、当初の金利水準は変動金利型より高めです。

④住宅ローンの返済方法

住宅ローンの返済方法には、元利均等返済、元金均等返済があります。

残高などの条件が同じ場合、通常、総返済額は元利均等返済の方が元金均等返済よりも多くなります。

住宅ローンの返済方法 ◉ここが出る

元利均等返済	・毎回の返済額（元金と利息の合計）が一定 ・当初は利息部分の返済が大きいが徐々に元金部分の返済額が大きくなる	返済額 利息 元金 返済期間 （返済額は一定）
元金均等返済	・毎回の返済額のうち、元金部分の返済額が一定 ・元金の残高が減ると利息も減る	返済額 利息 元金 返済期間 （返済額は徐々に減少していく）

間違えやすいポイント　返済方法の特徴の違いが、ひっかけ問題としてよく出題されます。図でイメージできるようにしておきましょう。

⑤住宅ローンの見直し

住宅ローンを見直す場合、他のローンへの借り換えや繰上げ返済といった方法があります。

借り換え

定義	返済中の住宅ローンを別の金融機関で新たな住宅ローンに切り替えること
メリット	高い固定金利の住宅ローンを、一括返済して低金利の住宅ローンに借り換えることで、利息の負担を軽減できる
デメリット	借り換えにより、保証料などの諸費用が新たに発生する
その他	民間金融機関への借り換えやフラット35への借り換えは可能。民間金融機関から財形住宅融資などの公的融資への借り換えはできない

繰上げ返済

定義	ローンの全額または一部を返済することで、返済期間を短縮したり、毎月の返済額を減額すること
メリット	繰上げ返済した資金は全額が元金の返済にあてられるため、その分の利息を軽減できる（繰上げ返済の時期が早いほど総返済額は少なくなる）
方法 ●ここが出る	**返済期間短縮型**： 　毎月の返済額は変更せずに返済期間を短縮する方法 **返済額圧縮（軽減）型**： 　残りの返済期間は変更せずに毎月の返済額を減らす方法

間違えやすいポイント　一般に、同一条件であれば**返済期間短縮型**の方が、返済額圧縮型よりも返済する利息の総額を大きく減らせます。

7 教育資金のプランニング

教育資金の主な準備方法として、**学資保険**などがあります。

①学資保険（こども保険）と教育ローン

学資保険（こども保険）

学資保険 （こども保険）	・18歳満期、20歳満期、22歳満期などの種類がある ・満期金や入学祝金などがあり**貯蓄性**がある ・契約期間中に契約者（親）が死亡した場合や高度障害になった場合も契約は有効で、通常、それ以後の保険料の支払いが**免除**され、育英年金（一種の遺族年金のようなもの）が支払われるものが一般的 ・被保険者である子が死亡した場合、保険契約は終了する（すでに支払った保険料が死亡給付金として支払われる）

公的な教育ローンとして、国（日本政策金融公庫）が行う教育一般貸付があります。中学校卒業以上の者を対象に融資が行われます。申込みは原則として保護者（親）が行います。

教育一般貸付 ◉ここが出る

融資額	学生1人あたり**350万円**（海外留学資金や大学院、自宅外通学などの場合は450万円）以内
使用目的	入学金や授業料、受験時の交通費や宿泊費、通学費、教材費、敷金や家賃、国民年金保険料の支払いなど
金利	**固定金利**
条件	子どもの人数に応じて親（世帯）に対する年収制限がある（本人の学力は融資条件ではない）
返済期間	・最長**18年**（ひとり親家庭などに対しては金利の優遇制度がある） ・在学期間中は利息のみを返済することも可能
窓口	日本政策金融公庫

②日本学生支援機構の奨学金制度

　日本学生支援機構が行う奨学金制度には貸与型と給付型があります。貸与型は返済義務があり、給付型は返済義務がありません。貸与型には、第一種奨学金制度と第二種奨学金制度があり、親の年収や本人の学力によって第一種または第二種奨学金のどちらになるのか判定されます。

日本学生支援機構の奨学金制度（貸与型）　◉ここが出る

	第一種奨学金制度	第二種奨学金制度
貸付対象者	学生本人（卒業後に本人が返済）	
利子	無利子 （元金は返済義務あり）	有利子 （ただし在学中は無利子で、卒業後に利息が発生する）
判定基準	厳しい	緩やか
判定項目	親の年収や学生本人の学力が判定の基準	

※日本学生支援機構の奨学金制度と国の教育一般貸付は、同一家庭で同時に利用可能です

8 カードと返済方法等

①カードの種類

主なカードの種類

	クレジットカード	デビットカード	電子マネー
概要	申込み時に申込み者の返済能力について、審査がある	キャッシュカードに支払い機能をもたせたカード	ICカードに現金情報を記録したカード
決済のタイミング	後払い	即時支払い	前払いと後払い

②クレジットカードの返済方法

クレジットカードの主な返済方法

● **リボルビング払い（リボ払い）**

利用限度額を設定したうえで、利用金額や件数にかかわらず、毎月、一定の金額を継続して返済する方法（**未返済残高**に対して利息が発生）

● **アドオン方式**

当初の元金に利率を掛けて貸付期間中の利息の額を計算し、元金と利息の総額を返済回数で割って毎回の返済額を計算する方法

③クレジットカードの特徴

クレジットカードの特徴

・署名済みクレジットカードを紛失した場合、すみやかにカード会社等に届け出れば、届出日より以前**60日**以内の利用代金の支払いが免除される

・カードの署名欄にサインしていない場合、カードを紛失し不正利用されても損害額が補償されないことがある

・カード会社は、会員の他社クレジットカードの利用状況を閲覧できる

・クレジットカードは親族内であっても貸し借りはできない

④貸金業法の総量規制 ◉ここが出る

消費者金融やクレジットカード会社などで個人が借入れできる金額は、原則として年収の**3分の1**までとなっています。銀行などの金融機関の住宅ローンや車のローンおよび事業用資金等の借入れは総量規制の対象ではありません。

1章 ライフプランニングと資金計画
2章 リスク管理
3章 金融資産運用
4章 タックスプランニング
5章 不動産
6章 相続・事業承継

問1 　一定の利率で複利運用しながら一定期間経過後に目標とする額を得るために必要な毎年の積立額を試算する場合、目標とする額に乗じる係数は、（　　　　）である。【H29年1月】
　1．終価係数　　2．減債基金係数　　3．年金現価係数

問2 　長期固定金利住宅ローンのフラット35（買取型）の借入金利は（　　　　）時点の金利が適用される。【H28年5月】
　1．借入申込　　2．居住開始　　3．融資実行

問3 　住宅ローンの返済方法において元利均等返済方式と元金均等返済方式を比較した場合、返済期間や金利などの他の条件が同一であれば、通常、利息を含めた総返済金額が多いのはは、元金均等返済方式である。【H30年1月】

問4 　日本政策金融公庫の教育一般貸付（国の教育ローン）は、日本学生支援機構の奨学金制度と重複して利用することができない。【R3年9月】

問5 　貸金業法の総量規制により、個人が貸金業者による個人向け貸付を利用する場合、原則として、年収の（　　　　）を超える借入はできない。【H29年9月】
　1．2分の1　　　2．3分の1　　　3．4分の1

問6 　住宅金融支援機構と民間金融機関が提携した住宅ローンであるフラット35の融資金利は、一律ではなく、取扱金融機関がそれぞれ独自に決定する。【H30年5月】

解答

1　2　　2　3　　3　×　　4　×　　5　2　　6　○

1章 ライフプランニング と資金計画
2章 リスク管理
3章 金融資産運用
4章 タックス プランニング
5章 不動産
6章 相続・事業承継

3 社会保険制度（医療保険・介護保険・労災保険・雇用保険）

重要度 ★★★

本 節 で 学 ぶ こ と

- 社会保険の種類
- 医療保険制度
- 退職後の医療保険制度
- 介護保険制度
- 労働者災害補償保険（労災保険）
- 雇用保険

本節は、出産手当金や介護保険の給付条件、医療費の負担など、身近に起こりえるイベントに関わる制度も多数登場します。

1 社会保険の種類

社会保険制度には、医療保険制度、介護保険制度、労働者災害補償制度（労災保険）、雇用保険制度、年金保険制度の5つがあります。

2 医療保険制度

日本の医療保険制度は、国内に住所のあるすべての者が、以下のいずれかの医療保険に加入する国民皆保険制度になっています。

医療保険制度は3種類あり、企業のサラリーマンなどを対象とする A. 健康保険と自営業者などを対象とする B. 国民健康保険、および、原則として

75歳以上の高齢者を対象とした C. 後期高齢者医療制度があります。

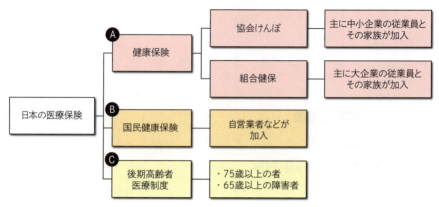

【A. 健康保険】

（1）健康保険の目的

　業務外の病気やけが、出産、死亡に対して保険金の給付を行います。なお、業務上や通勤中のけがなどは、原則として労災保険の対象です。

（2）健康保険の種類

　健康保険には、全国健康保険協会が運営する全国健康保険協会管掌健康保険（協会けんぽ）と各企業の健康保険組合が運営する組合管掌健康保険（組合健保）があります。協会けんぽには主に中小企業の従業員とその家族が、組合健保には主に大企業の従業員とその家族が加入します。

（3）健康保険の被保険者（加入者本人）と被扶養者

　健康保険の対象者は、企業などで働く役員や従業員とその被扶養者（3親等内の親族など）です。通常、派遣社員やパート等の非正規雇用は、所得などの要件を満たしていれば被扶養者になります。

（4）健康保険の被扶養者となる所得要件

　原則として、国内に住所のある年収130万円未満（60歳以上の者や障害者の場合は180万円未満）で、かつ、被保険者（健康保険に加入している

1章 ライフプランニングと資金計画

2章 リスク管理

3章 金融資産運用

4章 タックスプランニング

5章 不動産

6章 相続・事業承継

本人）の年収の**2分の1**未満である親族などが、被扶養者になることができます。

　ただし、次の①・②のどちらかの要件に該当する場合、パートや派遣社員などであっても被扶養者ではなくなり自ら健康保険や厚生年金に加入することになります。

被扶養者の対象でなくなる要件

①1週間の労働時間と1か月の労働日数が一般社員の**4分の3**以上ある場合

②以下の5つの条件を**すべて**満たしている場合
- ・月収が**8万8,000円**以上ある
- ・2か月以上雇用の見込みがある
- ・週の労働時間が20時間以上ある
- ・従業員数が101人以上の企業で働いている
- ・学生でない

📝 **ここも大事**

被扶養者とは、被保険者（加入者）に扶養されている家族のことで、一般に世帯主が加入している健康保険に同時に加入している（被扶養者は保険料を納める必要はない）

（5）保険料 👁 ここが出る

　保険料は、標準報酬月額（原則、4月～6月の給料の平均）と標準賞与額（ボーナスの平均）に保険料率を掛けて計算し、事業主と従業員が半分ずつ負担します（**労使折半**という）。なお、保険料率は次のようになっています。

協会けんぽ	都道府県ごとに異なる
組合健保	各組合の規約で定める

※40歳以上65歳未満の者は健康保険料と介護保険料をあわせて支払います

※育児休業中や産休中の健康保険料および厚生年金保険料等の社会保険料は、被保険者・事業主ともに免除されます

(6) 健康保険の主な給付内容

健康保険では以下の6つの給付を受けることができます。

①療養の給付 ②高額療養費の給付 ③傷病手当金
④出産育児一時金 ⑤出産手当金 ⑥埋葬料

①療養の給付

療養の給付とは、業務外の日常の生活での病気やけがに対する、健康保険からの給付のことです。

ただし、医療費の一部は自己負担になります。

医療費の自己負担割合 ◉ここが出る

年齢	負担割合	例外
69歳以下	3割負担	小学校入学前の者は2割負担
70歳〜74歳	2割負担	現役並み所得者は3割負担
75歳以上	1割負担	・一定額以上所得がある者は、2割負担 ・現役並み所得者は3割負担

なお、現役並み所得者とは 住民税課税所得（住民税が課税される所得）が145万円以上ある者などをいいます。

②高額療養費の給付

　高額療養費制度とは、1か月間（同じ月であること）にけがや病気で診療を受け、自己負担額（原則、外来と入院は別々に計算）が一定基準を超えた場合にその超えた金額が高額療養費として支給される制度のことです。健康保険が適用されない入院時の食事代や個室に入院した場合の差額ベッド代などは対象外です。

　また、事前に「限度額適用認定証」を提示していれば、病院の窓口での支払いは自己負担限度額までになります。なお、同一世帯で過去1年間に3回以上高額療養費が支給されている場合、4回目から自己負担限度額が下がります。

　支払った医療費が次の自己負担限度額を超えた場合、超えた分が払い戻されます。

高額療養費の自己負担限度額（70歳未満の場合）計算（暗記不要）	
所得区分	自己負担限度額
区分ア 標準報酬月額83万円以上	25万2,600円＋（総医療費－84万2,000円）×1％
区分イ 標準報酬月額53万円〜79万円	16万7,400円＋（総医療費－55万8,000円）×1％
区分ウ 標準報酬月額28万円〜50万円	8万100円＋（総医療費－26万7,000円）×1％
区分エ 標準報酬月額26万円以下	5万7,600円
区分オ 低所得者（住民税非課税者）	3万5,400円

間違えやすいポイント　高額療養費は、同一月に負担した医療費が対象です。入院などで2か月にわたった場合の医療費は合算しないので注意しましょう。

〈高額療養費の自己負担額の計算例〉

サラリーマンのAさん（55歳）が本年の8月に入院し、8月の医療費の総額が60万円かかった。高額療養費として支給される金額はいくらか。なお、Aさんの標準報酬月額は70万円とし、限度額適用認定証は提出していないものとする。

〈解答〉

Aさんは区分イに該当するので、自己負担限度額は16万7,400円＋（総医療費－55万8,000円）×1％で算出します。

【自己負担限度額】16万7,400円＋（60万円－55万8,000円）×1％＝16万7,820円

【実際にAさんが支払った金額：55歳なので総医療費のうち30％】

60万円×30％＝18万円

【高額療養費として払い戻される金額：支払った金額と自己負担限度額の差額】18万円－16万7,820円＝1万2,180円

 間違えやすいポイント　実際に支払う医療費は医療費の総額（この場合、60万円）ではなく、自己負担割合を乗じた金額（18万円）です。間違えやすいので注意しましょう。

③傷病手当金（しょうびょうてあてきん）　◉ここが出る

　同じ病気やけがで被保険者が働けず、連続して3日以上休業し、給料が支給されない場合に、直前12か月間の標準報酬日額（標準報酬月額、つまり給与を30日で割った額）の3分の2が休業4日目から給付されます。これを傷病手当金といいます。支給期間は最初の支給開始日から通算して最長で1年6か月です。

傷病手当金の支給開始日から1年6か月以内に職場復帰したため、傷病手当金が支給されなかった期間があり、1年6か月経過後に再度同じ傷病で休んだ場合には、支給開始から通算して1年6か月を限度に傷病手当金が支給されます。

● **傷病手当金が支給されるケース**

休	休	休	出勤	出勤	休	休	休

連続3日の休み　　　　　　　　4日目から支給開始

● **傷病手当金が支給されないケース**

休	休	出勤	休	休	出勤	休	出勤

※連続して3日以上休んでいないので、支給が開始されません

④**出産育児一時金（家族出産育児一時金）** ◉ここが出る

　被保険者またはその配偶者が、産科医療補償制度に加入する病院で出産した場合、被保険者に、1児につき**50万円**（産科医療補償制度に加入していない病院での出産の場合は**48万8,000円**）が給付されます。

　原則として病院に直接支払われるため（直接支払制度という）、不足分が本人負担になります。

⑤**出産手当金** ◉ここが出る

　出産手当金は、被保険者本人が出産のために会社を休み、給与が支払われなくなる場合に支給されるものです。

　原則として出産日以前**42日間**、出産日の翌日以後**56日間**、通常合計で**98日間**、標準報酬日額の**3分の2**の額が支給されます。

⑥埋葬料

被保険者やその被扶養者が死亡した場合に一率5万円の埋葬料が家族に支給されます。

 傷病手当金および出産手当金の額は、標準報酬日額の**3分の2**です。4分の3ではありません。

【B. 国民健康保険】

（1）国民健康保険の被保険者（対象者）

国民健康保険は、**自営業者**や**定年退職者**などが対象です。なお、国民健康保険には、健康保険のような被扶養者という制度はなく、加入者全員が被保険者です。

（2）国民健康保険の保険者

国民健康保険には、**市町村**（または都道府県）が保険者になるもの、および**国民健康保険組合**（同業種の個人を対象とするもの）が保険者になるものの2種類があります。

（3）保険料 ●ここが出る

国民健康保険の保険料の計算方法は条例により**市町村**（または都道府県）**で異なります**。なお、健康保険の場合、被扶養者の保険料負担は必要ありませんが、国民健康保険の場合は**被保険者一人一人**（配偶者・子どもなども含む）が収入に応じて保険料を支払う必要があります。

（4）国民健康保険の主な給付内容

国民健康保険の給付内容は、基本的に健康保険と同じで、療養の給付、高額療養費、出産育児一時金、埋葬料などがあります。通常、医療費の自己負担割合も健康保険と同じです。なお、次の点が健康保険と異なります。

1章 ライフプランニングと資金計画

2章 リスク管理

3章 金融資産運用

4章 タックスプランニング

5章 不動産

6章 相続・事業承継

> **国民健康保険と健康保険の相違点**
> ・国民健康保険では、傷病手当金や出産手当金は給付されない
> ・国民健康保険では、業務上のけがや病気についても給付される

【C. 後期高齢者医療制度】

　75歳になると、これまで加入していた健康保険や国民健康保険からは脱退し、新たに後期高齢者医療制度に加入することになります。

後期高齢者医療制度の概要 👁 ここが出る

対象者	75歳以上の者（65歳以上の障害認定者を含む）
保険料の納付方法	・原則、すべての対象者が年金からの天引き（特別徴収という） ・ただし、年金年額が18万円未満の場合は口座振替（銀行口座からの引落し）も可能（普通徴収という）
自己負担割合	・原則、1割負担 ・単身世帯では年収200万円以上の者、75歳以上の者が2人以上いる複数世帯では年収合計が320万円以上の場合、自己負担割合は2割負担 ・現役並み所得者は3割負担
運営の主体	後期高齢者医療広域連合

　なお、健康保険の被保険者が75歳になり、後期高齢者医療制度に加入した場合、その者に扶養されている75歳未満の者（妻などの配偶者）は自分で国民健康保険などに加入することになります。

> **間違えやすいポイント**
> 健康保険の加入者が75歳になると、後期高齢者医療制度に加入します。その者に扶養されている75歳未満の被扶養者は後期高齢者医療制度に加入することはできないので、自分で国民健康保険に加入するか、子の健康保険の被扶養者にならなければなりません。

3　退職後の医療保険制度

会社員の場合、退職後の医療保険は以下の3つから選ぶことになります。

退職後の医療保険

①任意継続被保険者となって勤めていた会社の健康保険（任意継続被保険者制度）に加入する

②子や配偶者などの被扶養者になる

③自ら国民健康保険に入る（退職日の翌日から14日以内に申請する）

任意継続被保険者制度とは、会社員が退職すると翌日から健康保険の被保険者の資格を失いますが、条件を満たしていれば、引き続き勤めていた会社の健康保険の被保険者となることができる制度です。

任意継続被保険者になると、原則として傷病手当金や出産手当金は受給できなくなります。

健康保険の任意継続被保険者制度　●ここが出る

	任意継続被保険者制度の概要
加入資格	健康保険の被保険者期間が継続して2か月以上あること
保険料	全額自己負担
申請期限	退職日の翌日（資格喪失日）から20日以内に申請する
加入期間	最長2年間（2年以内に任意継続被保険者制度から脱退し、国民健康保険等に加入することも可能）

任意継続制度に関する出題が多くなっています。加入資格や申請期限・加入期間などはすべて「2」がつくことを覚えておきましょう。

4　介護保険制度

　介護保険制度は、老化などが原因で介護が必要となった場合に、その度合いに応じて必要な介護サービスが受けられる制度です。

①介護保険制度の概要

　介護保険の被保険者は、第1号被保険者（65歳以上の者）と第2号被保険者（40歳以上65歳未満の公的医療保険加入者）で、原則、市町村が認定します。

②介護保険制度の介護認定

　介護給付を受けるためには、あらかじめ市区町村より要介護認定（1～5段階）または要支援認定（1～2段階）を受け、その介護度に応じてサービスを受けることになります。

③居宅介護住宅改修費

　要介護認定を受けた者が階段やトイレなどに手すりを設置するなどの住宅改修工事を行った場合、通常、工事費用の9割（上限20万円）が介護保険から支給されます。ただし、被保険者に応じて、工事費の1割～3割は自己負担になります。

　例えば、20万円の改修工事を行った場合、1割負担の者の場合、介護保険からの給付は18万円、利用者の負担額は2万円（1割負担）になります。

	第1号被保険者	第2号被保険者
対象者	・65歳以上の者	・40歳以上65歳未満の公的医療保険加入者
給付条件	・要介護者（寝たきり、認知症の者） ・要支援者（虚弱などで在宅サービスが必要と認定された者） 要介護・要支援となった原因を問わず給付される	・老化を原因とする特定疾病（脳卒中などの脳血管疾患や末期がんなど）により要介護状態または要支援状態となった場合のみ ・事故により要介護・要支援状態となった場合は給付されない
保険料	・市町村が所得に応じて定めた保険料を徴収 ・年金額が年18万円以上の被保険者の場合は原則、年金から天引き（特別徴収）。それ以外の場合は口座振替または市町村に直接納付する	・医療保険（健康保険や国民健康保険など）の保険料とあわせて徴収 （会社員の場合、原則、労使折半）
自己負担割合	・原則、受けたサービスの費用（食費や居住費は除く）の1割負担（年金収入等の所得が一定以上ある者は2割または3割負担。第2号被保険者は一率、1割負担） ・介護サービスを受けるためのケアプラン作成費は無料（自分で作成してもよい）	

要介護認定（1～5段階）	老人ホーム等の施設サービスへの入居や、訪問介護を受けることができる ※特別養護老人ホームへの入居は要介護3以上
要支援認定（1～2段階）	介護予防給付などのサービスを受けることができる

間違えやすいポイント　第2号被保険者は、事故により要介護・要支援状態になった場合に、介護保険の給付を受けることができません。引っかけ問題に注意しましょう。

5　労働者災害補償保険（労災保険）

①労災保険の概要　◎ここが出る

　労災保険は、労働者が**業務上**または**通勤途中**に、負傷・疾病・障害・死亡した場合に保険給付を行うもので、**業務災害**と**通勤災害**が対象になります。

　なお、労災保険の対象となる病気やけがの治療費は、原則として全額、労災保険より支給され、**自己負担はありません**。

労災保険の概要　◎ここが出る

被保険者（対象者）	労働者は自動的に**全員**が被保険者となる ※アルバイト、パートなど雇用形態や労働時間に関係なく、外国人も含め加入が義務付けられている ※経営者は対象外
窓口	労働基準監督署
保険料	**全額事業主負担**（保険料率は**業種により異なる**）
特別加入制度	中小企業の事業主や個人タクシー、大工などの一人親方、海外の事業所で働く者などが加入できる特別加入制度がある

②業務災害と通勤災害のポイント

　業務災害とは、仕事が原因となった負傷・疾病・傷害・死亡の場合をいいます。業務命令による**出張中の事故**はすべて業務災害に該当します。

　また、通勤災害とは、通常の経路で自宅と会社の間を往復する途中に災害にあった場合をいいます。通勤途中で寄り道し、事故にあった場合は、原則

1章　ライフプランニングと資金計画

2章　リスク管理

3章　金融資産運用

4章　タックスプランニング

5章　不動産

6章　相続・事業承継

として対象外ですが、日用品を購入するなど、日常生活に必要なやむを得ない事由のために寄り道し、事故にあったような場合は通勤災害と認められています。

 間違えやすいポイント

労災保険の保険料は**全額事業主負担**です。労使折半ではありません。なお、労災保険の対象となる病気などの治療費も労災保険から全額支払われ、自己負担はありません。

【仕事中のけが】

労災保険の対象

【日常生活でのけが】

医療保険の対象

③休業補償給付

　業務災害や通勤災害により会社を休み、賃金が支払われなくなった場合に労災保険では**休業補償給付**が支給されます。休業補償給付は、原則として給付基礎日額（給料の1日あたりの平均額）の**60％相当額**（別途、特別支給金が20％）が、会社を休み賃金が支払われなくなった日の**4日目**から支給されます。

④ 療 養補償給付
りょうよう

　業務災害や通勤災害による治療を労災病院などで受けたときに療養補償給付が支給されます。治療費はけがや病気が治るまで**全額**、労災保険から支払われますので自己負担はありません。

⑤障害補償給付

　業務上の事故などで治療をした結果、一定の障害が残った場合に障害補償給付が支給されます。障害の程度（障害等級）により支給額は異なります。

⑥傷病補償年金

　療養（治療など）をはじめてから1年6か月が経過しても、傷病による一定の障害（傷病等級1級〜3級）が残っている場合に支給されます。

　傷病補償年金は療養中（治療中）であっても支給されますが、障害補償給付は治療終了後に支給されます。

6　雇用保険

　雇用保険は失業時の給付のほか、再就職の支援や失業者に対する職業訓練のための給付、引き続き働くために必要な給付なども行います。

①雇用保険の概要

雇用保険の概要

被保険者 （対象者）	・すべての労働者 ・パート社員や派遣労働者については一定の要件に該当する場合に被保険者となる ・65歳以上で新たに雇用された者も対象 **例外** 法人の役員や個人事業主とその家族は、雇用保険の被保険者とならない
窓口	公共職業安定所（ハローワーク）
保険料	原則、事業主と労働者の両方が負担する。なお、負担割合（保険料率）は業種により異なる
その他の特徴	原則、労働者を雇用するすべての事業所で適用

1章 ライフプランニングと資金計画
2章 リスク管理
3章 金融資産運用
4章 タックスプランニング
5章 不動産
6章 相続・事業承継

②雇用保険の被保険者となる要件

パート社員や派遣労働者（65歳以上の者を含む）が雇用保険の被保険者になるには、現状、31日以上働く見込みがあり、かつ1週間の労働時間が20時間以上あることが要件です。

③雇用保険の給付の種類

雇用保険の給付には、4種類あります。

雇用保険の給付の種類	
求職者給付	失業者の求職活動中に支給される
就職促進給付	基本手当の支給期間中に再就職した場合に支給される
雇用継続給付	高齢で働いている者や育児、介護をしている者に支給される
教育訓練給付	労働者の能力向上のために厚生労働大臣指定の教育訓練を受けた場合に支給される

④求職者給付

雇用保険の失業時の給付（求職者給付）のうち、ベースとなるのが基本手当（いわゆる失業保険）です。

（1）基本手当の受給要件 ●ここが出る

以下の要件を満たし、働く意思と能力はあるが仕事に就くことができない者が、基本手当を受給できます。

基本手当の受給要件（一般被保険者の場合）
・定年や自己都合により退職した者（一般受給資格者）の場合 　離職日以前の2年間に被保険者期間が通算して12か月以上あること ・倒産や解雇などにより退職した者（特定受給資格者）の場合 　離職日以前の1年間に被保険者期間が6か月以上あること

(2) 基本手当の給付日数 ●ここが出る

　基本手当の給付日数は退職理由（自己都合退職なのか、解雇、倒産なのか
など）や被保険者期間、離職時の年齢により異なります。

倒産・解雇の場合（特定受給資格者）

被保険者期間 （離職時の年齢）	1年 未満	1年以上 5年未満	5年以上 10年未満	10年以上 20年未満	20年以上
30歳未満	90日	90日	120日	180日	—
30歳以上 35歳未満		120日	180日	210日	240日
35歳以上 45歳未満		150日	180日	240日	270日
45歳以上 60歳未満		180日	240日	270日	330日
60歳以上 65歳未満		150日	180日	210日	240日

自己都合退職・定年退職（一般受給資格者）

被保険者期間	1年未満	1年以上 10年未満	10年以上 20年未満	20年以上
年齢に関係なく	—	90日	120日	150日

(3) 基本手当の受給期間

　受給期間とは、失業したときに失業給付を受給できる期間のことで、いつ
までに失業給付を受け取らなければならないのかを表しています。この期間
中であれば、上記の日数の失業給付を受け取れます。

1章 ライフプランニングと資金計画
2章 リスク管理
3章 金融資産運用
4章 タックスプランニング
5章 不動産
6章 相続・事業承継

受給期間		離職日の翌日から**1年間**（出産や育児等で仕事ができない場合は最長3年延長して4年間まで可能） ※受給期間を過ぎると、所定の給付日数が残っていても基本手当は支給されない
待期期間	倒産・解雇の場合	ハローワークで受給の申込みを行った後、**7日間**の待期期間があり、この間、基本手当は支給されない
	自己都合の場合	**7日間**の待期期間後、更に**2か月間**の待期期間がある。なお、待期期間が2か月なのは「5年間のうち2回の離職まで」に限定され、5年以内に3回目の離職をした場合、3回目の離職からは待期期間は3か月間となる

雇用保険の基本手当の給付日数は、最大給付日数（倒産や解雇の場合**330日**、自己都合や定年などの場合**150日**）と最小給付日数（90日）を覚えておきましょう。

⑤雇用保険の給付と厚生年金

　厚生年金を受給できる65歳未満の者が雇用保険の基本手当を受給する場合、雇用保険の受給が優先され、厚生年金は全額支給停止になります。

⑥雇用継続給付

　雇用継続給付は高齢者や休業中の者の継続した雇用の促進や支援を目的とした給付制度で、（1）高年齢雇用継続給付、（2）育児休業給付、（3）介護休業給付があります。

（1）高年齢雇用継続給付

　高年齢雇用継続給付とは、会社を定年退職し、60歳以降も再雇用などで働く場合の60歳から**65歳**までの賃金の低下を補う制度で、「**高年齢雇用継続基本給付金**」と「**高年齢再就職給付金**」があります。

●高年齢雇用継続基本給付金

　60歳以後も継続して働く場合に、60歳時に比べて賃金が**75％未満**に低下したとき、60歳以後の賃金の一定率が65歳になるまで支給される制度です。60歳時点での賃金の**61％**以下に低下した場合、「60歳以降の賃金×最高**15％**相当額」が支給されます。雇用保険の被保険者期間が**5年**以上ある**65歳未満**の者が対象です。

●高年齢再就職給付金

　雇用保険の基本手当を受給後、基本手当を受給できる日数を**100日**以上残して再就職した場合に**65歳**になるまで支給されるものです。

（2）育児休業給付

　育児休業給付は、子どもを養育するために育児休業をとり、賃金（給料）が休業前の**80％未満**になった場合に男女問わず支給されます。

育児休業給付の概要

支給要件	①満**1歳**未満の子どもを養育するための育児休業 **例外** ・父母ともに育児休業をとる**パパママ育休プラス制度**を利用する場合は**1歳2か月**未満の子ども ・保育所等が見つからない場合などは最大**2歳**未満の子ども ②原則、育児休業前**2年間**のうち、1か月に11日以上働いた月が**12か月**以上あること
支給額	・休業前の賃金の**50％**が原則 ・当初**6か月間**（180日間）に限り、休業前の賃金の**67％（3分の2）**相当額

1章 ライフプランニングと資金計画
2章 リスク管理
3章 金融資産運用
4章 タックスプランニング
5章 不動産
6章 相続・事業承継

休業前の**80%**以上の賃金が支払われている場合は、育児休業給付は給付されません。

（3）介護休業給付

　配偶者、父母（配偶者の父母も含む）、子などを介護するために休業する場合に支給されます。支給額は、休業前の賃金の**67%**相当額で、最高で通算**93日間**支給されます。93日以内であれば**3回に分割**して取得できます。

 配偶者の父母を介護するために休業する場合も、介護休業給付の対象になります。

　育児・介護休業法の改正の流れは以下のようになっています。

育児・介護休業法の改正点

育児休業取得の働きかけの義務化 （2022年4月施行）	従業員に対して、制度の周知や育児休業を取得するかの意思確認および育児休業を取ることを働きかけることなどが企業に義務付けられた
育児休業の分割取得 （2022年10月施行）	2回に分けて分割取得することが可能に
男性に対する産休制度の創設 （2022年10月施行）	男性に対する出生時育児休業制度（男性版の産休制度）が創設され、男性も子どもの出生後8週間以内に最長4週間まで取得可能に。また、2回に分けて分割取得することも可能に
育児休業の取得率の公表の義務付け （2023年4月施行）	従業員数が1,000人を超えている企業に対して、男性労働者の育児休業の取得率を公表することが義務付けられた

⑦65歳以上の兼業者・副業者に対する雇用保険（雇用保険の重複加入）

　65歳以上の人が兼業や副業などで、**2つ以上の**事業所で働いている場合、以下の要件を満たしていれば、本人が申し出ることで、2つの事業所で重複して雇用保険に加入することが可能になりました。

雇用保険の重複加入の要件

・65歳以上で、複数の事業所で雇用されている

・それぞれの事業所での週の所定労働時間が20時間未満である

・**2つ以上の**事業所の週の所定労働時間の合計が20時間以上ある

---

⑧教育訓練給付（一般教育訓練給付）◉ここが出る

　教育訓練給付には、代表的なものとして一般教育訓練給付があります。一般教育訓練給付は、雇用保険に**3年以上**加入している労働者（65歳以上の者も含む）が、厚生労働大臣指定の教育訓練の受講を修了した場合に、受講費用の**20%（上限10万円）**が支給される制度です。

　現状は、**過去に教育訓練給付を受けたことがない者**（初めて支給を受ける者）に限り、教育訓練を開始した日までの雇用保険の加入期間が原則、**1年以上**あれば、給付が受けられます。

⑨高齢者雇用安定法

　高齢者雇用安定法が改正され、高齢者の雇用に対し事業主が取り組みを強化することが求められています。

高齢者の雇用に対する事業主の努力義務

事業主は以下のどれかを導入するよう、努力義務が課せられている

・定年廃止

・定年年齢を70歳に引き上げ

・70歳までの継続雇用

1章 ライフプランニングと資金計画

2章 リスク管理

3章 金融資産運用

4章 タックスプランニング

5章 不動産

6章 相続・事業承継

問1 全国健康保険協会管掌健康保険の被保険者に支給される傷病手当金の額は、1日につき、原則として、当該被保険者の標準報酬日額の4分の3相当額である。【H28年9月】

問2 健康保険の任意継続被保険者となるためには、健康保険の被保険者資格喪失日の前日までに継続して1年以上の被保険者期間がなければならない。【R4年5月】

問3 公的介護保険の第1号被保険者が、公的介護保険の保険給付の対象となる介護サービスを受けた場合の自己負担割合は、その者の合計所得金額の多寡にかかわらず、1割である。【H28年9月】

問4 公的介護保険の保険給付は、保険者から要介護状態または要支援状態にある旨の認定を受けた被保険者に対して行われるが、第1号被保険者については、要介護状態または要支援状態となった原因を問わない。【H27年10月】

問5 公的介護保険の第2号被保険者は、市町村または特別区の区域内に住所を有する40歳以上60歳未満の医療保険加入者である。【H31年1月】

問6 労働者災害補償保険の保険料は、その全額を事業主が負担する。【R3年5月】

問7 雇用保険の基本手当の原則的な受給資格要件は、離職の日以前2年間に、被保険者期間が通算して（　　　）以上あることである。【H27年10月】

　　1．3カ月　　　2．8カ月　　　3．12カ月

問8 雇用保険の高年齢雇用継続基本給付金は、原則として、算定基礎期間を満たす60歳以上65歳未満の被保険者が、60歳到達時点に比べて賃金が85％未満に低下した状態で就労している場合に、被保険者に対して支給される。【H30年1月】

問9 健康保険に任意継続被保険者として加入できる期間は、最長で3年である。【H27年10月】

問10 健康保険の被保険者が同一月内に同一の医療機関等で支払った医療費の一部負担金等の額が、その者に係る自己負担限度額を超えた場合、その支払った一部負担均金等の全額が、高額療養費として支給される。【R3年1月】

問11 雇用保険の育児休業給付金の額は、育児休業を開始した日から育児休業給付金の支給に係る休業日数が通算して180日に達するまでの間は、1支給単位期間当たり、原則として休業開始時賃金日額に支給日数を乗じて得た額の（　　　）相当額となる。【H30年9月】
　　1．33%　　2．67%　　3．75%

問12 健康保険の任意継続被保険者となるためには、健康保険の被保険者資格を喪失した日の前日まで継続して（　1　）以上被保険者であった者が、原則として、資格喪失の日から（　2　）以内に任意継続被保険者の資格取得手続を行う必要がある。【R1年5月】
　　1．（1）2カ月　（2）20日　　2．（1）2カ月　（2）14日
　　3．（1）1年　（2）14日

問13 労働者災害補償保険の適用を受ける労働者には、1週間の所定労働時間が20時間未満のアルバイトやパートタイマーは含まれない。【R4年9月】

問14 全国健康保険協会管掌健康保険の任意継続被保険者は、任意継続被保険者でなくなることを希望する旨を保険者に申し出ても、任意継続被保険者の資格を喪失することができない。【R5年1月】

解答

1	×	2	×	3	×	4	○	5	×	6	○
7	3	8	×	9	×	10	×	11	2	12	1
13	×	14	×								

4 公的年金制度

重要度 ★★

本節で学ぶこと

- **公的年金の概要**

  3階建てで、被保険者が3つに分けられることを図で理解しましょう。

- **公的年金の給付の種類**

  老齢給付・障害給付・遺族給付の3種類です。

- **国民年金**

  加入対象者、免除制度といった制度をしっかりと押さえておきましょう。

- **厚生年金保険**

  保険料は事業者と会社員が折半します。

1 公的年金の概要

　日本の年金制度は、公的年金である国民年金・厚生年金および公的年金を補完する企業年金・個人年金等に分けられます。

　公的年金は国民年金を基礎年金として位置づけ、その上の2階部分に被用者年金である**厚生年金**（一般企業の会社員と公務員が加入）があります。また、公的年金の上乗せを目的とした企業年金などがあります。

年金制度のイメージ

		確定拠出年金（個人型）		
		確定給付企業年金	確定拠出年金（企業型）	
国民年金基金	付加年金	厚生年金		
国民年金（基礎年金）				

自営業者など	会社員・公務員	いわゆる専業主婦（夫）
第1号被保険者	第2号被保険者	第3号被保険者

2　公的年金の給付の種類

　公的年金（国民年金、厚生年金）の給付には、一定の年齢になった場合に支給される老齢給付、一定の障害の状態になった場合に支給される障害給付、被保険者が亡くなった場合に遺族に支給される遺族給付の3種類があります。

給付の種類	内容	税金
老齢給付	一定の年齢になると支給される	雑所得（公的年金控除あり）
障害給付	障害等級に該当すると支給される	非課税
遺族給付	被保険者が亡くなったら遺族に支給される	非課税

国民年金は、日本国内に住所がある**20歳以上60歳未満**のすべての人（外国人も含む）が加入する**国民皆年金制度**です。**10年**以上加入することで、原則、65歳から年金を受け取ることができます。

なお、2022年4月以降、20歳になる者については、年金手帳の変わりに**基礎年金番号通知書**が発行されています。

①被保険者

国民年金の被保険者（加入者）は第1号被保険者、第2号被保険者、第3号被保険者に分けられます。

国民年金の被保険者の概要 👁**ここが出る**

	第1号被保険者	第2号被保険者	第3号被保険者
加入対象者	**20歳以上60歳未満**の者（自営業者やその配偶者、学生など）	会社員や公務員など	第2号被保険者に扶養されている配偶者（**国内に住所がある者**）で**20歳以上60歳未満**の者（会社員や公務員の妻など）
保険料	2023年度の国民年金保険料は月額**1万6,520円**	・保険料は**労使折半** ・保険料率は、**18.3%**で固定	第2号被保険者の負担する保険料の中に**第3号**の保険料も含まれているため、保険料負担は**不要**
加入年金	国民年金	厚生年金	国民年金

※厚生年金に加入することで、**国民年金**にも自動的に加入していることになりますが、国民年金保険料を別途納付する必要はありません

1章 ライフプランニングと資金計画

2章 リスク管理

3章 金融資産運用

4章 タックスプランニング

5章 不動産

6章 相続・事業承継

※第2号被保険者が退職や転職で第1号被保険者になった場合、その者に扶養されていた第3号被保険者は、第1号被保険者として自ら国民年金に加入することになります

 第2号被保険者（会社員など）に扶養されている**20歳未満**や**60歳以上**の専業主婦は第3号被保険者ではありません。**20歳以上60歳未満**の専業主婦であれば第3号被保険者になります。

 第1号被保険者に扶養されている20歳以上60歳未満の専業主婦は、第3号被保険者ではありません。第1号被保険者として、自ら国民年金に加入します。

●任意加入制度

　国民年金の加入対象者は、60歳未満の者です。ただし、60歳以上65歳未満の者で年金額を増やしたい者は**65歳**まで、受給資格期間を満たしていないため年金を受給できない者は**70歳**になるまで、国民年金に任意に加入できます。これを**任意加入制度**といいます。

②第1号被保険者の保険料

　国民年金の第1号被保険者の2023年度の保険料は、月額**1万6,520円**です。

③保険料の納付と追納制度

　原則として、保険料は国民年金の第1号被保険者となった月の**翌月末**までに納付することとなっています。支払い方法には**前納払い**（**2年分**の前払いまで可能）や口座振替による**早割制度**（納付期限より早く納める）があり、保険料が**割引**になります。

　なお、保険料が未納の場合、**過去2年分**の保険料を追納（後から保険料を納めること）できます。追納すれば年金額はその分、増額されます。

④保険料の免除制度と追納制度

　経済的に保険料を納めることが難しい第1号被保険者の場合、保険料免除制度があります。保険料を免除された場合、その期間は受給資格期間には含まれますが、保険料を納めないとその分、年金額は少なくなります。

　免除された保険料（納付を猶予された保険料を含む）は、年金を受給するまでであれば、10年前までさかのぼって追納することができます。追納することで年金が増額されます。

　なお、免除制度には法定免除と申請免除があります。

保険料の免除制度	
法定免除	障害基礎年金などの受給者や一定の生活保護を受けている者などに対する制度で、保険料が全額免除される
申請免除	本人や配偶者等の所得が一定額以下の場合に、申請することで保険料が免除される制度。所得水準により全額免除、4分の3免除、半額免除、4分の1免除の4つがある

※上記の免除期間のうち、国が税金から保険料を支払っている分（国庫負担割合）は保険料を支払っていることになり、年金額に反映されます。国庫負担割合は2009年3月以前が3分の1、2009年4月以後は2分の1になっています

⑤第1号被保険者に対する産前産後の保険料免除制度

　国民年金の第1号被保険者が出産する場合、原則、出産予定日の前月から4か月間保険料が免除されます。なお、その間は、保険料を納めたもの（保険料納付済み期間）とみなされ、年金額は減額されません。

⑥学生納付特例制度と保険料納付猶予制度 ◉ここが出る

　20歳以上の学生や50歳未満の者で本人または配偶者の前年の所得が一定以下であった場合に、申請により保険料の納付を猶予する制度です。納付を猶予された場合、その期間は受給資格期間には反映されますが、追納しなければ年金額には反映されません（追納した場合に比べて年金額は少なくなります）。なお、過去10年以内の保険料を追納できます。

1章
ライフプランニング
と資金計画

2章
リスク管理

3章
金融資産運用

4章
タックス
プランニング

5章
不動産

6章
相続・事業承継

保険料の納付が猶予される制度

	対象者と要件	受給資格期間への反映	追納期間
学生納付特例制度	20歳以上の学生 ※学生本人の前年所得が一定額以下の場合	受給資格期間には反映される	過去10年分の追納可能（追納しなければ年金の額は増えない）
保険料納付猶予制度（学生は除く）	50歳未満の第1号被保険者 ※申請者本人や配偶者の前年所得が一定額以下の場合		

🖋 ここも大事

受給資格期間とは、年金を受け取るために必要な年金の加入期間のことで、学生納付特例制度や保険料納付猶予制度の適用を受けている期間は、年金の加入期間としてカウントされる。なお、国民年金や厚生年金の受給資格期間は10年以上必要。

④ 厚生年金保険

　厚生年金保険とは、厚生年金の適用事業所で働いている会社員などが、国民年金（基礎年金）に上乗せして加入する公的年金制度です。

①厚生年金の加入者（被保険者） ◉ここが出る

　原則として、厚生年金の適用事業所に使用される**70歳未満**の者が、厚生年金の加入者です。本人の意思にかかわらず被保険者になります。

なお、65歳以後に適用事業所に使用される者は厚生年金の被保険者ですが、国民年金の第2号被保険者には該当しません（国民年金の第2号被保険者は原則、65歳未満の者です）。

②厚生年金保険料
●保険料率
現在の保険料率は、18.3%で固定されています。

●保険料 ●ここが出る
厚生年金保険料は、事業主と会社員が労使折半（半々）で負担します（したがって会社員の負担割合は18.3%の2分の1の9.15%）。厚生年金保険料（月額）は、標準報酬月額（毎年4月から6月の3か月間の給与の平均をもとにした額）と標準賞与額（年3回までの賞与の平均をもとにした額、上限は150万円）にそれぞれ保険料率を掛けた額の合計額です。

●各自が支払う保険料の額

保険料＝標準報酬月額×9.15％＋標準賞与額×9.15％

なお、会社員などの第2号被保険者が支払う厚生年金保険料には国民年金保険料も含まれているため、別途、国民年金保険料を納める必要はありません。

●免除制度
育児休業中や産休中の厚生年金保険料は、申請することで男女を問わず免除されます（事業主の負担も免除される）。

過去問に挑戦！

2章 リスク管理

3章 金融資産運用

4章 タックスプランニング

5章 不動産

6章 相続・事業承継

問1 国民年金の第1号被保険者によって生計を維持している配偶者で20歳以上60歳未満の者は、国民年金の第3号被保険者となる。【H30年9月】

問2 国民年金の第1号被保険者とは、日本国内に住所を有する20歳以上65歳未満の者であって、国民年金の第2号被保険者および第3号被保険者のいずれにも該当しないものをいう。【H25年1月】

問3 国民年金の保険料免除期間を有する者は、当該期間に係る保険料について、厚生労働大臣の承認を受けることにより、その承認の日の属する月前（　　　）以内の期間に係るものに限り、追納することができる。【H24年1月】
　　1. 2年　　2. 5年　　3. 10年

問4 国民年金の学生納付特例制度により保険料の納付が猶予された期間は、その期間に係る保険料の追納がない場合、老齢基礎年金の受給資格期間には算入されるが、老齢基礎年金の額には反映されない。【H29年1月】

問5 国民年金の被保険者が、学生納付特例制度の適用を受けた期間について国民年金保険料の追納をする場合、追納できる保険料は、厚生労働大臣の承認の日の属する月前10年以内の期間に係るものに限られる。【H30年5月】

問6 国内に住所を有する60歳以上75歳未満の者は、厚生年金保険の被保険者である者を除き、国民年金の任意加入被保険者となることができる。【R1年9月】

解答
1　×　　2　×　　3　3　　4　○　　5　○　　6　×

5 国民年金と厚生年金の老齢給付

重要度 ★★★

本節で学ぶこと

- **老齢基礎年金**

  （受給）資格期間の計算式は必ず覚えておきましょう。

- **付加年金**

  保険料が400円で、年金額は200円×納付月数。

- **老齢厚生年金**

  難解な制度が多く登場します。図でイメージをつかみ、理解しましょう。

- **在職老齢年金**

  年齢に応じて仕組みが変わることに注意しましょう。

- **離婚時の年金分割制度**

  合意分割と3号分割の違いを理解しましょう。

1 老齢基礎年金

　老齢基礎年金とは、原則として国民年金（基礎年金）に10年以上加入すると、65歳になったときから支給される年金のことをいいます。生きている限りもらえる終身型の年金です。

①老齢基礎年金の受給（支給）要件（国民年金をもらうための要件）◉ここが出る

　原則として、65歳以上であること、および国民年金に加入している期間（受給資格期間）が10年以上あることが要件です。

受給資格期間の計算式

受給資格期間 ＝

　保険料納付済期間 ＋ 保険料免除期間 ＋ 合算対象期間 ≧ 10年
　　　　　　　　　　　　　　　　　　　　（カラ期間）

● 保険料納付済期間とは

　第1号被保険者（自営業者や学生）として保険料を納めた期間と、第2号被保険者期間（会社員や公務員として厚生年金に加入していた20歳以上65歳未満の期間）、第3号被保険者期間（いわゆる専業主婦の期間）を合計した期間です。

● 合算対象期間（カラ期間）とは

　年金の受給額の計算には反映されませんが、受給資格期間に算入できる期間（学生納付特例制度などの適用を受けた期間および国民年金への加入が義務ではなかったので加入しなかった期間）のことです。

② 老齢基礎年金の受給開始年齢（国民年金は何歳から受け取れるのか）

　国民年金は原則として65歳から受け取ることができます。

　ただし、60歳から64歳までに年金の受け取りを開始すること（繰上げ受給）や、66歳から75歳までに年金の受け取りを開始すること（繰下げ受給）も可能です。

③ 老齢基礎年金の繰上げ受給と繰下げ受給 ◉ ここが出る

　繰上げ受給も繰下げ受給も、1度選択すると、取り消しや変更はできません。

老齢基礎年金の繰上げ受給と繰下げ受給

繰上げ受給 （60歳から64歳の間に受給すること）	・年金額は繰り上げた月あたり **0.4%** 減額される（一生涯、減額されたまま） ・**老齢基礎年金**と**老齢厚生年金**を同時に繰上げしなければならない（老齢厚生年金の減額割合は老齢基礎年金と同じ）
繰下げ受給 （66歳から75歳の間に受給すること）	・年金額は繰り下げた月あたり **0.7%** 増額される（一生涯、増額される） ・老齢基礎年金と老齢厚生年金は同時に繰下げする必要はなく、一方のみ繰り下げることも可能 ・**66歳**になるまで、繰下げ受給の申し出はできない

※繰上げ受給する場合の減額割合が0.4%になるのは、2022年4月2日以後に60歳になる者のみで、すでに繰上げ受給している者や2022年4月1日以前に60歳になった者の減額割合は従来通り **0.5%** のままです

※75歳まで繰下げできるのは、2022年4月2日以後に70歳になる者です。要件を満たしていない者は70歳までしか繰下げできません

【減額率・増額率の計算】 ◉ここが出る

> 5年間繰り上げると（60歳から受け取る場合）：
> 5年×12か月× **0.4%** ＝ **24%** 年金が減額される（最大減額率）

> 10年間繰り下げると（75歳から受け取る場合）：
> 10年×12か月× **0.7%** ＝ **84%** 年金が増額される（最大増額率）

④老齢基礎年金の支給額（受給額）の計算 ◉ここが出る

　保険料を納付した期間が **40年**（**480か月**）を満たしていれば、老齢基礎年金は満額支給されます。納付期間が40年に満たない場合は、次の計算式により計算した額が支給されます。

なお、2023年度の満額支給額は新規裁定者と既裁定者で異なります。新規裁定者とは、法令上、67歳以下の者（2023年度中に68歳に達しない者）とされています。既裁定者とは、法令上、68歳以上の者（2023年度中に68歳以上になる者）とされています。新規裁定者と既裁定者の年金額は以下の通りです。

新規裁定者と既裁定者の年金額（年間の満額）	
新規裁定者	79万5,000円
既裁定者	79万2,600円

※2022年度までは、生年月日にかかわらず満額支給額は同じでしたが、2023年度は、新規裁定者は給料の変動率を用いて年金額を計算し、既裁定者は物価の変動率を用いて計算することになり、新規裁定者と既裁定者で異なることになりました

● 老齢基礎年金の年金額計算式 ◉ここが出る

老齢基礎年金額の計算は、国庫負担割合が3分の1であった期間と2分の1の期間に分けて計算し合算します。ここでは、新規裁定者の年金額について見ておきましょう。

〈2009年（平成21年）4月以後（国庫負担割合2分の1の期間）〉

$$79万5,000円 \times \frac{\text{保険料の納付済期間の月数} + A \times \frac{4}{8} + B \times \frac{5}{8} + C \times \frac{6}{8} + D \times \frac{7}{8}}{480か月（40年 \times 12か月）}$$

※A＝保険料全額免除期間、B＝4分の3免除期間、C＝半額免除期間、D＝4分の1免除期間

〈2009年（平成21年）3月以前（国庫負担割合3分の1の期間）〉

$$79万5,000円 \times \frac{\text{保険料の納付済期間の月数} + A \times \frac{2}{6} + B \times \frac{3}{6} + C \times \frac{4}{6} + D \times \frac{5}{6}}{480か月（40年 \times 12か月）}$$

※A＝保険料全額免除期間、B＝4分の3免除期間、C＝半額免除期間、D＝4分の1免除期間

1章 ライフプランニングと資金計画

2章 リスク管理

3章 金融資産運用

4章 タックスプランニング

5章 不動産

6章 相続・事業承継

2009年4月以後と3月以前で国庫負担割合が$\frac{1}{3}$から$\frac{1}{2}$に変わることは覚えておきましょう。

✎ **ここも大事**

国庫負担割合とは、国民年金の財源にするために、税金の中から国が支払っている保険料のこと。2009年3月以前の負担割合は3分の1、4月以後は2分の1に引き上げられている。なお、保険料免除の適用を受けた期間については、国庫負担分は年金額に反映され、年金額がその分増える

● **老齢基礎年金の計算例（新規裁定者の場合）** 計算 ◉ここが出る

(1) 国民年金の加入可能期間が480か月で、保険料の免除期間などがまったくなく、480か月（40年間）保険料を納付した場合の老齢基礎年金の額

$$79万5,000円 \times \frac{480か月}{480か月} = 79万5,000円（満額支給）$$

(2) 2009年3月以前の全額免除期間が48か月あり、保険料の納付済期間が432か月のときの老齢基礎年金の額

$$79万5,000円 \times \frac{（432か月 + 48か月 \times \frac{1}{3}^{※}）}{480か月}$$

$$= 74万1,999.9\cdots\cdots円 = 74万2,000円（円未満四捨五入）$$

※2009年3月以前の全額免除期間の3分の1（国庫負担分）が年金額に反映されます
※60歳以降に厚生年金に加入している期間があっても、老齢基礎年金の計算には含めません

2 **付加年金** ◉ここが出る

付加年金は、第1号被保険者独自の年金で、老齢基礎年金に上乗せするための年金です。

保険料は毎月400円で、200円×保険料納付月数の額が付加年金として加算されます。

> 付加年金の額（年額）＝ 200円×付加年金保険料を納めた月数

次の者は付加年金に加入できません。

付加年金に加入できない者

・国民年金の第1号被保険者以外の者（第2号や第3号被保険者）
・国民年金の第1号被保険者で、国民年金基金に加入している者

● **老齢基礎年金の繰上げ・繰下げ受給と付加年金**

老齢基礎年金の繰上げ・繰下げ受給を行うと、付加年金も同時に繰上げ・繰下げとなり、受給額も同じ割合で増減します。

3 老齢厚生年金 ◉ここが出る

老齢厚生年金は会社員などの第2号被保険者に老齢基礎年金の上乗せとして支給される年金です。

老齢厚生年金には、60歳から65歳に達するまで支給される特別支給の老齢厚生年金と、65歳から支給される老齢厚生年金があります。

特別支給の老齢厚生年金は、通常、定額部分（加入期間等により計算される部分）と報酬比例部分（給与の額と加入期間によって計算される部分）で構成されます。

60歳	65歳	
報酬比例部分	老齢厚生年金	
定額部分	老齢基礎年金	
←特別支給の老齢厚生年金→	←老齢厚生年金→	

1章 ライフプランニングと資金計画

2章 リスク管理

3章 金融資産運用

4章 タックスプランニング

5章 不動産

6章 相続・事業承継

特別支給の老齢基礎年金の定額部分が65歳以後は老齢基礎年金に、報酬比例部分が65歳以後は老齢厚生年金に変わります。

①受給（支給）要件 ⦿ここが出る

受給要件は、特別支給の老齢厚生年金と老齢厚生年金で異なります。

老齢厚生年金の受給要件

	特別支給の老齢厚生年金	老齢厚生年金
受給年齢	60歳から65歳に達するまで	65歳から
受給要件	老齢基礎年金の受給資格期間（10年以上）を満たしていること	
	厚生年金保険の加入期間が1年以上あること	厚生年金保険の加入期間が1か月以上あること

間違えやすいポイント

特別支給の老齢厚生年金と老齢厚生年金では受給要件の加入期間（1年以上と1か月以上）が異なります。

②受給開始年齢

老齢厚生年金と老齢基礎年金の受給は原則として65歳からですが、以前は60歳からでした。

現在、65歳からの受給に移行中で、生年月日に応じて報酬比例部分と定額部分の受給開始年齢が段階的に引き上げられています。その中で、65歳に達するまでに受け取ることができる年金を、**特別支給の老齢厚生年金**と呼んでいます。

●生年月日による受給開始年齢 ●ここが出る

1章 ライフプランニングと資金計画

2章 リスク管理

3章 金融資産運用

4章 タックスプランニング

5章 不動産

6章 相続・事業承継

生年月日
（昭和16年）

60歳（特別支給の老齢厚生年金）　65歳（老齢厚生年金）

生年月日	60歳～	65歳～
男性：1941年4月1日以前生まれ 女性：1946年4月1日以前生まれ	報酬比例部分 定額部分	老齢厚生年金 老齢基礎年金
男性：1941年4月2日～1943年4月1日 女性：1946年4月2日～1948年4月1日	報酬比例部分 61 定額部分	老齢厚生年金 老齢基礎年金
男性：1943年4月2日～1945年4月1日 女性：1948年4月2日～1950年4月1日	報酬比例部分 62 定額部分	老齢厚生年金 老齢基礎年金
男性：1945年4月2日～1947年4月1日 女性：1950年4月2日～1952年4月1日	報酬比例部分 63 定額部分	老齢厚生年金 老齢基礎年金
男性：1947年4月2日～1949年4月1日 女性：1952年4月2日～1954年4月1日	報酬比例部分 64 定額部分	老齢厚生年金 老齢基礎年金
男性：1949年4月2日～1953年4月1日 女性：1954年4月2日～1958年4月1日	報酬比例部分	老齢厚生年金 老齢基礎年金
男性：1953年4月2日～1955年4月1日 女性：1958年4月2日～1960年4月1日	61 報酬比例部分	老齢厚生年金 老齢基礎年金
男性：1955年4月2日～1957年4月1日 女性：1960年4月2日～1962年4月1日	62 報酬比例部分	老齢厚生年金 老齢基礎年金
男性：1957年4月2日～1959年4月1日 女性：1962年4月2日～1964年4月1日	63 報酬比例部分	老齢厚生年金 老齢基礎年金
男性：1959年4月2日～1961年4月1日 女性：1964年4月2日～1966年4月1日	64 報酬比例部分	老齢厚生年金 老齢基礎年金
男性：1961年4月2日以後生まれ 女性：1966年4月2日以後生まれ （昭和41年）	65	老齢厚生年金 老齢基礎年金

受給開始年齢のポイント ●ここが出る

・1941年4月2日以後に生まれた者（男性）は定額部分の受給開始が2年ごとに1歳ずつ65歳まで引き上げられる。1953年4月2日以後に生まれた者は報酬比例部分の受給開始が2年ごとに1歳ずつ65歳まで引き上げられる。

・1961年4月2日以後に生まれた者（男性）は特別支給の老齢厚生年金は受給できない。

・女性の場合は上記の年数に5年を加えた年数が男性と同じになる。

5　国民年金と厚生年金の老齢給付　　77

③特別支給の老齢厚生年金の計算（65歳未満）●ここが出る

> 年金額＝報酬比例部分＋定額部分＋（加給年金）※

※加給年金は要件を満たした場合、支給される

●報酬比例部分（新規裁定者・既裁定者）

報酬比例部分とは、厚生年金の加入期間の平均報酬額（収入金額の平均と加入期間）に応じて支給される年金です。2003年3月までと2003年4月以後の期間に分けて計算します。

報酬比例部分＝

[2003年3月までの期間]		[2003年4月以後]
毎月の給料（平均標準報酬月額：給与の平均額）から保険料を支払っていた期間の年金額	＋	毎月の給与と賞与（平均標準報酬額：給与と賞与の平均額）から保険料を支払うことになった期間の年金額

※平均標準報酬月額は給与の平均額、平均標準報酬額は給与と賞与の平均額です

●定額部分（新規裁定者の場合）

定額部分とは、厚生年金の加入期間に応じて支給される年金です。

> 定額部分＝ 1,657円※×生年月日に応じた乗率
> ×被保険者期間の月数（上限480か月）

※既裁定者の場合、1,652円になります

④加給年金 ●ここが出る

加給年金とは、厚生年金の加入期間が 20年以上ある者に、扶養している配偶者や子※がいる場合などに、一定の条件を満たせば老齢厚生年金に加算

されるもので、一種の扶養手当にあたります。

　加給年金は、被保険者が65歳になり老齢厚生年金を受給するとき、または特別支給の老齢厚生年金の**定額部分**の支給開始時期から**配偶者が65歳**になるまで、または子が18歳の年度末を過ぎるまで厚生年金に加算されます。

加給年金の受給要件

・厚生年金の加入期間（被保険者期間）が、**20年**以上ある者が対象

・その者に扶養している「**65歳未満の配偶者**」や（条件を満たす）「**子**」がいること

※子とは「**18歳の年度末**（3月末日）までの子、一般的には高校卒業までの未婚の子」のこと。子が障害等級1、2級にあたる場合は**20歳未満**の子をいう

加給年金のイメージ

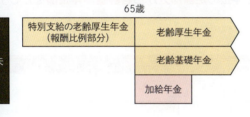

●加給年金の額　◎ここが出る

配偶者	22万8,700円＋配偶者特別加算
子2人目まで	1人につき22万8,700円
子3人目以降	1人につき7万6,200円

※新規裁定者と既裁定者の加給年金額は同じです

⑤老齢厚生年金の計算（65歳以上）

　65歳になると、特別支給の老齢厚生年金の定額部分が老齢基礎年金に、報酬比例部分が老齢厚生年金になり、要件を満たせば、経過的加算と加給年金が支給されます。

> 年金額＝老齢厚生年金＋老齢基礎年金＋（経過的加算）＋（加給年金額）

※老齢厚生年金の計算式は65歳未満の報酬比例部分と同じです

⑥経過的加算

　経過的加算とは、65歳からの老齢基礎年金の額が64歳までの特別支給の老齢厚生年金の定額部分の額より少なくなる場合に、差額を支給して65歳からの年金額が減らないようにするものです。したがって、経過的加算の額は原則、特別支給の老齢厚生年金の定額部分から老齢基礎年金額を差し引いた額となります。

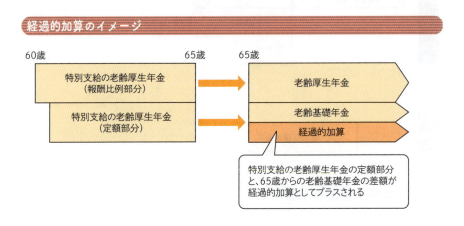

経過的加算のイメージ

特別支給の老齢厚生年金の定額部分と、65歳からの老齢基礎年金の差額が経過的加算としてプラスされる

⑦振替加算（加給年金に代わるもの）
ふりかえ か さん

　夫の老齢厚生年金に加算される配偶者の加給年金は、配偶者が**65歳**に達すると支給がなくなり、配偶者は、自身の**老齢基礎年金**を受給することになります。配偶者の老齢基礎年金は少額となる場合が多いため、その分を補うために配偶者の生年月日に応じて老齢基礎年金に**振替加算**が付きます。

　なお、振替加算は1966年4月2日以後に生まれた配偶者には支給されません。

振替加算のイメージ

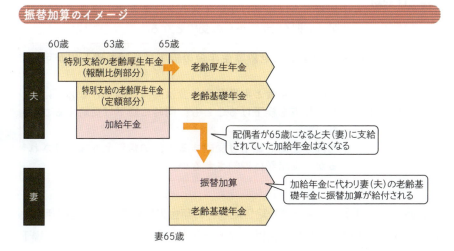

⑧老齢厚生年金の繰上げ受給と繰下げ受給

老齢厚生年金も老齢基礎年金同様、繰上げ受給（60歳〜64歳の間で受給開始）や繰下げ受給（66歳〜75歳の間で受給開始）を請求することができます。

老齢厚生年金の繰上げ受給と繰下げ受給	
繰上げ受給	・老齢厚生年金を繰上げ受給する場合、老齢基礎年金も同時に繰上げ支給しなければならない ・加給年金は繰上げ受給することはできず、本来の受給時期（原則65歳）からの受給となる
繰下げ受給	・66歳以後に老齢厚生年金の繰下げ受給の申し出が可能になる ・老齢厚生年金と老齢基礎年金は同時に繰下げる必要はなく、片方を繰下げることも、同時に繰下げ受給することも可能 ・老齢厚生金を繰下げ受給すると、加給年金も繰下げされるが、支給額は増額されない。

なお、繰上げ受給・繰下げ受給した場合の年金の増減率は老齢基礎年金と同じです。繰上げ受給した場合は、繰上げた月数×0.4%減額になり、繰下げ受給した場合、繰下げた月数×0.7%増額になります。

※繰上げ受給する場合の減額割合が0.4%になる要件および75歳まで繰下げ受給できる要件は、老齢基礎年金の要件と同じです

⑨年金額の調整

公的年金は、物価の変動に応じて年金額を調整する「物価スライド」と出生率と平均余命、賃金などの状況に応じて年金額などを調整する「マクロ経済スライド」を採用しています。

4 在職老齢年金 ●ここが出る

　60歳以後に厚生年金の適用事業所で働きながら受給する老齢厚生年金のことを在職老齢年金といいます。その際、年金の額と給与（賞与を含む）の合計額に応じて、老齢厚生年金の一定額が支給停止になります。年金の基本月額と給与等の合計額が48万円以下であれば、厚生年金は全額支給されます。48万円を超えた場合、超えた金額の2分の1が支給停止になります。ただし、支給停止の対象となるのは厚生年金のみで、老齢基礎年金は全額支給されます。

●60歳以上の在職老齢年金（70歳以上で働いている場合も含む）

　年金の基本月額と総報酬月額相当額（1か月の給料と過去1年分の賞与の額を12で割った金額の合計）の合計額に応じて、下記の計算式で算出した厚生年金が支給停止になります。

在職老齢年金の支給停止額

・老齢厚生年金の基本月額と総報酬月額相当額の合計額が48万円以下の場合は、年金は全額支給される

・老齢厚生年金の基本月額と総報酬月額相当額の合計額が48万円超の場合は、48万円を超える部分の厚生年金の2分の1が支給停止

〈例題〉
〈在職老齢年金の計算例〉
老齢厚生年金の基本月額が18万円、総報酬月額相当額が50万円の場合、年金支給額はいくらか。

〈解答〉

基本月額と総報酬月額の合計額が48万円を超えているかどうかがポイント。合計額が67万円になるので、超えた金額の2分の1が支給停止になる。

支給停止額＝（18万円＋50万円－48万円）＝20万円

$$＝20万円×\frac{1}{2}＝10万円$$

老齢厚生年金の18万円のうち、10万円が支給停止になるので、年金支給額は8万円となる。

5　在職定時改定制度の導入

　65歳以降も働きながら老齢厚生年金を受給する場合、10月1日を基準日として毎年、年金額を再計算し、年金額を上乗せする仕組みに変更されました。結果的に毎年1年分の「老齢厚生年金」が増額になり、年々年金額が増えます。なお、在職定時改定制度が導入されるまでは、65歳以降も働き毎月保険料を納めていても毎年の年金額は増えず、65歳以降に収めた保険料は、退職して厚生年金の資格を喪失したとき、または70歳になった時点で再計算されていました。

6　離婚時の年金分割制度

　夫が会社員、妻が専業主婦であった場合、夫は厚生年金に加入しているので年金額が妻より多くなります。この夫婦が離婚した場合に妻が不利にならないように、婚姻期間中の厚生年金記録（報酬比例部分のみ）を分割するこ

とができます。

　分割方法には**合意分割**と**3号分割**の2種類があります。どちらも離婚日の翌日から**2年**以内に請求しなければなりません。

離婚時の年金分割の方法

	合意分割	3号分割
対象となる時期	2007年4月1日以後の離婚	2008年5月1日以後の離婚の場合に、2008年4月1日以後の第3号被保険者期間が対象
分割の割合	婚姻期間中の厚生年金の報酬比例部分の夫婦合計の**2分の1**が上限	厚生年金記録の**2分の1**が分割可能（一般的には、婚姻中の夫の厚生年金の半分が自動的に妻に移るということ）
内容	**夫婦間の合意**がある場合または**家庭裁判所**の決定があれば分割可能	夫婦間の合意は**不要**で、第3号被保険者（通常、妻）が請求すれば自動的に分割される

※年金分割すると、年金分割を受けた側は将来の年金額が増え、年金分割をされた側は将来の年金額が減ることになる。

間違えやすいポイント　3号分割では、夫婦間の合意が**不要**です。ひっかけ問題として問われます。

1章 ライフプランニングと資金計画
2章 リスク管理
3章 金融資産運用
4章 タックスプランニング
5章 不動産
6章 相続・事業承継

問1

　　65歳到達時に老齢基礎年金の受給資格期間を満たしている者が、69歳到達日に老齢基礎年金の繰下げ支給の申出をした場合の老齢基礎年金の増額率は、（　　　　）となる。【H29年1月】
　　1．24.0%　　2．25.2%　　3．33.6%

問2

　　65歳到達時に老齢基礎年金の受給資格期間を満たしている者が、70歳到達日に老齢基礎年金の繰下げ支給の申出をした場合の老齢基礎年金の増額率は、（　　　　）となる。【H28年5月】
　　1．18%　　2．30%　　3．42%

問3

　　老齢基礎年金の支給開始年齢を繰り下げて受給する場合、繰下げによる加算額を算出する際の増額率は最大42%である。【H30年1月】

問4

　　国民年金の付加年金の額は、400円に付加保険料に係る保険料納付済期間の月数を乗じて得た額である。【H28年1月】

問5

　　老齢厚生年金の支給要件は、厚生年金保険の被保険者期間を1年以上有する者が65歳以上であること、老齢基礎年金の受給資格期間を満たしていることである。【H26年1月】

問6

　　特別支給の老齢厚生年金は、厚生年金保険の被保険者期間を（　　　　）以上有し、かつ、老齢基礎年金の受給資格期間を満たしている者が支給開始年齢に達したときに支給される。【H25年9月】
　　1．1カ月　　2．6カ月　　3．12カ月

問7

　　特別支給の老齢厚生年金（報酬比例部分）は、原則として、1960年（昭和35年）4月2日以後に生まれた男性および1965年（昭和40年）4月2日以後に生まれた女性には支給されない。【R2年1月】

問8

　　昭和28年4月2日から昭和30年4月1日までの間に生まれた男性の場合、特別支給の老齢厚生年金（報酬比例部分のみ）の支給開始年齢は、原則（　　　　）である。【H24年5月】
　　1．60歳　　2．61歳　　3．62歳

問9 老齢厚生年金に加給年金額が加算されるためには、受給権者自身の厚生年金保険の被保険者期間の月数が原則として（　　　）以上なければならない。【H28年9月】

1．240月　　2．300月　　3．480月

問10 老齢基礎年金の受給資格期間を満たすためには、保険料納付済期間、保険料免除期間等を合算した期間が（　　　）以上必要である。【H30年1月】

1．10年　　2．20年　　3．25年

問11 国民年金の第1号被保険者が、国民年金の定額保険料に加えて月額（　①　）の付加保険料を納付し、65歳から老齢基礎年金を受け取る場合、（　②　）に付加保険料納付済期間の月数を乗じて得た額が付加年金として支給される。【H31年1月】

1）①200円　②400円
2）①400円　②200円
3）①400円　②300円

問12 老齢厚生年金の繰上げ受給の請求は、老齢基礎年金の繰上げ支給の請求と同時に行なわなければならない。【R3年1月】

問13 老齢厚生年金の繰下げ支給の申出は、老齢基礎年金の繰下げ支給の申出と同時に行わなければならない。【R4年5月】

1章 ライフプランニングと資金計画

2章 リスク管理

3章 金融資産運用

4章 タックスプランニング

5章 不動産

6章 相続・事業承継

解答

1	3	2	3	3	×	4	×	5	×	6	3
7	×	8	2	9	1	10	1	11	2	12	○
13	×										

6 障害年金と遺族年金

本 節 で 学 ぶ こ と

- **障害年金**

  障害基礎年金と障害厚生年金の受給要件などの違いを理解しておきましょう。また、「障害認定日」の定義を理解しておきましょう。

- **遺族年金**

  遺族基礎年金と遺族厚生年金の受給対象者の違いに注意しましょう。また、中高齢寡婦加算と経過的寡婦加算についても整理し、理解しておきましょう。

1 障害基礎年金と障害厚生年金

　障害年金とは、国民年金や厚生年金などの加入者が一定の障害状態になったときに支給される年金のことで、障害基礎年金と障害厚生年金があります。年金額は障害の等級により異なります。

　国民年金の加入者には障害基礎年金、厚生年金の加入者には障害厚生年金が支給されます。厚生年金の加入者が障害等級1級または2級に該当する場合は、障害厚生年金に加えて障害基礎年金もあわせて支給されます。

　障害基礎年金の額は老齢基礎年金の満額と同じ額になり、新規裁定者は79万5,000円、既裁定者は79万2,600円になります。また、障害等級1級に該当する場合、2級の額の1.25倍が支給されます。また、対象者に条件を満たした子がいる場合、子の人数に応じて年金額が加算されます。なお、子の加算額は新規裁定者と既裁定者とで同額です。

	障害基礎年金	障害厚生年金
等級	1級・2級	1級・2級・3級
受給要件	・障害認定日に障害等級1級か2級の障害に該当すること ・初診日（初めて医師の診断を受けた日）において国民年金の加入者であること ・初診日の前々月までの被保険者期間のうち3分の2以上保険料を納付していること	・障害認定日に障害等級1級、2級、3級の障害に該当すること ・初診日において厚生年金の加入者であること ・初診日の前々月までの被保険者期間のうち3分の2以上保険料を納付していること
年金額（新規裁定者）	［2級］79万5,000円（満額）＋子の加算 ［1級］2級の額×1.25倍＋子の加算	［3級］報酬比例部分のみ ［2級］報酬比例部分＋配偶者の加給年金額 ［1級］報酬比例部分×1.25倍＋配偶者の加給年金額
加算額等	子の加算額は、子2人までは子1人につき22万8,700円、3人目の子からは1人につき7万6,200円	障害の状態が3級より軽くても一定の障害に該当する場合、障害手当金（一時金）がある

※障害認定日が20歳前の場合、障害基礎年金は20歳から支給されます
※障害厚生年金の被保険者期間が300月に満たない場合、300月とみなして計算します
※「子」とは18歳になった年度の3月末日までの者、または20歳未満で障害等級1級または2級の状態にある未婚の者をいいます

ここも大事

障害認定日とは、障害の原因となった傷病の初診日から1年6か月を経過した日、または、それまでに傷病が治ったときは、治った日（症状が固定した日：治療を続けても効果が望めない状態となって治療を終了した日含む）のことをいう

1章 ライフプランニングと資金計画
2章 リスク管理
3章 金融資産運用
4章 タックスプランニング
5章 不動産
6章 相続・事業承継

　遺族年金とは、国民年金や厚生年金などの加入者が亡くなった場合に、遺族（子のある配偶者または子）に支給される年金です。配偶者は子の人数に応じて年金額が加算されます。

　遺族基礎年金と遺族厚生年金では、受給要件となる受給資格期間は**25年**以上です（10年以上ではありません）。

①遺族基礎年金 ◉ここが出る

遺族基礎年金の概要

受給要件	・国民年金の加入者（被保険者）が加入期間中に死亡したとき、または、老齢基礎年金の受給資格期間が**25年**以上ある者が死亡したとき
受給対象者（遺族）	・子（**18歳**の3月末日までまたは**20歳**未満の1級、2級の障害者で未婚の者）のある配偶者（**妻または夫**） ・子（**18歳**の3月末日まで、または**20歳**未満の1級、2級の障害者）で未婚の者 ※受給権のある配偶者と子がいる場合は、配偶者に全額支給され、子には支給されない ※条件を満たした子がいない配偶者には遺族基礎年金は支給されない
年金額（新規裁定者の場合）	・子のある配偶者が受給する場合、**79万5,000円**（満額）＋子の加算 ・子の加算額は、子2人までは子1人につき**22万8,700円**、3人目の子からは1人につき**7万6,200円** 　ケース　18歳になった年度の3月末日までの子が3人いる配偶者の遺族基礎年金の受給額は、79万5,000円＋22万8,700円＋22万8,700円＋7万6,200円＝132万8,600円

※遺族基礎年金は要件を満たせば**夫**にも支給されます
※子の加算額は新規裁定者と既裁定者とで同じです

1章
ライフプランニング
と資金計画

2章
リスク管理

3章
金融資産運用

4章
タックス
プランニング

5章
不動産

6章
相続・事業承継

 遺族基礎年金と遺族厚生年金の受給資格期間は10年以上ではなく、**25年**以上です。

②寡婦(かふ)年金と死亡一時金

遺族に対する給付として、国民年金では遺族基礎年金以外に**寡婦年金と死亡一時金**があります。なお、条件を満たしていても寡婦年金と死亡一時金の両方を受給することはできず、どちらかを**選択する**ことになります。

「寡婦」とは、夫と死別または離婚し、再婚していない者をいいます。

国民年金独自の遺族に対する給付	
寡婦年金	・国民年金の第1号被保険者としての保険料納付済み期間（10年以上）を満たした夫が、**老齢基礎年金**や**障害基礎年金**を受給せずに死亡した場合に、それまでに支払った保険料が掛け捨てにならないように妻に支給される年金 ・夫と**10年以上**婚姻期間がある妻に**60歳から65歳**に達するまで支給される ・年金額は夫の老齢基礎年金額の**4分の3**
死亡一時金	国民年金の保険料納付済み期間が**3年以上**あり、かつ次の2つの条件に該当する者が死亡したときに、遺族に支給される ①死亡した者が老齢基礎年金・障害基礎年金のいずれも支給を受けたことがないこと ②その者の死亡によって遺族が遺族基礎年金を受けることができないこと

 寡婦年金と死亡一時金を同時に受給することはできず、どちらかを選択します。

③遺族厚生年金 ◉ここが出る

　遺族厚生年金とは、厚生年金加入者が亡くなった場合に、一定の遺族に遺族基礎年金に上乗せして支給される年金です。

遺族厚生年金の概要

受給要件	・厚生年金の加入者（被保険者）が死亡したとき ・老齢厚生年金の受給資格期間が25年以上ある者が死亡したとき　など
受給対象者 （遺族）	被保険者の死亡当時、扶養されていた以下の者のうち、受給順位が高い者のみが受給対象者となる。 ・第1順位…配偶者（夫の場合は55歳以上）、子（18歳の3月末日まで、または20歳未満で障害等級1・2級の障害者） ・第2順位…父母（55歳以上） ・第3順位…孫（18歳の3月末日まで、または障害等級1・2級の者は20歳未満） ・第4順位…祖父母（55歳以上）
年金額	・亡くなった時点で算出した被保険者の老齢厚生年金の報酬比例部分の額の4分の3相当額 ・亡くなった時点で被保険者期間が300月に満たない場合は、300月とみなして計算する
その他のポイント	・夫、父母、祖父母が受給する場合は60歳から ・夫が死亡した場合、子のいない30歳未満の妻の遺族厚生年金の受給期間は5年間に限られる

※第1順位の配偶者と子がいる場合は、配偶者に全額支給され、子には支給されません
※兄弟姉妹は遺族厚生年金の受給対象者にはなりません

 間違えやすいポイント　遺族厚生年金の額は、亡くなった者がその時点で受け取る予定であった老齢厚生年金の報酬比例部分の4分の3相当額です。

④ 中高齢寡婦加算と経過的寡婦加算

　遺族厚生年金に加算されるものとして、中高齢寡婦加算と経過的寡婦加算があります。

● 中高齢寡婦加算（遺族基礎年金の代わりに支給されるもの）

　夫の死亡時に条件に該当する子（18歳の3月末日までの未婚の子または20歳未満で1級、2級の障害がある未婚の子）がいない妻には遺族基礎年金が支給されないため、その救済方法として、遺族厚生年金の受給権がある妻に中高齢寡婦加算が上乗せされます。妻が40歳から65歳になるまで、遺族厚生年金に加算されます。

● 経過的寡婦加算（中高齢寡婦加算の代わりに支給されるもの）

　遺族厚生年金を受給している妻が65歳になると、自分の老齢基礎年金を受給できるようになり、中高齢寡婦加算は受給できなくなります。

　そこで、年金水準を維持するために、1956年（昭和31年）4月1日以前に生まれた妻には65歳以後は中高齢寡婦加算の代わりに、経過的寡婦加算が遺族厚生年金に加算されます。

中高齢寡婦加算と経過的寡婦加算のイメージ

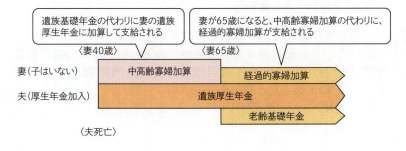

遺族基礎年金の代わりに妻の遺族厚生年金に加算して支給される

妻が65歳になると、中高齢寡婦加算の代わりに、経過的寡婦加算が支給される

〈妻40歳〉　〈妻65歳〉

妻（子はいない）　中高齢寡婦加算　経過的寡婦加算

夫（厚生年金加入）　遺族厚生年金　老齢基礎年金

〈夫死亡〉

1章 ライフプランニングと資金計画
2章 リスク管理
3章 金融資産運用
4章 タックスプランニング
5章 不動産
6章 相続・事業承継

過去問に挑戦！

問1 障害等級1級に該当する者に支給される障害基礎年金の額は、障害等級2級の障害基礎年金の額の2倍である。【H24年5月】

問2 遺族基礎年金を受給することができる遺族は、国民年金の被保険者等の死亡の当時、その者によって生計を維持され、かつ、所定の要件を満たす妻および子に限られる。【H27年9月】

問3 国民年金の第1号被保険者が死亡し、その遺族である妻が寡婦年金と死亡一時金の両方の受給要件を満たす場合、その妻は（　　　）。【H29年1月】
 1. いずれか一方の受給を選択する
 2. 両方を受給することができる
 3. 寡婦年金のみを受給することができる

問4 遺族厚生年金の額は、原則として、死亡した者の厚生年金保険の被保険者記録を基礎として計算した老齢厚生年金の報酬比例部分の額の3分の2相当額である。【H29年1月】

問5 遺族厚生年金の中高齢寡婦加算の支給に係る妻の年齢要件は、夫の死亡の当時、子のない妻の場合、（　　　）である。【H30年1月】

　1. 30歳以上60歳未満　　 2. 40歳以上65歳未満
　3. 60歳以上75歳未満

問6 障害基礎年金の保険料納付要件は、原則として、初診日の前日において、初診日の属する月の前々月までの国民年金の被保険者期間のうち、保険料納付済期間（保険料免除期間を含む）が（　　　）以上あることである。【R1年9月】
 1. 3分の1　　 2. 2分の1　　 3. 3分の2

解答

1　×　　 2　×　　 3　1　　 4　×　　 5　2　　 6　3

7 年金の請求手続きと税金

重要度 ★

本 節 で 学 ぶ こ と

- 裁定請求
- 受給権の開始時期
- 年金の支給日
- 公的年金の税金
    年金をどのように請求し、いつもらうか、どの年金に税金がかか
    るかといったことを学びます。

1 裁定請求

　公的年金は、受給要件を満たしているかどうかを確認し、請求しなければ受給できません。これを裁定請求といいます。

　なお、請求し忘れた年金は、原則として裁定請求により5年前までさかのぼって受給できます。

2 受給権の開始時期

　年金が支給される時期は、受給要件を満たした月の翌月からとなっています。したがって、年金が受給される期間は、原則として、年金受給権の発生日の翌月から、死亡などにより受給権を失った月までとなっています。

1章 ライフプランニングと資金計画

2章 リスク管理

3章 金融資産運用

4章 タックスプランニング

5章 不動産

6章 相続・事業承継

年金の支給日

年金は、原則として毎年、2、4、6、8、10、12月の偶数月の15日に、前月までの2か月分が支給されます。

例えば、10月15日に支払われる年金は、8月と9月の2か月分です。

 公的年金の税金

公的年金についての税制は以下のようになっています。

公的年金の税制	
保険料	全額が社会保険料控除の対象
老齢給付により受け取った年金	雑所得の対象（公的年金等控除がある）
障害年金・遺族年金	非課税

※生計を一にしている子どもの保険料を親が支払った場合も、親の社会保険料控除の対象になります

※老齢給付による年金の雑所得金額＝年金収入－公的年金等控除額

※公的年金等控除額は、受給者の年齢が65歳未満と65歳以上なのか、および公的年金等以外の所得がいくらあるかによって、控除額が異なる。

公的年金等控除額（公的年金等以外の所得が1,000万円以下の場合）		
	公的年金等の額	控除額
65歳未満	130万円未満	60万円
65歳以上	330万円未満	110万円

※65歳未満の者は年間の公的年金額が60万円以下、65歳以上の者は110万円以下の場合、年金には所得税は課税されません。

8 企業年金等

重要度 ★★

1章 ライフプランニングと資金計画
2章 リスク管理
3章 金融資産運用
4章 タックスプランニング
5章 不動産
6章 相続・事業承継

本節で学ぶこと

- **確定給付型企業年金**
- **確定拠出年金（企業型と個人型）**
- **自営業者の年金等**

  ここでは、退職後に支給される年金と、年金額を増やすための年金について学びます。

企業が従業員の退職後に支給する年金が企業年金です。企業年金には、受け取る額が定められている**確定給付型**（DB）と、積立金の運用実績に応じて受け取る額が変動する**確定拠出型**（DC）があります。

企業年金の全体像

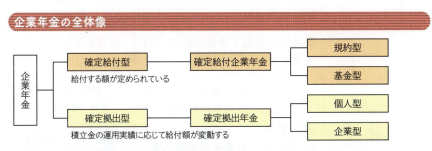

1 確定給付型企業年金（DB）

確定給付企業年金には、**基金型**と**規約型**の2種類があります。

確定拠出年金（DC）

　確定拠出年金は、運用の実績次第で年金の受取額が異なる年金制度で、**企業型DCと個人型DC**（**iDeCo**という）があります。

　企業型、個人型ともに運用の指図は**加入者自身**が行い、運用のリスクは**加入者**が負います。運用商品は、運営管理機関（金融機関等）がリスク・リターンの異なる金融商品を選定し、加入者が商品を選択します。

企業型DCと個人型DCの比較　◉ここが出る

	掛金の負担	加入対象者		拠出限度額
企業型	企業と従業員	確定給付型の企業年金が**ない**企業で原則、**70歳未満**の厚生年金の被保険者		**月額5万5,000円**（年66万円）
		確定給付型の企業年金が**ある**企業で原則、**70歳未満**の厚生年金の被保険者		**月額2万7,500円**（年33万円）
個人型（iDeCo）	原則、個人のみ	国民年金の第1号被保険者（自営業者など）		**月額6万8,000円**（**年81万6,000円**）
		国民年金の第2号被保険者	企業型確定拠出年金のみの加入者	月額2万円（年24万円）
			企業年金未加入者	月額2万3,000円（年27万6,000円）
			公務員・私立学校の教職員	月額1万2,000円（年14万4,000円）
		国民年金の第3号被保険者（いわゆる専業主婦）		**月額2万3,000円**（**年27万6,000円**）

※掛金の拠出限度額の単位を月額から年額単位にすることも可能
※企業型DCのない一定の中小企業では、従業員の加入している個人型（iDeCo）に事業主が掛金を追加することが可能です（**iDeCoプラス**という）。掛金の上限は従業員と事業主の合計で23,000円以下です

①加入者

　個人型DC（iDeCo）は、主に**自営業者（国民年金の第1号）**、**公務員**や**私立学校の教職員**（第2号被保険者）、いわゆる**専業主婦**（第3号被保険者）が加入の対象です。ただし、加入時に国民年金保険料を**免除**されている者や**滞納**している者は加入できません。また、制度が改正され、企業型DCの加入者も以下の要件を満たしている場合、個人型（iDeCo）に加入できるようになっています。

> **企業型DC加入者の個人型加入の要件**
>
> ・毎月、掛金を拠出すること
> ・企業型DCに加入している者がマッチング拠出（企業の掛金に従業員が上乗せして支払った掛金）を利用していないこと

　また、個人型DC（iDeCo）に加入できる年齢は下記の通りです。

個人型DCの対象者

対象者	加入年齢
会社員・公務員 （第2号被保険者）	65歳未満
自営業者・専業主婦（夫） （第1号・第3号被保険者）	60歳未満 ※国民年金に任意加入している者は65歳未満
海外居住者	国民年金に任意加入していれば65歳未満まで加入可能

　企業型は**70歳未満**の厚生年金の被保険者であれば加入できます。ただし、企業の規約により加入年齢は個別に定めることができます。

1章 ライフプランニングと資金計画
2章 リスク管理
3章 金融資産運用
4章 タックスプランニング
5章 不動産
6章 相続・事業承継

②受給開始年齢

確定拠出年金の加入可能年齢が拡大されることに伴い、年金の受給開始年齢の上限が70歳から75歳に引上げられ、加入期間に応じて60歳から75歳の間で選択できるようになりました。なお、老齢給付金を60歳から受給するためには、通算の加入期間が10年以上あることが要件です。

③掛金

掛金の上限は自営業者などの第1号被保険者の場合、月額6万8,000円（年額81万6,000円）ですが、国民年金基金にも同時に加入している場合、合算で月額6万8,000円までとなっています。公務員の場合は月額1万2,000円（年額14万4,000円）、いわゆる専業主婦は月額2万3,000円（年額27万6,000円）が上限となっています。

④掛金に対する税金

企業が負担した掛金は、全額必要経費になります。また、個人が負担した掛金は、全額が所得控除の1つである「小規模企業共済等掛金控除」の対象になります。企業型において、企業の掛金に従業員が上乗せして、追加拠出した場合の掛金（マッチング拠出という）も全額、「小規模企業共済等掛金控除」の対象になります。

⑤転職時等の年金の取扱い（ポータビリティ）

企業型DC加入者が転職や離職をした場合

企業型DCの加入者	取扱い
企業型DCのある企業に転職した場合	転職先の企業型DCに移換できる
企業型DCのない企業に転職した場合	個人型DC（iDeCo）に移換できる
自営業者や専業主婦、公務員になった場合	

ポータビリティとは、転職して会社が変わった場合などに、それまでに積み立てた年金原資を転職先の年金制度等に持ち運べることをいいます。

⑥確定拠出年金の税金

　給付の方法には、老齢給付金（年金受け取りと一時金受け取り）、障害給付金、死亡一時金があります。

給付の方法と税金 ◉ここが出る

給付の方法	税金
老齢給付により年金受け取りした場合	雑所得
一時金として受け取った場合	退職所得
障害給付として受け取った場合	非課税
死亡一時金として遺族が受け取った場合	相続税の対象（みなし相続財産）

⑦確定拠出年金の税制上のメリット

　確定拠出年金では税制上、以下のメリットがあります。

確定拠出年金の税制上のメリット

掛金	個人が拠出した掛金は全額、所得控除（小規模企業共済等掛金控除）の対象、企業が拠出した掛金は全額、必要経費となる
運用益	運用期間中の運用益は非課税
受取時	・年金として受け取る場合は、「公的年金等控除」が受けられる ・一時金として受け取る場合は、退職金と合算して「退職所得控除」が受けられる ・要件に該当していれば、60歳前に退職や転職したときに「脱退一時金」を受け取れる

1章 ライフプランニングと資金計画
2章 リスク管理
3章 金融資産運用
4章 タックスプランニング
5章 不動産
6章 相続・事業承継

3 **自営業者の年金等**

①国民年金基金

　第1号被保険者（自営業者など）には老齢基礎年金しかないため、年金額が不十分です。そのため、老齢基礎年金の上乗せを目的とするのが国民年金基金で、給付には終身年金タイプと確定年金タイプがあります。年金額は各自の掛金に応じて、確定額が支給されます。なお、加入は任意です。

国民年金基金の概要 ●ここが出る

加入対象者	第1号被保険者（60歳未満）および65歳未満の国民年金の任意加入者 **例外** 国民年金保険料を免除されている者、国民年金保険料の滞納者などは加入できない
加入方法	加入は口数制で、1口目は終身年金から選択し、2口目は終身年金と確定年金の中から選択する
掛金	・月額上限6万8,000円まで（給付の型や加入口数、加入時の年齢、性別などにより、掛金の額は異なる）（個人型確定拠出年金に同時に加入している場合は合算して6万8,000円まで） ・掛金は全額、社会保険料控除の対象
税制	受け取った年金は雑所得となり、公的年金等控除の対象となる
その他	国民年金基金に加入すると国民年金の付加年金には重複して加入できない

間違えやすいポイント　国民年金保険料を免除されている者や、付加年金に加入している者および厚生年金加入者は国民年金基金に加入できないという点がよく問われます。

国民年金基金と個人型確定拠出年金（iDeCo）に同時に加入した場合の掛金は、合算で**6万8,000円**が上限です。

②小規模企業共済

　小規模企業共済は、小規模企業の事業主や会社役員の退職金、事業の再建を目的とした共済制度です。したがって、小規模企業であっても従業員は加入できません。

小規模企業共済の概要

加入対象者	一般業種の場合、従業員**20名以下**の小規模企業の個人事業主や役員など
掛金	・月額1,000円〜7万円までで、500円刻みで選択可能 ・加入後は、掛金の増額や減額が可能
受取方法	一括受け取り（一時金として受け取る）、分割受け取り（年金として受け取る）および一括受け取りと分割け受取りの併用が可能
税制	・掛金は全額、小規模企業共済等掛金控除（所得控除の1つ）の対象 ・共済金を分割受け取り（年金受け取り）する場合 　→雑所得となり公的年金等控除の対象 ・共済金を一括受け取り（一時金受け取り）する場合 　→退職所得となり退職所得控除の対象

1章 ライフプランニングと資金計画
2章 リスク管理
3章 金融資産運用
4章 タックスプランニング
5章 不動産
6章 相続・事業承継

過去問に挑戦！

問1 確定拠出年金の個人型年金の老齢給付金を60歳から受給するためには、60歳到達時の通算加入者等期間が（　　　）以上なければならない。【R4年9月】
 1. 10年　　2. 15年　　3. 20年

問2 確定拠出年金の個人型年金の加入者が国民年金の第1号被保険者である場合、原則として、掛金の拠出限度額は年額816,000円である。【R4年1月】

問3 確定拠出年金の個人型年金の老齢給付金を一時金で受け取った場合、当該老齢給付金は、一時所得として所得税の課税対象となる。【R3年1月】

問4 所得税において、確定拠出年金の個人型年金の掛金で、加入者本人が支払ったものは、（　　　）の対象となる。【R5年1月】
 1. 生命保険料控除
 2. 社会保険料控除
 3. 小規模企業共済等掛金控除

問5 国民年金基金は、加入員自身で掛金を運用するため、その運用実績により将来受け取ることができる年金額が増減する。
【R3年9月】

解答
1　1　　2　〇　　3　×　　4　3　　5　×

1章 ライフプランニングと資金計画
2章 リスク管理
3章 金融資産運用
4章 タックスプランニング
5章 不動産
6章 相続・事業承継

章末 実技試験対策

　実技試験（金財の「個人資産相談業務」とFP協会の「資産設計提案業務」）では出題数や出題のパターンに違いがあります。どちらの試験も学科試験の基礎知識があれば解ける問題がほとんどですが、出題パターンに慣れることも重要です。金財の「個人資産相談業務」とFP協会の「資産設計提案業務」の代表的な出題パターンをしっかりと確認しておきましょう。

　なお、実技試験の合格基準等は以下の通りです。

	金財（個人資産相談業務）	FP協会（資産設計提案業務）
合格基準	50点満点で30点以上	100点満点で60点以上
問題数	5題（各3問）	20問
出題形式	マークシート	マークシート

●各種係数を使った計算 [共通]

　各種の係数を用いた計算問題は、FP協会の実技試験では毎回のように出題されています。金財の試験では学科試験中心に出題されることが多くなっていますが、問題を解くための論点は同じなので、しっかりと確認しておきましょう。

〔設例〕

　Aさんは、退職金の一部を老後の生活資金に充てようと思っている。仮に、退職金のうち1,800万円を年利1％で複利運用しながら20年間で均等に取り崩すこととした場合、毎年の生活資金に充てることができる金額として、正しいものはどれか。

〈資料：係数早見表（20年・年利1.0%）〉

	現価係数	減債基金係数	資本回収係数
20年	0.8195	0.0454	0.0554

1. 737,550円　2. 817,200円　3. 997,200円

●各種係数を使った計算（解答・解説）

　このような問題では、どの係数を使うのかがポイントです。元金を複利運用しながら、毎年一定額を一定期間に渡って取り崩し、毎年いくら受け取れるかを計算する場合、資本回収係数を使います。

元金×資本回収係数＝毎年受け取れる金額（年金額）

毎年受け取れる額＝1,800万円×0.0554＝99万7,200円

解答：3

※資本回収係数は、2,000万円の住宅ローン（固定金利）を20年で返済する場合に毎年いくら返済すればよいか、といった計算をする場合にも使います。

　各係数をどんなときに使うのかを理解することが重要です。使用する係数が分かれば、基本となる金額にその係数を乗じることで計算できます。

各種係数の使い方のポイント

係数	どんなときに使うのか
終価係数	数年後にいくらに増えているか
現価係数	現在、いくらあればよいか
年金終価係数	一定額を積み立てたら数年後にいくらになっているか

年金現価係数	毎年分割して一定額を受取るためには現在、いくらあればよいか
減債基金係数	目標額にするには毎年いくら積み立てればよいか
資本回収係数	現在の元金から一定額を受取る場合、毎年いくら受け取れるか

●キャッシュフロー表　FP協会

　FP協会の「資産設計提案業務」では、キャッシュフロー表を用いた複利の計算問題が毎回出題されています。主に数年後の基本生活費、年間収支、貯蓄残高（金融資産残高）の計算方法をしっかり押さえておきましょう。

〔設例〕

　下記は、田中さんの家庭のキャッシュフロー表（一部抜粋）である。このキャッシュフロー表の（ア）～（ウ）に入る数字を計算しなさい。なお、計算に当たっては、計算結果は万円未満を四捨五入すること。

(単位：万円)

経過年数			基準年	1年	2年	3年
家族・年齢	田中　誠	本人	36歳	37歳	38歳	39歳
	敦子	妻	38歳	39歳	40歳	41歳
	大地	長男	8歳	9歳	10歳	11歳
	さくら	長女	6歳	7歳	8歳	9歳
ライフイベント		変動率		さくら 小学校入学		住宅購入
収入	給与収入（夫）	－		420	420	420
	給与収入（妻）	－		70	85	85
	収入合計	－		490	505	505
支出	基本生活費	1％	280		（　ア　）	
	住宅関連費	－		60	60	104
	教育費	2％	33	70		
	保険料	－		28	28	
	一時的支出	－		0	10	800
	その他支出	－		10		
	支出合計	－		411	461	1,303
年間収支		－				（　イ　）
貯蓄残高（金融資産残高）		1％	968	（　ウ　）		

1章 ライフプランニングと資金計画
2章 リスク管理
3章 金融資産運用
4章 タックスプランニング
5章 不動産
6章 相続・事業承継

●キャッシュフロー表（解答・解説）

キャッシュフロー計算書で使用する計算式には、次のものがあります。

数年後の基本生活費＝現在の基本生活費×（1＋変動率）^{年数}

※基本生活費は毎年一定率で増えていくものと想定されていて、年数には現在からの年数が入ります

年間収支＝年間収入（可処分所得）－年間支出

※年間収入は可処分所得を用います

貯蓄残高（金融資産残高）
＝前年末の貯蓄残高×（1＋運用利率（変動率））±その年の年間収支

（ア）2年後の基本生活費（現在の基本生活費は280万円）

変動率が1%、2年後の金額を求めるので2乗します。

＝280万円×$(1＋0.01)^2$

＝285万6,280……＝ **286万円**（万円未満四捨五入）

（イ）3年後の年間収支

＝505万円（年間収入）－1,303万円（年間支出）

＝ **－798万円**

（ウ）1年後の金融資産残高（基準年の金融資産残高は968万円）

年間収支

＝505万（年間収入）－461万円（年間支出）

＝44万円

金融資産残高

＝968万円（前年末の残高）×（1＋0.01）＋44万円

＝1,021万6,800……＝ **1,022万円**（万円未満四捨五入）

●バランスシートの計算 FP協会

　FP協会の実技試験では個人のバランスシートに関する問題が出題されています。大半の問題が下記のようなバランスシートから純資産の額を求める問題になっています。

　バランスシートとは、一定時点の家計の資産と負債（借金）の状況を表したもので、左に資産状況、右に負債と純資産の額を記載します。なお、純資産とは資産合計から負債合計を差し引いた金額です。左側の資産の合計額と右側の負債と純資産額の合計額が等しくなるのでバランスシートといいます。

〔設例〕
〔保有財産（時価）〕（単位：万円）

金融資産	
普通預金	120
定期預金	200
投資信託	130
生命保険（解約返戻金相当額）	10
不動産（自宅マンション）	3,800

〔負債残高〕
　住宅ローン（自宅マンション）：3,600万円（債務者はAさん、団体信用生命保険付き）

　FPのZさんは、Aさん一家のバランスシートを作成した。下表の空欄（ア）の金額（純資産額）はいくらか。

〈Aさん一家のバランスシート〉（単位：万円）

[資産]	×××	[負債]	×××
		負債合計	×××
		[純資産]	（　ア　）
資産合計	×××	負債・純資産合計	×××

●バランスシートの計算（解答・解説）

> 純資産額＝資産の合計額－負債の合計額

になります。資産の合計額は以下の通りです。

　　＜資産の部＞

普通預金	：	120万円
定期預金	：	200万円
投資信託	：	130万円
生命保険	：	10万円
不動産（マンション）：		3,800万円
資産合計		4,260万円

　　＜負債の部＞

住宅ローン	：3,600万円

純資産額＝4,260万円－3,600万円＝660万円

※生命保険の金額は契約した保険金の額ではなく、その時点で解約した場合
　に払い戻される金額（解約返戻金相当額）です

●老齢基礎年金の計算 [金財]

金財の実技試験では、老齢基礎年金に関する問題の出題頻度が高くなっています。また、定期的に遺族基礎年金に関する問題も出題されています。

〔設例〕

自営業を営むAさん（59歳）は、妻Bさん（52歳）との2人暮らしである。Aさんは過去に国民年金の保険料を納めていなかった期間があり、将来、自分の公的年金がどのくらい支給されるのか把握したいと考えている。

そこで、Aさんはファイナンシャル・プランナーのMさんに相談することにした。Aさんに関する資料は、以下のとおりである。

〈Aさんおよび妻Bさんに関する資料〉

●**Aさん（個人事業主）**

〔公的年金の加入歴（見込みを含む）〕

国民年金 未加入期間 35月	厚生年金保険 24月	国民年金 納付済期間：385月 全額免除期間：24月（1996年7月〜1998年6月）	国民年金 納付予定 12月

20歳　　　　　　　　　　　　　　　　　　　　　　　　　　　59歳　　60歳

※上記以外の条件は考慮しない。

Mさんは、Aさんが60歳に達するまで国民年金の保険料を納付した場合の老齢基礎年金の年金額を試算した。Aさんが原則として65歳から受給することができる老齢基礎年金の年金額を算出する計算式は、次のうちどれか。なお、年金額は2023年度の価額に基づいて計算するものとする。

①79万5,000円×［{397月＋（24月×1／3）} ／480月］

②79万5,000円×［{421月＋（24月×1／3）} ／480月］

③79万5,000円×［{421月＋（24月×1／2）} ／480月］

● 年金計算（解答・解説）

65歳から受給できる老齢基礎年金の額は、以下の計算で算出します。

老齢基礎年金＝満額の老齢基礎年金の額×（保険料納付済期間の月数＋国庫負担分調整後の保険料免除期間）／（加入可能年数×12）

老齢基礎年金の受給資格期間は老齢基礎年金の加入期間が**10年**（120月）以上あることです。Aさんは要件を満たしています。また、Aさんは59歳なので新規裁定者に該当します。

- ・2023年度の老齢基礎年金の満額支給額：79万5,000円
- ・Aさんの保険料納付済期間：24月（厚生年金保険料納付期間）＋385月（国民年金保険料納付期間）＋12月（納付予定期間）＝**421月**

  ※厚生年金保険料を支払うことで、基礎年金（国民年金）の保険料も納付していることになります

- ・保険料全額免除期間：2009年3月以前の保険料の全額免除期間については、国庫負担割合により、**3分の1**の期間が保険料納付済期間と見なされます。2009年3月以前の全額免除期間は24月あるので、$24月 \times \dfrac{1}{3} =$ **8月**が保険料納付済期間となります
- ・したがって、Aさんの保険料納付済期間＝421月＋8月＝429月
- ・Aさんの加入可能年数：1941年4月2日以降生まれの者の加入可能年数は480月（40年×12月）。Aさんは59歳なので、加入可能年数は480月

以上より、

$$Aさんの老齢基礎年金額 ＝ 79万5,000円 \times \frac{（421月＋8月）}{480月}$$

解答：②

1章 ライフプランニングと資金計画

2章 リスク管理

3章 金融資産運用

4章 タックスプランニング

5章 不動産

6章 相続・事業承継

● **遺族基礎年金の計算** FP協会

〔設例〕

　会社員のAさん（39歳）は、妻Bさん（38歳）および長女Cさん（7歳）との3人暮らしである。Aさんは、公的年金制度の遺族給付の額や公的介護保険の給付内容等を確認したいと思っている。

＜Aさんの家族構成＞

Aさん：

　1984年5月生まれ

　会社員（厚生年金保険・全国健康保険協会管掌健康保険に加入）

妻Bさん：

　1985年6月生まれ

　国民年金に第3号被保険者として加入している。

長女Cさん：

　2016年7月生まれ

＜公的年金加入歴（2023年12月分まで）＞

　現時点においてAさんが死亡した場合、妻Bさんに支給される遺族基礎年金の年金額（23年度額）は、いくらか。

※Aさん、妻Bさんとも新規裁定者に該当する。

　①79万5,000円

　②79万5,000円＋22万8,700円＝102万3,700円

　③79万5,000円＋22万8,700円＋7万6,200円＝109万9,900円

●遺族基礎年金の計算（解答・解説）

【遺族基礎年金の支給要件】

　Aさんのように厚生年金に加入している者が亡くなった場合は、遺族基礎年金に上乗せして遺族厚生年金が支給されます。遺族基礎年金の受給要件は基礎年金の加入者（被保険者）が亡くなったとき、または老齢基礎年金の受給資格期間が25年以上ある者が亡くなったときに、子または子のある配偶者に支給されます。子とは18歳になった年度の3月末日までの未婚の者、または20歳未満で1級、2級の障害者で未婚の者をいいます。

　なお、要件を満たした配偶者と子がいる場合は、配偶者に全額支給されます。したがって、Aさんが亡くなった場合、妻Bさんに遺族基礎年金が全額支給されます。

　Aさんは厚生年金に加入しているので、要件を満たす配偶者または子は遺族基礎年金を受給できます。

【支給額（2023年度額）】

　妻Bさんに支給される遺族基礎年金額は、老齢基礎年金の満額（79万5,000円）と子の加算額が支給されます。長女Cさんは2016年生まれで子の要件を満たしていますので、妻Bさんに子の加算が支給されます。子の加算額は子2人目までは1人につき22万8,700円、3人目からは1人につき7万6,200円が支給されます。

遺族基礎年金額＝79万5,000円＋22万8,700
　　　　　　　＝102万3,700円

解答：②

2章

リスク管理

 学科試験

- 生命保険と損害保険の問題がほぼ半数ずつ出題される
- 生命保険では、保険料や保険料の払込みといった基本的な保険の仕組みや、定期保険、終身保険、定期付終身保険、養老保険などの商品内容が問われる
- 損害保険では、火災保険、地震保険、自動車保険などの基本的な商品性が問われる

実技試験

- FP協会の資産設計提案業務、金財の保険顧客資産相談業務では、保険証券に記載されている内容（保険金額や特約など）を読み取る問題を中心に、保険証券の見方が毎回出題される
- **金財の個人資産相談業務では、リスク管理に関する実技問題は出題されないので要注意**

本課で学ぶこと

- **保険制度の基礎**
  保険料を決める「大数の法則」「収支相等の原則」がよく出題されます。

- **保険契約者保護機構**
  保険契約者保護機構には、国内で営業するすべての保険会社が加入します。

- **クーリング・オフ**
  契約を撤回できる期間および保険契約の撤回・解除ができないケースを覚えておきましょう。

1 保険制度の基礎

①公的保険と私的保険

　保険には国が行っている公的保険（国民年金保険や健康保険など）と民間の保険会社で取扱っている私的保険とがあります。私的保険は次のように分類できます。

1章 ライフプランニングと資金計画

2章 リスク管理

3章 金融資産運用

4章 タックスプランニング

5章 不動産

6章 相続・事業承継

私的保険の分類

第一分野の保険	生命保険 （終身保険、定期保険、養老保険、個人年金保険など）
第二分野の保険	損害保険（火災保険、自動車保険など）
第三分野の保険	第一分野と第二分野の中間の保険で、どちらにも分類できない保険 （医療保険、がん保険、傷害保険、所得補償保険など）

②大数の法則と収支相等の原則 ◉ここが出る

保険料は、**大数の法則**と**収支相等の原則**に基づいて決められています。

保険料を決める法則

大数の法則	サイコロを何回も振ればどの目も出る確率が6分の1に近づくように、個別にみると不確定な場合でも、数多くのケースでみると一定の法則（確率）があることをいう。保険会社は過去のデータをもとに、年代別や男女別の死亡率などを予測し、保険料を計算している
収支相等の原則	保険会社の受け取る保険料総額と、保険会社が支払う保険金の総額が等しくなるように保険料が決められることをいう

2 保険契約者保護機構

保険契約者保護機構の役割は、保険会社が破綻したときに保険の契約者を保護することです。生命保険契約者保護機構と損害保険契約者保護機構の2つがあります。

①業務内容

保険会社が破綻したときに、救済保険会社（破綻した保険会社の契約を引き継ぐ会社）がある場合には、契約を救済保険会社に移し、資金提供を行います。救済保険会社がない場合には保険契約者保護機構が自ら保険契約の引き受けを行います。

②加入対象 ◉ここが出る

原則として、国内で営業するすべての生命保険会社、損害保険会社が保険契約者保護機構に加入します。

例外 生命共済や火災共済などの共済や少額短期保険業者などは保険契約者保護機構に加入していないので、それらの保険契約は補償の対象になりません。

生命保険契約者保護機構の概要 ◉ここが出る	
補償の対象	保護の範囲
すべての生命保険契約	原則、責任準備金の90％補償 例外 高予定利率契約の保険は除く

保険会社以外の銀行や証券会社等で加入した場合も補償の対象

長期間、予定利率が基準利率を超えている契約

🖊 ここも大事

責任準備金とは、保険会社が保険金の支払いのために積み立てている資金のこと。保険会社が破綻した場合に保護の対象となるのは、契約している保険金額ではなく、破綻時の責任準備金が基準となっている

補償の対象	保護の範囲
・自賠責保険 ・地震保険	保険金の100%補償
・自動車保険 ・火災保険　など	・保険会社の破綻後3か月以内に発生した保険事故の場合は、保険金の100%を補償 ・破綻後3か月を経過した後の事故の場合は、保険金の80%を補償
上記以外の医療保険、傷害保険、所得補償保険など	原則、保険金の90%補償 例外 高予定利率契約の保険は除く

③少額短期保険業者

　少額短期保険業者とは、少額かつ短期の掛捨ての保険の引き受けのみを行う事業者のことです。少額短期保険（ミニ保険）の保険期間の上限は生命保険が1年、損害保険が2年で、引き受けできる保険金額はすべての保険をあわせて1人あたり合計で1,000万円までとなります。少額短期保険業者は保険契約者保護機構の補償の対象ではありません。また、少額短期保険業者で加入した保険は生命保険料控除や損害保険料控除の対象になりません。

④かんぽ生命の取扱い

　民営化後に加入したかんぽ生命の保険金については、政府保証がなくなり、生命保険契約者保護機構の補償対象となっています。

⑤ソルベンシー・マージン比率

　ソルベンシー・マージン比率とは、大災害など、通常の予測を超えるようなリスクが発生した場合に、保険会社にどの程度の保険金の支払い余力があるかを見る指標です。保険会社の信用力（健全性）を判断するうえで重要な指標のひとつであり、比率は200%が目安です。

- 200%以上…保険金の支払い余力あり（健全性が高い）
- 200%未満…健全性が低いと見なされ、金融庁が早期是正措置命令を発動（保険会社に経営改善命令が出される）

3 クーリング・オフ

①クーリング・オフとは

　クーリング・オフとは、保険契約者から一方的に保険契約の撤回・解除ができる制度のことです。契約を撤回できる期限は、保険契約の申込日またはクーリング・オフに関する書面を交付された日のどちらか遅い方の日から数えて8日以内（当日を含む）です。ただし、保険会社からクーリング・オフに関する書面を交付されていなければ、いつでも契約を撤回できます。

　書面でクーリング・オフする場合、8日以内かどうかは、郵便局の消印で判定します。◉ここが出る

②クーリング・オフの方法

　契約の撤回・解除は、原則として契約者の自筆による書面（封書やハガキなど）に加え、保険会社のホームページやEメールといった電磁的記録による方法で行うことができます。口頭ではできません。

③クーリング・オフができない場合

　以下の場合は保険契約の撤回・解除ができません。

保険契約の撤回・解除ができないケース ◉ここが出る

- 保険会社の指定した医師の診査が終了している場合
- 保険契約期間が1年以内の短期契約である場合
- 加入が義務付けられている保険の場合（自賠責保険など）

過去問に挑戦！

1章 ライフプランニングと資金計画

2章 リスク管理

3章 金融資産運用

4章 タックスプランニング

5章 不動産

6章 相続・事業承継

問1
国内銀行で申込みをした生命保険契約の場合、（　1　）による補償の対象とされ、当該契約の保険者である生命保険会社が破綻したときには、破綻時点における補償対象契約の（　2　）の90％（高予定利率契約を除く）までが補償される。【H28年9月】
1.（1）預金保険機構　（2）責任準備金等
2.（1）預金保険機構　（2）解約返戻金額
3.（1）生命保険契約者保護機構　（2）責任準備金等

問2
生命保険会社は、将来の保険金・年金・給付金等の支払に備えるために、保険料の一部などを財源として積み立てており、この準備金を（　　　）という。【H28年1月】
1. 契約者配当準備金　2. 支払準備金　3. 責任準備金

問3
生命保険会社のソルベンシー・マージン比率が100％を超えていれば、通常の予測を超えるリスクに対する保険金等の支払余力が十分にあるとされ、金融庁による早期是正措置の対象とならない。【H30年1月】

問4
生命保険契約を申し込んだ者がその撤回を希望する場合、保険業法上、原則として、契約の申込日または契約申込みの撤回等に係る事項を記載した書面の交付日のいずれか遅い日を含めて（　1　）以内であれば、（　2　）による申込みの撤回ができる。
【H29年9月】
1.（1）14日　（2）書面または口頭
2.（1）8日　（2）書面
3.（1）8日　（2）書面または口頭

解答

1　3　　2　3　　3　×　　4　2

重要度 ★★★

本節で学ぶこと

- **生命保険の基礎用語**

- **保険料と算出方法**

  基礎知識とともに、生命保険の保険料がどのように計算されるのかを押さえておきましょう。

- **保険の剰余金と配当**

  3つの剰余金の違いを押さえておきましょう。

- **保険契約の手続き**

  責任開始日の考え方が非常に重要です。

- **保険料の払込み**

  前納払いと一時払いの違いを理解しておきましょう。

- **契約の失効と復活**

  契約の失効と復活の違いおよび自動振替貸付と契約者貸付の違いを押さえておきましょう。

- **契約転換制度**

  払済保険と延長保険の違いを押さえておきましょう。

生命保険の基礎用語

保険契約者 （以下、契約者）	保険料を支払う者
保険者	保険会社のこと
被保険者	保険の対象となる者（保険を掛けられる者）
保険金受取人	保険契約者から保険金の受け取りを指定されている者（複数人でも法人でも可能）
保険募集人	保険会社のために保険契約の締結の代理や媒介を行う者。契約を結ぶ権利（契約締結権）や告知を受ける権利はない
告知	保険契約にあたって、被保険者などが保険会社に対して契約に影響を及ぼす可能性があるような重要事実を知らせること
保険約款 やっかん	保険会社と契約者間の権利義務関係を規定したもの ※保険会社は事前に契約者に渡さなければならない
契約のしおり	約款の中の特に重要な部分のみをわかりやすく解説したもの（保険約款とあわせて交付する）
解約返戻金 へんれいきん	保険を解約したときに戻ってくるお金
代理	保険募集人が保険会社に代わり、契約者と保険契約を結ぶこと
媒介	保険会社と契約者の間で仲介や勧誘を行うこと
特別勘定	投資信託や債券などの有価証券で保険料を運用すること

①保険料の分類

契約者から保険会社に支払われた保険料を営業保険料といい、純保険料と付加保険料に分けられます。純保険料はさらに死亡保険料と生存保険料に分けられます。

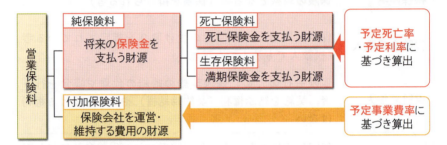

②保険料の算出

保険料は3つの予定基礎率に基づいて計算されます。

予定死亡率	・過去の統計（生命表）を基に算出した死亡率のことで、男女別・年齢別の死亡者数を予測し、将来の保険金の支払いに必要な保険料を計算する ・死亡保険では、予定死亡率が高いほど、保険料は高くなる
予定利率	・保険会社が予想している保険料の運用利回りのことで、その分を割り引いて保険料を計算する ・予定利率が高く設定されるほど、保険料は安くなる
予定事業費率	・保険会社の運営上必要となる経費（人件費など）の保険料に対する割合のこと ・予定事業費率が高くなるほど、保険料は高くなる

③ 保険の剰余金と配当

①保険の剰余金

　保険料の計算は、予定死亡率、予定利率、予定事業費率を基に行われますが、運用などの結果、利益が生じることがあります。これを剰余金といいます。剰余金は3つの予定基礎率のうちどこから生じているかによって、**死差益**、**利差益**、**費差益**に分かれます。

剰余金の仕組み

死差益	予定死亡率よりも実際の死亡率が低い場合に出る利益 　　予定死亡率　＞　実際の死亡率	
利差益	予定した運用利率よりも高い利率で運用できた場合に出る利益 　　予定利率　＜　実際の運用利率	配当金
費差益	予定した費用よりもかかった費用が少なかった場合に出る利益 　　予定事業費　＞　実際の事業費	

②保険の配当金

　保険料から生じた剰余金は、契約者に支払われます。これを配当金といいます。保険は、配当の有無により有配当保険（配当がある保険）、利差配当付保険（利差益のみを配当とする保険で、**準有配当保険**ともいう）、無配当保険（配当がない保険）に分類されます。一般的に有配当保険は無配当保険より保険料が高くなります。

1章 ライフプランニングと資金計画
2章 リスク管理
3章 金融資産運用
4章 タックスプランニング
5章 不動産
6章 相続・事業承継

4 保険契約の手続き

①生命保険契約

生命保険契約を結ぶ場合、保険会社は契約者に対して、保険会社と契約者との取引内容や権利義務関係を明記した生命保険約款を**契約前**に渡さなければなりません。

この生命保険約款は非常に専門用語が多く、難しいため、保険会社は生命保険約款の中の重要部分を分かりやすく解説した「**契約のしおり**」を、約款とあわせて**契約前**に交付することになっています。

②契約の承諾と責任開始日 ●ここが出る

保険会社に保険契約上の責任、つまり保険金などの支払い義務が発生する日を**責任開始日**といいます。責任開始日は、保険会社の承諾（保険の申込みを認めること）を前提として、「**申込書の提出**」「**告知または診査**」「**第一回目の保険料の支払い**」がすべて完了した日のことです。

保険会社の責任開始日

「申込書の提出」「告知または診査」「第一回目の保険料の支払い」
この3つが完了した日

責任開始日のイメージ

9月15日	9月20日	9月23日	9月30日
申込み	診査（告知）	初回保険料支払い	保険会社承諾

責任開始日

③告知と告知義務違反

　契約者や被保険者は、保険会社に対して健康状態や職業などについて**重要な事実**を告げる義務があります。故意または重大な過失による告知義務違反があった場合には、保険会社は一定の期間内であれば契約を解除できます。

　なお、告知義務については、「自発的申告義務（自ら進んで重要事実を伝える義務）」から「**質疑応答義務**（契約者は保険会社から質問されたことだけに答えればよいとする考え方）」へ変更されています。

　ただし、告知義務違反などがあっても、次の場合は、保険会社は契約を解除できません。

> **保険会社が契約を解除できないケース** 👁 **ここが出る**
>
> ・保険募集人が契約者や被保険者の告知を妨害した場合（事実でないことを告知するように勧めた、告知しないように指示し契約したなど）
> ・保険会社が告知義務違反などの事実を知ってから**1か月以内**に解除しない場合
> ・保険契約締結時から**5年**を経過している場合
>
> 　　　　　　　　　　　　　　　　　　　　　　（保険法上の規定）

④保険募集人の禁止行為

　生命保険を募集する際、保険募集人は以下の行為を禁じられています。

> **保険募集人の禁止行為**
>
> ・顧客が支払う保険料を立て替えて払う
> ・契約者に不利益となる事実を告げずに契約を結ぶ
> ・保険料の割引、割り戻しを行う　など　　　（保険業法上の規定）

⑤契約時のニーズ把握と情報提供義務

　保険会社は、保険募集の際、顧客ニーズの把握やニーズに合った保険プランの提案、および顧客が加入するかどうかを判断するのに必要な情報の提供を義務付けられています。

1章 ライフプランニングと資金計画
2章 リスク管理
3章 金融資産運用
4章 タックスプランニング
5章 不動産
6章 相続・事業承継

5　保険料の払込み

①保険料の払込み方法

　保険料の払込み方法には、年払い、半年払い、月払い、前納払い、一時払いなどがあります。

- ・前納払いとは、払込みの期日が来ていない保険料（この先3年分等）をあらかじめまとめて支払うこと（将来の保険料を保険会社に前もって預けている状態で、保険会社は払込期日が来るたびに、預かっている資金から保険料を支払う）をいう
- ・一時払いとは、全保険期間の保険料を契約時にまとめて1回で支払うことをいう

前納払いと一時払いの比較　◉ここが出る

	前納払い	一時払い
保険料の返還	中途解約した場合、払込みの期日が来ていない保険料は返還される	中途解約した場合、未経過分の保険料（残りの期間の保険料）があっても返還されない
生命保険料控除	毎年、生命保険料控除を受けることができる	保険料を支払った年度のみ（1回だけ）生命保険料控除を受けることができる

②保険料の払込猶予期間

　保険料の払込みがない場合、契約は失効しますが、保険料の払込みには一定の猶予期間が設けられています。猶予期間中の保険事故については、保険金は支払われます。なお、猶予期間は払込み方法によって異なります。

	1章 ライフプランニングと資金計画
	2章 リスク管理
	3章 金融資産運用
	4章 タックスプランニング
	5章 不動産
	6章 相続・事業承継

保険料の払込猶予期間 👁 **ここが出る**

払込み方法	猶予期間	例（払込期日がX年9月15日の場合）
月払い	払込日の月の翌月の初日から**翌月末**まで	払込猶予期間は、10月1日から10月31日まで
半年払い年払い	払込日の翌月の初日から**翌々月の応当日**まで	払込猶予期間は、10月1日から11月15日まで

📖 **ここも大事**

応当日とは、契約日と同じ日のことをいう。2023年6月15日の1年後の応当日は2024年6月15日になる

6　契約の失効と復活

①失効と復活

　一定の猶予期間を過ぎても保険料の払込みがなく、保険料の**自動振替貸付**もできない場合には、保険契約は失効します。

　ただし、一旦失効しても一定期間以内であれば、保険会社の承諾を得たうえで失効中の保険料と利息をまとめて払い込み、契約を元に戻すことができます。これを**復活**といいます。

復活のポイント 👁 **ここが出る**

・**医師の診査**または**告知**が必要
・復活した場合の契約内容や保険料率は**失効前**と同じ
・保険契約を解約した場合は復活できない

②自動振替貸付制度 ◉ここが出る

　自動振替貸付制度とは、保険料の払込猶予期間内に保険料が払込まれなかった場合に、その時点の**解約返戻金の範囲内**で保険会社が自動的に保険料を立て替えて支払う制度のことです。この制度により支払われた生命保険料は、その年の**生命保険料控除**の対象になります。

③契約者貸付制度 ◉ここが出る

　契約者貸付制度とは、加入中の保険の**解約返戻金の一定範囲内**で保険会社から融資を受けられる制度のことです。貸付金には所定の利息がかかります。

7　契約転換制度

①契約転換制度

　ライフサイクルの変化などから、保険の内容が不十分になった場合に、加入している保険を有効活用する方法として契約転換制度があります。

　契約転換制度とは、現在加入している保険の責任準備金（積立部分）と積立配当金の合計金額を基にして、同じ保険会社で新しい保険に加入する制度のことです。

契約転換制度のイメージ

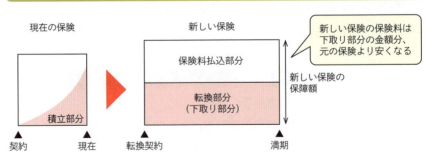

1章 ライフプランニングと資金計画

2章 リスク管理

3章 金融資産運用

4章 タックスプランニング

5章 不動産

6章 相続・事業承継

> **契約転換制度のポイント**
>
> ・転換時の年齢、保険料率で保険料は再計算される
> ・現在の保険の転換価格（責任準備金と積立配当金の合計）を下取りして新しい保険の保険料にあてるので、その分だけ新規加入より保険料が安くなる
> ・新たに告知または医師の診査が必要となる

②保険金額の減額（保険金減額制度）

　保険金額（保障額）を減額することで、保険料の負担を軽くすることができます。減額した部分は解約したことになり、解約返戻金があれば受け取れます。

③保険料の支払いが困難な場合 ◉ここが出る

　保険料の支払いが困難になった場合に、払済保険や延長（定期）保険に変更することで、保険料の支払いを中止することができます。

　なお、払済保険や延長（定期）保険に変更した場合、元の保険の特約はすべて消滅します。

払済保険と延長（定期）保険 ◉ここが出る

払済保険	・保険料の払込みを中止し、そのときの解約返戻金を保険料として、保険期間を変えないで、保障額を下げた一時払いの保険に変更する ・変更後の保険金額は元の保険金額より下がる
延長（定期）保険	・保険料の払込みを中止し、そのときの解約返戻金を保険料として、保険金額を変えないで、新たな一時払いの定期保険に切り替える ・通常、保険期間は元の保険より短くなる

払済保険のイメージ

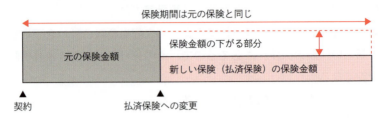

保険期間は元の保険と同じ

元の保険金額

保険金額の下がる部分

新しい保険（払済保険）の保険金額

▲ 契約

▲ 払済保険への変更

延長（定期）保険のイメージ

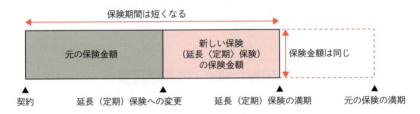

保険期間は短くなる

元の保険金額

新しい保険（延長〈定期〉保険）の保険金額

保険金額は同じ

▲ 契約

▲ 延長（定期）保険への変更

▲ 延長（定期）保険の満期

▲ 元の保険の満期

過 去 問 に 挑 戦 ！

問1 生命保険の保険料のうち、将来の死亡保険金を支払うための財源となる純保険料は、予定死亡率および（　　　）に基づいて計算されている。【H26年5月】

　1．予定利率　　2．予定生存率　　3．予定事業費率

問2 生命保険の保険料の計算において、一般に、予定利率を低く見積もるほど、保険料が低くなる。【H28年9月】

問3 保険法の規定によれば、保険契約者等に告知義務違反があった場合、保険者は原則として保険契約を解除できるが、この解除権は、保険者が解除の原因があることを知った時から（　　　）行使しないとき、または契約締結の時から5年を経過したときは消滅する。【H26年9月】

　1．1カ月間　　2．2カ月間　　3．3カ月間

問4 保険業法では、生命保険募集人は、保険契約の締結に際し、保険契約者または被保険者が保険会社等に対して重要な事実を告げるのを妨げ、または告げないことを勧めてはならないとしている。
【H27年5月】

問5 生命保険の継続した保険料の払込みには一定の猶予期間があり、月払いの場合には保険料払込期日の翌月初日から翌々月末日までとなっている。【H29年1月】

問6 定期保険特約付終身保険の保険料の払込みを中止して、払済終身保険に変更した場合、元契約に付加していた入院特約はそのまま継続する。【R2年9月】

問7 生命保険の契約者貸付制度は、契約者が、保険契約の（　　　）の一定範囲内で、保険会社から貸付を受けることができる制度である。【H25年9月】

　1．払込保険料　　2．解約返戻金　　3．死亡保険金

1章 ライフプランニングと資金計画

2章 リスク管理

3章 金融資産運用

4章 タックスプランニング

5章 不動産

6章 相続・事業承継

問8 　契約転換制度を利用して、現在加入している生命保険契約を新たな契約に転換する場合、転換後の保険料には、転換前契約時の保険料率が引き続き適用される。【H27年1月】

問9 　払済保険は、現在契約している生命保険の以後の保険料の払込みを中止し、その時点での（　1　）をもとに、元の契約の（　2　）を変えずに、元の主契約と同じ種類の保険（または養老保険等）に変更するものをいう。【H27年10月】
1. （1）責任準備金　（2）保険金額
2. （1）解約返戻金　（2）保険期間
3. （1）払込済保険料　（2）保険金額

問10 　損害保険の保険料は純保険料と付加保険料で構成されており、このうち付加保険料は、保険会社の事業を運営するために必要な費用や代理店手数料などに充当される。【H30年1月】

問11 　生命保険の保険料は、予定死亡率、（　　　　）、予定事業費率の3つの予定基礎率に基づいて計算される。【R1年9月】
1. 予定利率　　2. 予定配当率　　3. 予定生存率

解答

1	1	2	×	3	1	4	○	5	×	6	×
7	2	8	×	9	2	10	○	11	1		

3 生命保険の種類

重要度 ★★★

本節で学ぶこと

本節では生命保険の特徴、仕組みを学びます。 ●ここが出る アイコンを参考に、それぞれの保険のポイントを確実に理解しましょう。

- **保障重点型の保険**
- **保障機能と貯蓄機能がある保険**
- **投資型の保険（変額保険）**
- **かんぽ生命の保険**
- **個人年金保険**

1 保障重点型の保険

①定期保険 ●ここが出る

定期保険は、満期までの保険期間中に被保険者が死亡または高度障害になった場合に保険金が支払われる保険です。また、一定期間経過後に解約すると、解約返戻金が支払われます。通常、**満期保険金はなく**、保険料は**掛捨て**が中心で他の保険より**安く**なっています。なお、一定期間ごとに生存給付金が支払われるタイプもあります。

右側余白の章インデックス:

1章 ライフプランニングと資金計画
2章 リスク管理
3章 金融資産運用
4章 タックスプランニング
5章 不動産
6章 相続・事業承継

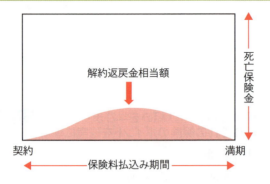

解約返戻金相当額

死亡保険金

契約　　　　　　　　　　　　　　　満期

←保険料払込み期間→

種類	保険金	保険料
長期平準 定期保険 <small>ちょう き へいじゅん</small>	・満期までの期間が非常に長い保険で、保険期間中の保険金額は一定 ・一定期間経過後は解約返戻金は減少していき、満期時にはゼロとなる	契約期間中の保険料はどれも一定
逓減定期保険 <small>ていげん</small>	・保険期間の経過とともに保険金額が減っていく	
逓増定期保険 <small>ていぞう</small>	・保険期間の経過とともに保険金額が増えていく	

　なお、長期平準定期保険や逓増定期保険は保険期間が長いので、一定期間後に解約した場合、通常、解約返戻金が生じます。

②終身保険（一時払終身保険など）　◉ここが出る

　終身保険は保障が一生涯続く保険で、被保険者が死亡または高度障害になった場合に保険金が支払われます。満期保険金はありませんが、長期間保険料を払い込んでから解約すると解約返戻金が生じるので、貯蓄性もありま

す。ただし、短期間で解約すると解約返戻金が支払った保険料を下回り、損失が出ることもあります。

保険料の払込み終了後、死亡保障に代えて、介護保障や年金受け取りへの変更が可能なものもあります。

1章 ライフプランニングと資金計画

2章 リスク管理

3章 金融資産運用

4章 タックスプランニング

5章 不動産

6章 相続・事業承継

終身保険のイメージ

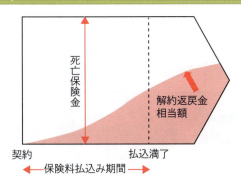

死亡保険金

解約返戻金相当額

契約　　　　　払込満了

← 保険料払込み期間 →

③定期付終身保険（定期保険特約付終身保険）ここが出る

定期付終身保険は、終身保険に定期保険を特約として付けた保険です。

保障は一生涯で、定期保険特約の付いている期間に死亡した場合は、終身部分と定期特約部分をあわせた保険金を受け取ることができます。定期保険特約部分の保険料の支払い方法には、全期型と更新型があります。

定期保険特約部分の支払い方法

全期型	加入時から保険料払込み終了時まで終身保険に定期保険特約を付けるもので、終身部分の保険料の支払い終了後は更新できない
更新型	加入当初、10年あるいは20年といった期間だけ終身保険に定期保険特約を付け、定期保険期間が満了になるごとに更新していくもの（健康状態に関係なく更新できるが保険料は上がる）

保険金額が同じ場合、加入当初の保険料は全期型の方が高くなりますが、払込保険料の総額は全期型よりも更新型の方が**多く**なる（更新するたびに保険料が**上がる**ため）傾向があります。

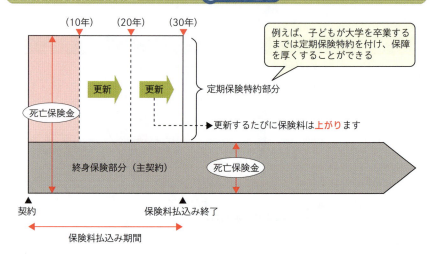

例えば、子どもが大学を卒業するまでは定期保険特約を付け、保障を厚くすることができる

更新するたびに保険料は**上がり**ます

間違えやすいポイント

定期付終身保険の全期型と更新型では、保険金額が同じであれば、更新型の方が保険料の払込み総額は通常、多くなります。

④収入（生活）保障保険 ◉ここが出る

収入（生活）保障保険は、被保険者が亡くなったり高度障害になった場合に、保険金が**年金形式**で遺族に支払われる保険です。一般的に、保険期間の経過に応じて保障額が減少していくので、保険金額が同額の定期保険より保険料は**割安**です。

収入（生活）保険の保険金は、**一時金**としてまとめて受け取る方法と、**年金形式**で分割して受け取る方法があります。**一時金**の方が受取総額は**少なく**なります。

間違えやすいポイント 収入保障保険と所得補償保険との違いに注意しましょう。収入保障保険は、遺族の生活保障として遺族が保険金を受け取るもので、所得補償保険は、被保険者自身の所得を補償するものです。

★所得補償保険→2章7　第三分野の保険と特約

⑤アカウント型保険（利率変動型積立終身保険）

アカウント型保険は、ライフプランの変化に応じて保障内容を見直すことができる保険です。払込保険料を**保障部分**（死亡保障など）と**積立部分（アカウント部分）**に分け、自由に設計（組合せ）できるので、**自由設計型保険**ともいいます。

保険料払込終了後は、積立部分を年金として受け取れます。一般的に、積立部分に適用される予定利率は市場金利に応じて見直されますが、**最低保証**があります。

参考：必要保障額の考え方

生命保険の死亡保険金額は、残された遺族の必要保障額を基準として考えます。一般的に必要保障額は**末子**が生まれたときが最大になり、末子の成長につれて**減少**します。

> 必要保障額＝遺族に必要な生活資金の総額－遺族の収入の見込額

2 保障機能と貯蓄機能がある保険

①養老保険 ◉ここが出る

　養老保険は、保険期間中に被保険者が死亡または高度障害になった場合には**死亡保険金**が支払われ、満期まで生存していた場合には**満期保険金**が支払われる**生死混合保険**です。

　死亡保険金と満期保険金の額は**同額**となっており、一時払い養老保険など予定利率の高いものは**貯蓄性**が高くなっています。

養老保険のイメージ

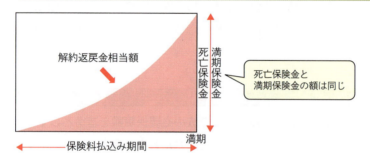

②学資保険（こども保険） ◉ここが出る

　学資保険（こども保険）は、子どもの教育資金などを準備するための保険です。

●契約者である親が契約期間中に死亡または高度障害状態になった場合

　以後の**保険料の払込みは免除**となりますが、契約は有効で、契約年齢になると保険金が支払われます。また、**育英年金**（一種の遺族年金のようなもの）が支払われるタイプもあります。

● **契約期間中に被保険者である子どもが死亡した場合**

死亡保険金が親（受取人）に支払われ、契約は終了します。

③ 投資型の保険（変額保険）

変額保険は保険会社の運用実績によって保険金額が変動する保険で、資産の運用・管理は**特別勘定**（投資信託やその他有価証券などによる運用）で行われます。通常、**死亡保険金**については契約時の保険金額（基本保険金額）が最低保証されていますが、**満期保険金**や**解約返戻金**は運用実績により変動します。

④ かんぽ生命の保険

かんぽ生命（基本契約）の特徴	
加入限度額	・15歳以下は700万円 ・16歳以上70歳以下は原則、**1,000万円** ・加入後**4年**経過している一定の者は**2,000万円**まで可能
加入手続き	・**医師の診査**は不要（職員との面接による告知のみ） ・職業による**加入制限**はない

⑤ 個人年金保険

個人年金保険は、あらかじめ決められた年齢から年金が支払われる保険です。年金受け取り開始前に被保険者が死亡した場合は、すでに払い込んだ保険料相当額の死亡給付金が遺族に支払われます。

1章 ライフプランニングと資金計画

2章 リスク管理

3章 金融資産運用

4章 タックスプランニング

5章 不動産

6章 相続・事業承継

①定額個人年金保険の種類

終身年金	・被保険者が生きている限り年金が支払われる ・保険料は一般的に男性より女性の方が高い（女性の方が長生きで長年にわたって年金を受け取れるため）
保証期間付終身年金	・保証期間中に被保険者が死亡した場合は、残りの保証期間は遺族に年金（または死亡一時金）が支払われる ・保証期間終了後は、被保険者が生きている限り年金が支払われる
確定年金	・被保険者の生死にかかわらず、一定期間（10年、20年など）年金が支払われる保険 ・被保険者が年金受取期間中に死亡したら、残りの期間は遺族に年金（または死亡一時金）が支払われる
有期年金	・被保険者が生きていれば一定期間（10年、20年など）年金が支払われる保険 ・被保険者が年金受取期間中に死亡した場合は、以後の年金は支払われない ・同じ条件であれば保険料は確定年金より安い
夫婦年金	・夫婦のどちらか一方が生きている限り、年金が支払われる ・夫婦のどちらか一方が死亡しても、年金額は一定（金額が変わるものもある）

②変額個人年金保険

　変額個人年金保険は、資産の運用を特別勘定で行い、その運用実績により年金額が変動する保険です。

死亡時の基本保険金（**死亡給付金**）は運用実績に関係なく、**最低保証**されています。一方、途中で解約した場合の**解約返戻金**や**満期保険金**には保証はなく、運用実績により異なります。元本割れになる場合もあります。

なお、定額個人年金保険の運用は**一般勘定**（元本を保証した運用）で行われます。

主な個人年金保険のイメージ

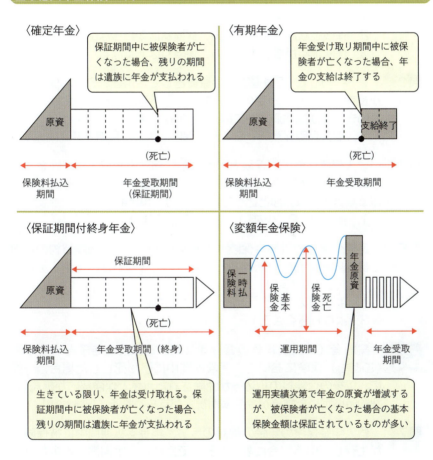

〈確定年金〉

保証期間中に被保険者が亡くなった場合、残りの期間は遺族に年金が支払われる

原資

（死亡）

保険料払込期間　年金受取期間（保証期間）

〈有期年金〉

年金受け取り期間中に被保険者が亡くなった場合、年金の支給は終了する

原資　　　支給終了

（死亡）

保険料払込期間　年金受取期間

〈保証期間付終身年金〉

保証期間

原資

（死亡）

保険料払込期間　年金受取期間（終身）

生きている限り、年金は受け取れる。保証期間中に被保険者が亡くなった場合、残りの期間は遺族に年金が支払われる

〈変額年金保険〉

保険料一時払　保険基本金　保険死亡金　年金原資

運用期間　年金受取期間

運用実績次第で年金の原資が増減するが、被保険者が亡くなった場合の基本保険金額は保証されているものが多い

1章　ライフプランニングと資金計画

2章　リスク管理

3章　金融資産運用

4章　タックスプランニング

5章　不動産

6章　相続・事業承継

問1
定期保険は、被保険者が保険期間中に死亡または高度障害状態になった場合に保険金が支払われ、保険期間満了時に被保険者が生存していても満期保険金は支払われない。【H27年9月】

問2
保険期間の経過に伴い保険金額が増加していく逓増定期保険は、（　　　　）。【H28年5月】
1. 保険金額が増加するに従って、保険料も高くなる
2. 保険金額が増加する一方、保険料は変わらない
3. 保険金額が増加する一方、保険料は低くなる

問3
（　　　　）は、役員退職金の原資として活用されるが、保険期間が長期にわたり、一定のピーク時を過ぎると解約返戻金は減少していき、保険期間満了時には0（ゼロ）となる。【H30年1月】
1. 収入保障保険　　2. 終身保険　　3. 長期平準定期保険

問4
収入保障保険の被保険者が死亡し、保険金受取人が保険金を死亡時に一括で受け取る場合の受取額は、保険金を年金形式で受け取る場合の受取総額と比べて（　　　　）。【H28年9月】
1. 多い　　2. 少ない　　3. 変わらない

問5
定期保険特約付終身保険（更新型）では、定期保険特約の保険金額を同額で自動更新すると、更新後の保険料は、通常、更新前（　　　　）。【H29年9月】
1. よりも安くなる　　2. と変わらない
3. よりも高くなる

問6
契約者（＝保険料負担者）を父親、被保険者を子とする学資（こども）保険において、保険期間中に子が死亡した場合、一般に、以後の保険料の払込みが免除されたうえで保険契約が継続し、契約時に定めた学資祝金や満期祝金が支払われる。【H24年9月】

問7
個人年金保険の年金の種類のうち、年金支払期間中に被保険者が生存している場合に限り、契約で定めた一定期間、年金が支払われるものは、（　　　　）である。【H29年1月】
1. 有期年金　　2. 確定年金　　3. 生存年金

問8 定額個人年金保険（保証期間付終身年金）では、保証期間中については被保険者の生死にかかわらず年金を受け取ることができ、保証期間経過後については被保険者が生存している限り年金を受け取ることができる。【H30年9月】

問9 個人年金保険（確定年金）では、年金支払期間中に被保険者が死亡した場合であっても、残りの支払期間に対応する年金または一時金が支払われる。【H28年5月】

問10 変額個人年金保険は、（ 1 ）の運用実績に基づいて将来受け取る年金額等が変動するが、一般に、（ 2 ）については最低保証がある。【R2年9月】
　　1．（1）特別勘定　（2）死亡給付金額
　　2．（1）一般勘定　（2）死亡給付金額
　　3．（1）特別勘定　（2）解約返戻金額

問11 学資（こども）保険には、出産前加入特則を付加することにより、被保険者となる子が出生する前であっても加入することができるものがある。【H31年1月】

問12 一時払終身保険は、早期に解約した場合であっても、解約返戻金が一時払保険料相当額を下回ることはない。【R3年1月】

問13 逓減定期保険は、保険期間の経過に伴い保険料が所定の割合で減少するが、死亡保険金額は保険期間を通じて一定である。【R5年1月】

1章 ライフプランニングと資金計画
2章 リスク管理
3章 金融資産運用
4章 タックスプランニング
5章 不動産
6章 相続・事業承継

解答
1	○	2	2	3	3	4	2	5	3	6	×
7	1	8	○	9	○	10	1	11	○	12	×
13	×										

4 生命保険と税金

重要度 ★★

本 節 で 学 ぶ こ と

- **生命保険料控除**
  個人年金保険料控除の要件が、比較的よく問われます。
- **保険金に対する税金**
  契約者・被保険者・受取人の組み合わせで、課税される税金の種類が異なります。
- **法人契約の生命保険**
- **保険料の経理処理**
  保険の種類ごとに、法人の支払う保険料の取扱いが異なります。

1 生命保険料控除 ◉ここが出る

　生命保険の保険料を支払うと、確定申告をすることで払込保険料に応じて一定額がその年の契約者（保険料負担者）の所得から控除されます。これを生命保険料控除といい、**一般の生命保険料控除**と**個人年金保険料控除**および**介護医療保険料控除**があります。

　なお、給与所得者は、勤務先の**年末調整**により、生命保険料控除証明書を勤務先に提出することで生命保険料控除の適用を受けることができます。

①一般の生命保険料控除の要件

一般の生命保険料控除の要件

- 一般の生命保険、**変額個人年金保険**などの保険料が対象
- 保険金受取人が契約者・配偶者または民法上の親族（**6親等**内の血族および**3親等**内の姻族）であること
- 保険料が一時払いの場合は**支払った年度のみ**控除の対象となる。**前納払い**の場合は、対象年数にわたって**毎年**控除できる
- 保険会社の**自動振替貸付制度**により保険料を支払っている場合も控除を受けることができる

②個人年金保険料控除の要件 ◉ここが出る

以下の**すべての要件**を満たしている必要があります。

個人年金保険料控除の要件

- **個人年金保険料税制適格特約**（個人年金保険料控除を受けるための特約）が付いていること
- 年金受取人が契約者またはその配偶者で、**被保険者**と**同一人**であること
- 年金保険料の払込期間が**10年**以上であること（したがって**一時払い**の保険は対象外）
- 年金の種類が**終身年金**か、年金受け取り開始時の被保険者の年齢が**60歳以上**で、かつ受け取り期間が**10年以上**である**確定年金・有期年金**であること

※終身年金の場合は年金受け取り開始時の年齢に「60歳以上」といった制限はない

なお、上記の個人年金保険料控除の適用要件を**1つ**でも満たしていない個人年金保険は、**一般の生命保険控除**の対象になります。また、変額個人年金の保険料も**一般の生命保険料控除**の対象になります。

1章 ライフプランニングと資金計画

2章 リスク管理

3章 金融資産運用

4章 タックスプランニング

5章 不動産

6章 相続・事業承継

③介護医療保険料控除の要件

- 2012年1月1日以後に新たに契約した医療保険（先進医療特約等の特約を含む）、民間の介護保険、所得補償保険などが対象
- 2011年12月31日までにすでに契約しているこれらの保険については、契約内容などの変更（特約を付ける、契約を更新するなど）を行わない限り、一般の生命保険料控除のまま。新たに特約を付けたり、契約を更新した場合は、介護医療保険料控除の対象になる

控除の対象となる保険の見分け方

一般の生命保険料控除	主として死亡・生存に対して保険金や給付金を支払う保険
介護医療保険料控除	主として入院や通院に対して保険金や給付金を支払う保険

④控除金額

2011年12月31日以前に契約した保険（旧契約）と、2012年1月1日以後に契約した保険（新契約）で、控除額が異なります。

なお、2011年12月31日以前に契約した保険でも、2012年1月1日以後に特約などを付加した場合や契約を更新した場合は、2012年1月1日以後の控除額が適用されます。

変額個人年金の保険料は、個人年金保険料控除の対象ではなく、一般の生命保険料控除の対象です。

生命保険に付加した傷害特約の保険料は、3つの生命保険料控除（一般、個人年金、介護）のどの対象にも該当しません（保険料控除は適用されない）。

1章 ライフプランニングと資金計画

2章 リスク管理

3章 金融資産運用

4章 タックスプランニング

5章 不動産

6章 相続・事業承継

一般の生命保険料控除額および個人年金保険料控除額

2011年12月31日以前に締結した保険契約について＝旧生命保険料控除）

	所得税（最高額）	住民税（最高額）
生命保険料控除額（一般）	5万円	3万5千円
個人年金保険料控除額	5万円	3万5千円
合計	10万円	7万円

※各保険料の年間支払額が10万円を超えた場合、最高で所得税5万円、住民税3万5千円が控除されます

一般の生命保険料控除額、個人年金保険料控除額および介護医療保険料控除額

2012年1月1日以後に締結した保険契約について＝新生命保険料控除）

	所得税（最高額）	住民税（最高額）
生命保険料控除額（一般）	4万円	2万8千円
個人年金保険料控除額	4万円	2万8千円
介護医療保険料控除額	4万円	2万8千円
合計	12万円	7万円

※住民税の控除額は、3つ合計で7万円が上限です

間違えやすいポイント

上記の保険料は重要な金額のみを記載しています。控除額の上限は覚えておきましょう。なお、2011年12月31日以前に契約した保険（旧契約）と2012年1月1日以後に契約した保険（新契約）の両方があっても、所得税の控除額の上限は3つ合計で12万円です。

①死亡保険金に対する課税

　個人が死亡保険金を受け取ると、契約者（保険料負担者）、被保険者、保険金受取人の関係によって、相続税、所得税（一時所得）、贈与税のいずれかの税金が課税されます。

死亡保険金の課税の例 ◉ここが出る

	契約者	被保険者	受取人	課税される税金の種類
パターン1	A	A	法定相続人	相続税（保険金の非課税限度額の適用あり）
パターン2	A	A	法定相続人以外の人	相続税（保険金の非課税限度額の適用なし）
パターン3	A	B	A	所得税（一時所得）
パターン4	A	B	C	贈与税

相続税の対象となる場合（パターン1・2）◉ここが出る

契約者（保険料負担者）と被保険者が同一人で、死亡保険金の受取人がそれ以外の場合、死亡保険金は相続税の課税対象になります。保険金の受取人が法定相続人の場合は、保険金のうち以下の金額は非課税です（相続人でない者が受け取った場合は、全額が課税対象）。

●死亡保険金の非課税限度額

> 非課税となる金額＝500万円×法定相続人の数

★法定相続人→6章3　相続税の仕組み

1章 ライフプランニングと資金計画

2章 リスク管理

3章 金融資産運用

4章 タックスプランニング

5章 不動産

6章 相続・事業承継

所得税の対象となる場合（パターン3）👁 ここが出る

契約者（保険料負担者）と死亡保険金受取人が同一人である場合は、死亡保険金は<u>一時所得</u>として所得税の課税対象になります。

★一時所得の金額→4章2　所得の種類と内容

贈与税の対象となる場合（パターン4）

契約者（保険料負担者）、被保険者、死亡保険金受取人がそれぞれ異なる場合には、死亡保険金は<u>贈与税</u>の課税対象になります。

死亡保険金に対する税金のイメージ

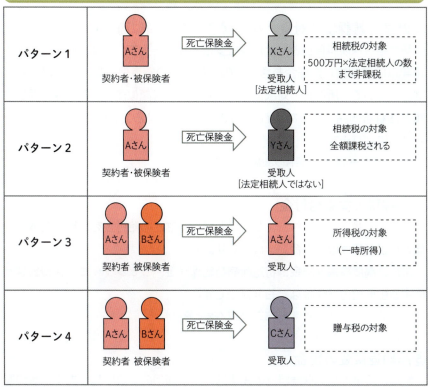

パターン1	Aさん 契約者・被保険者	死亡保険金 → Xさん 受取人[法定相続人]	相続税の対象 500万円×法定相続人の数まで非課税
パターン2	Aさん 契約者・被保険者	死亡保険金 → Yさん 受取人[法定相続人ではない]	相続税の対象 全額課税される
パターン3	Aさん Bさん 契約者 被保険者	死亡保険金 → Aさん 受取人	所得税の対象（一時所得）
パターン4	Aさん Bさん 契約者 被保険者	死亡保険金 → Cさん 受取人	贈与税の対象

②満期保険金に対する課税

　満期保険金の受取人が契約者（保険料負担者）であれば所得税（一時所得）の課税対象になり、受取人が契約者以外の場合は、贈与税の課税対象になります。

満期保険金の課税の例 ◉ここが出る			
契約者	被保険者	受取人	対象となる税金の種類
A	誰でも	A	所得税（一時所得）
A	誰でも	A以外	贈与税

③源泉分離課税の対象となる場合（金融類似商品）

　契約者（保険料負担者）と保険金受取人が同一人で、保険期間が5年以下（5年以内に解約した場合も含む）の一時払いの養老保険などの満期保険金などについては所得税の対象になりますが、金融類似商品（預貯金と同じ種類とされる商品）とみなされて、20％（復興税込みで20.315％）の源泉分離課税になります。

★源泉分離課税→4章1　所得税の基礎

④非課税となる給付金

　入院給付金、手術給付金、がん診断給付金などの給付金を、被保険者や配偶者などが受け取る場合、非課税です。

　また、高度障害保険金、特定疾病特約保険金、リビング・ニーズ特約などによる生前給付保険金なども非課税です。

★リビング・ニーズ特約→2章7　第三分野の保険と特約

⑤解約返戻金の税金

　解約返戻金と払込保険料との差額は、一時所得の対象になります。解約返戻金の額が支払った保険料より少なければ課税されません。

1章 ライフプランニングと資金計画

2章 リスク管理

3章 金融資産運用

4章 タックスプランニング

5章 不動産

6章 相続・事業承継

 死亡保険金や満期保険金について、所得税の対象、贈与税の対象、相続税の対象、受け取った保険金などが非課税、といったそれぞれのケースを明確にしておきましょう。

⑥受取配当金の税金

保険料を支払っている期間中に受け取った契約者配当金には税金はかかりません。なお、配当金と保険金を一緒に受け取った場合は、合計額が保険金額とみなされ、課税されます。

⑦個人年金保険の税金

個人年金保険の被保険者が毎年受け取る年金は、雑所得の扱いになり、所得税・住民税の対象です。

 契約者（保険料負担者）が保険金を受け取った場合は、必ず所得税（一時所得）の対象です。

3 法人契約の生命保険

法人が契約者として生命保険に加入する主な目的は、役員や従業員の退職金の準備、役員や従業員に万一のことがあった場合の備え、および遺族への保障などです。また、事業用の借入金や当面の人件費などの事業保障資金を確保することも目的のひとつです。代表的なものに長期平準定期保険があります。

事業保障資金の必要額

短期債務の額（短期の借入金）＋全従業員の１年分の給与

● 長期平準定期保険 ちょうき へいじゅん ◉ここが出る

　保険期間が長い定期保険のことで、一般的に中途解約した場合、**解約返戻金が多額**になるため貯蓄性があり、役員退職金の準備として活用できますが、**満期保険金**はありません。また、**保険料**は満期まで**一定**です。

　なお、長期平準定期保険とは、以下の要件を満たした保険のことをいいます。

長期平準定期保険とは

・保険期間満了時の被保険者の年齢が**70歳**を超え

・かつ、**契約時の被保険者の年齢＋保険期間×2＞105**となる定期保険

　一般的に長期平準定期保険は、一定期間後に中途解約すると解約返戻金は多額になりますが、**満期保険金**はありません。注意しましょう。

4 保険料の経理処理 ◉ここが出る

　法人の支払う保険料は、保険金受取人が誰か、貯蓄性のある保険なのかどうかなどにより保険料払込時の経理処理が異なってきます。一般的には、貯蓄性がある保険（終身保険、養老保険など）の場合は費用にはならず**資産計上**され、貯蓄性のない保険（定期保険など）の場合は費用とみなされ**損金算入**されます。

①定期保険の場合

　契約者（保険料負担者）が法人、被保険者が役員・従業員、保険金の受取人が法人または役員や従業員の遺族である定期保険（長期平準定期保険など）については、解約返戻金の割合が最高で50%を超える場合、解約返戻

金率に応じて一定期間、保険料の一定割合を資産計上します。ただし、以下の要件のどれかに該当する定期保険の保険料は**全額損金算入**されます。

保険料を全額損金算入する定期保険の要件（どれかに該当する場合）

・最高解約返戻率が50％以下
・最高解約返戻率が70％以下、かつ、年間保険料相当額が30万円以下
・保険期間が3年未満

※最高解約返戻率とは、途中解約したときに戻ってくる金額が、払込保険料の総額に対して最高でどのぐらいあるかの割合のことです

②養老保険（ハーフタックス・プラン）の場合 ◉ここが出る

契約者を法人、死亡保険金の受取人を**役員・従業員の遺族**、満期保険金の受取人を**法人**とする養老保険のプランを特に**ハーフタックス・プラン**といい、役員と従業員の全員が被保険者として加入します。

全期間にわたり、法人の支払った保険料の**2分の1**は**資産計上**され、残りの**2分の1**は福利厚生費として、**損金算入**されます。

養老保険（ハーフタックス・プラン）の経理処理

契約者	保険金受取人		保険料の取扱い
	死亡保険金	満期保険金	
法人	役員・従業員の遺族	法人	・2分の1資産計上（保険料積立金） ・2分の1損金算入（福利厚生費）

間違えやすいポイント　契約者と満期保険金の受取人が法人、死亡保険金の受取人が役員・従業員の遺族であり、支払った保険料の半分が損金算入となる養老保険の場合のみ「ハーフタックス・プラン」といいます。

1章 ライフプランニングと資金計画
2章 リスク管理
3章 金融資産運用
4章 タックスプランニング
5章 不動産
6章 相続・事業承継

5 損害保険

重要度 ★★★

本節で学ぶこと

本節では損害保険の特徴、仕組みを学びます。特に火災保険、地震保険、自動車保険、賠償責任保険がよく出題されています。

- 損害保険の基礎用語
- 損害保険の原則
- 失火責任法
- 火災保険
- 地震保険
- 自動車保険
- 賠償責任保険
- 企業向けの損害保険
- その他損害保険会社の保険

1 損害保険の基礎用語

損害保険の基礎用語

保険価額	保険の対象となっている物を金銭で評価した場合の最大見積額
保険金額	保険金の限度額（契約金額のこと）
時価額	再調達価額（同じ物を再度購入した場合の金額）から、使用期間に応じた消耗分を差し引いた金額（現在の実際の価値のこと）
超過保険	保険金額が保険価額を上回っている保険 ※損害の最高額が5,000万円なのに、1億円の保険に加入しているケース
一部保険 ◉ここが出る	保険金額が保険価額を下回っている保険 ※損害の最高額が5,000万円なのに、3,000万円の保険に加入しているケース

全部保険	保険金額と保険価額が等しい保険
実損てん補	保険金額（契約金額）を上限として、実際の損害額を保険金として支払うこと（実損払いともいう）
比例てん補	保険金額が保険価額より少ないときに、保険価額に対する保険金額の割合に応じて、保険金が減額されて支払われること
大半損	地震による損害額が建物の時価の40％以上50％未満の場合
小半損	地震による損害額が建物の時価の20％以上40％未満の場合
明記物件	申告しないと保険の補償の対象とならない物のこと

2 損害保険の原則

　損害保険は「偶然の事故や災害」による経済的な損害に備えるものです。損害保険には給付・反対給付均等の原則、利得禁止の原則という原則があります。

損害保険の原則

給付・反対給付均等の原則（公平の原則）	支払う保険料や保険金は、被保険者のリスクの大きさや発生の確率に応じたものでなければならないという原則 ※例えば、危険を伴う職業であれば、保険料が高くなるということ
利得禁止の原則	被保険者は保険金の受け取りによって利益を得てはならないという原則 ※損害額以上に保険金を受け取ってはいけないということ

1章 ライフプランニングと資金計画
2章 リスク管理
3章 金融資産運用
4章 タックスプランニング
5章 不動産
6章 相続・事業承継

3 失火責任法

軽過失による失火で隣家に延焼した場合は、「失火の責任に関する法律（失火責任法）」により、損害賠償責任は免れます。

> **失火責任法のポイント**
>
> ・軽過失による失火で**隣家**を延焼させた場合は、隣家の所有者に対して損害賠償責任を負わない。ただし、その原因が**爆発**による場合や故意・重過失による場合は、損害賠償責任を負う
> ・軽過失による失火であっても、借家人が**借家**を全焼させた場合は、家主に対して損害賠償責任を負う

4 火災保険

①火災保険の概要 ◉ここが出る

火災保険は**建物や家財**などの火災、**爆発**などによる損害を補償する保険です。ただし、**地震・噴火・津波**による損害やこれらを原因とする火災による損害の場合は補償されません。

> **火災保険のポイント** ◉ここが出る
>
> ・建物と家財は**別々に契約**する
> ・保険料は建物の所在地、建物の構造などに応じて異なる
> ・1個または1組の価額が**30万円**を超える貴金属、宝石や絵画などは**明記物件**として個別に申告すれば補償される

②火災保険の契約内容と保険金額

1章 ライフプランニングと資金計画

2章 リスク管理

3章 金融資産運用

4章 タックスプランニング

5章 不動産

6章 相続・事業承継

火災保険の保険金額

全部保険 （保険金額＝保険価額）	・保険の対象となっている物の価額と保険金額が同じ保険 ・保険金額（保険の契約金額）を限度として実際の損害額が支払われる（実損てん補という）
超過保険 （保険金額＞保険価額）	・保険の対象となっている物の価額より保険金額が多い保険 ・保険価額（損害の最高の見積額）を限度として実際の損害額が支払われる（実損てん補） ※保険価額を上回っている保険金額は無効
一部保険 （保険金額＜保険価額）	・保険の対象となっている物の価額よりも保険金額が少ない保険 ・保険金額と損害額との割合に応じて、保険金額が減額される（比例てん補という）

　なお、火災保険（一部保険）では保険金額が保険価額の80％以上であれば、実際の損害額（実損てん補という）、**80％未満**であれば**比例てん補**で、支払う保険金が計算されます。

保険金額が保険価額の80％未満（比例てん補）の場合の計算式 ◉ここが出る

$$支払われる保険金額＝損害額×\frac{保険金額}{保険価額×80\%}$$

※加入した保険の保険金額より多く支払われることはない

> **ケース**
>
> 保険価額が2億円、保険金額1億円の火災保険に加入し、火災による損害額が1億円であった場合に、実際に支払われる保険金額はいくらか。
>
> $$1億円 \times \frac{1億円}{2億円 \times 0.8} = 6,250万円$$

③火災保険の種類

火災保険の種類

種類	対象	内容
普通火災保険	店舗や倉庫 など（住宅は除く）	火災・落雷・爆発・破裂・風災（突風や竜巻）・雪災（雪崩）による損害 ※水災（洪水や床上浸水）は対象外
住宅火災保険	住居のみに使用される建物 と家財	
住宅総合保険	住宅火災保険より補償範囲を拡大	上記の内容に加えて、水災・外部からの落下、衝突などによる損害・水漏れ・盗難などの損害
団地保険	団地やマンションとその家財	住宅総合保険の補償内容に加えて、団地内の傷害事故や賠償事故も補償

間違えやすいポイント 住居のみに使用される建物は普通火災保険の補償の対象外です。また、住宅火災保険では、水災による損害は補償されないことを覚えておきましょう。

1章 ライフプランニングと資金計画
2章 リスク管理
3章 金融資産運用
4章 タックスプランニング
5章 不動産
6章 相続・事業承継

5 地震保険 ◉ここが出る

　地震保険は、**住居**のみに使用される**建物**とその**家財**を対象として、**地震・噴火・津波**による損害を補償します。

　なお、**地震・噴火**やこれらによる**津波**を原因とする火災による損害を補償するためには、火災保険に**地震保険**を付ける必要があります。

地震保険の概要 ◉ここが出る

保険の対象	住居のみに使用される建物（**店舗併用住宅**は対象）およびその家財
対象事故	地震・噴火・津波による火災、損壊など
加入方法	**火災保険**の特約として加入（地震保険のみの**単独加入はできない**）
保険金額	火災保険の保険金額の**30％～50％**以内 建物は**5,000万円**・家財は**1,000万円**が上限
保険料	建物の構造や地域で異なり、築年数や免震・耐震性能に応じて4種類の割引がある（割引率は最大50％）。補償内容が同じであればどこの保険会社でも**保険料**は**同じ**

※店舗併用住宅とは、住宅と飲食店や小売店が一緒になっている建物のことをいいます

地震保険の追加ポイント

- 保険金の支払い額は、**全損**の場合は**保険金額全額**、**大半損**の場合は保険金額の**60％**、小半損の場合は保険金額の**30％**、**一部損**の場合は保険金額の**5％**となっている
- 地震保険の期間は、主契約の火災保険の期間と同じ（1年から5年）
- 4種類の割引（建築年割引、耐震診断割引、耐震等級割引、免震建築物割引）を**重複して受けることはできない**（どれか1つのみ）

例外 地震保険では、現金、有価証券、1個または1組の価額が**30万円**を超える貴金属や絵画、自動車は明記物件にはならず、補償されません。

 地震保険は単独では加入できず、火災保険とセットで加入します。

 地震保険の4つの割引は、重複して割引を受けることはできず、1つのみ適用可能です。

 地震保険では、火災保険と異なり、1個または1組の価額が30万円を超える貴金属などは明記物件にはならず、申請しても補償の対象にはなりません。

6 自動車保険

自動車保険には、強制加入の自賠責保険と、任意加入の自動車保険があります。

①自賠責保険（自動車損害賠償責任保険） ● ここが出る

法律により加入が義務付けられている強制保険で、自動車・二輪自動車（原動機付自転車を含む）の保有者・運転者が運転により**他人の身体や生命**に傷害を与えた場合（対人賠償）に保険金が支払われます。したがって、**他人の物への損害**（対物賠償）や本人のけが、**自損事故**などの場合は対象外です。

1章 ライフプランニングと資金計画

2章 リスク管理

3章 金融資産運用

4章 タックスプランニング

5章 不動産

6章 相続・事業承継

自賠責保険の保険金額（限度額） 👁ここが出る	
死亡事故の場合	被害者1人あたり最高**3,000万円**
傷害事故の場合	1人あたり**120万円** 後遺障害がある場合はその程度により**75万円〜4,000万円**（常時介護が必要な後遺障害の場合のみ**4,000万円**）

②任意加入の自動車保険

　損害保険会社などで任意に加入する自動車保険のことで、自賠責保険ではカバーできない部分（他人の物への損害や自損事故など）を補う保険です。

任意加入の自動車保険の種類	
保険の種類	**概要**
対人賠償保険 👁ここが出る	・自動車事故で他人を死傷させ、損害賠償責任を負った場合に、自賠責保険で支払われる金額を超える部分に対して保険金が支払われる
対物賠償保険	・自動車事故で他人の財物に損害を与え、賠償責任を負った場合に保険金が支払われる
搭乗者傷害保険	・搭乗者が自動車事故で死亡または後遺障害等を被った場合に支払われる ・加害者からの損害賠償金の額や過失の有無に関係なく、保険金は全額支払われる
自損事故保険	・自賠責保険では対象外となる自損事故を補償する
無保険車傷害保険	・賠償能力が十分でない他の車に衝突され、死亡または後遺障害を被った場合に保険金が支払われる
車両保険 👁ここが出る	・自分の車が衝突、接触、火災、盗難、洪水や自損事故で損害を被った場合に支払われる ・特約を付けなければ地震・噴火・津波による損害は補償されない

人身傷害補償保険	・自動車事故の場合に、**自分の過失部分**を含めて損害額の全額（保険金額が上限）について、**示談を待たず**に自己側の保険会社から保険金が支払われる（過失があっても保険金は減額されない） ・**自損事故**の場合も補償の対象となる
リスク細分型保険	・年齢、性別、運転歴、使用目的などによって保険料が異なる（**通勤用**だと保険料が**高い**）

> **間違えやすいポイント**
>
> 対人賠償保険や対物賠償保険では、運転者自身や配偶者、父母、子等の親族に対する損害や、運転者自身や配偶者、父母、子等の親族の物に対する損害については、補償の対象外です。ただし、兄弟姉妹の場合は補償の対象になります。

7 賠償責任保険

賠償責任保険は、日常生活において、**偶然の事故**で他人の**財産**や**身体**を傷つけた場合の法律上の賠償責任を補償する保険です。

個人賠償責任保険

個人賠償責任保険の被保険者の範囲は本人、配偶者、生計をともにする同居の親族、**生計を共にする（一にする）別居の未婚の子**までです。一般的には、住宅火災保険などに特約として付帯するか、団地保険や家族傷害保険などに組み込まれています。

個人賠償責任保険の対象となるケース ●ここが出る

・買い物の途中、子どもが誤って陳列商品を破損させた場合
・ペットが他人にけがをさせた場合
・ベランダから物を落として、通行人にけがをさせた場合　など

1章 ライフプランニングと資金計画

2章 リスク管理

3章 金融資産運用

4章 タックスプランニング

5章 不動産

6章 相続・事業承継

個人賠償責任保険の対象とならないケース　◉ここが出る

・**仕事中（業務上）**の賠償事故
・**借りている物、預かっている物**を壊した場合
・同居の家族の物を壊した場合
・**自動車事故**などによる賠償の場合（自動車保険の対象）など

8　企業向けの損害保険

主な企業向け損害保険

保険の種類	内容
生産物賠償責任保険（PL保険）◉ここが出る	**製品の欠陥**や業務の結果により賠償事故が発生した場合に、**製造業者・販売業者**などの損害賠償金や訴訟費用を補償する ※製造・販売した弁当で食中毒が発生した場合も対象 ※**リコール**に伴う費用や**欠陥品の修理費用**などは保険の対象外
施設所有（管理）者賠償責任保険	デパートや映画館などの施設の所有者や管理者が、その施設の構造上の欠陥や管理不備が原因で発生した事故によって負担することになった損害賠償金を補償する
受託者賠償責任保険	企業（ホテルなど）が顧客から預かった物を誤って紛失したり、壊したりして法律上の賠償責任を負ったときに保険金が支払われる
労働災害総合保険	労災保険で不足する部分の補償を目的とする
企業費用・利益総合保険	企業が営業・製造を行っている建物や設備・機械などが火災、爆発、風災などの偶然の事故により損害を被ったことで、営業・製造が出来なくなった場合に生じた利益の損失分を補償する保険

過 去 問 に 挑 戦 !

問1 火災保険において、保険金額が保険価額に満たない保険を一部保険という。【H30年1月】

問2 損害保険において、保険金額が保険価額を下回っている場合に、保険金額の保険価額に対する割合に応じて保険金が削減されて支払われることを比例てん補という。【H28年1月】

問3 地震保険は単独で加入することができず、火災保険等に付帯して加入する。【H26年9月】

問4 地震保険の保険金額は、主契約である火災保険等の保険金額の一定範囲内での設定となり、居住用建物については（　1　）、生活用動産については（　2　）の限度額が設けられている。
【H25年5月】
　　1.（1）1,000万円　（2）500万円
　　2.（1）3,000万円　（2）500万円
　　3.（1）5,000万円　（2）1,000万円

問5 自動車損害賠償責任保険における保険金の支払限度額は、被害者1人につき、死亡による損害については（　1　）、傷害による損害については（　2　）、後遺障害についてはその程度に応じて75万円から4,000万円である。【H28年5月】
　　1.（1）3,000万円　（2）120万円
　　2.（1）5,000万円　（2）120万円
　　3.（1）5,000万円　（2）290万円

問6 自動車を運行中にハンドル操作を誤ってガードレールに衝突し、運転者がケガを負った場合、自動車損害賠償責任保険による補償の対象となる。【H27年10月】

問7 自動車保険の人身傷害補償保険では、被保険者が自動車事故により負傷した場合、自己の過失割合にかかわらず、保険金額の範囲内で治療費や休業損害などの実際の損害額が補償される。
【R1年5月】

1章 ライフプランニングと資金計画

2章 リスク管理

3章 金融資産運用

4章 タックスプランニング

5章 不動産

6章 相続・事業承継

問8 個人賠償責任保険では、（　　　）は補償の対象となる。【H27年9月】

1. 自動車の運転に起因する賠償事故
2. 他人からの借り物を使用中に破損させたことに対する賠償事故
3. 飼い犬が他人を噛んでけがを負わせた賠償事故

問9 食品の製造販売を営む企業が、販売した食品が原因で顧客が食中毒を起こし、法律上の損害賠償を負うことにより被る損害に備える場合には、（　　　）への加入が適している。【H30年1月】

1. 受託者賠償責任保険
2. 施設所有（管理）者賠償責任保険
3. 生産物賠償責任保険（PL保険）

問10 失火で隣家を全焼させ、失火者に重大な過失が認められない場合、「失火の責任に関する法律」により、失火者は隣家の所有者に対して、隣家の全焼について損害賠償責任を負わない。【H30年9月】

問11 ホテルが、クロークで顧客から預かった衣類や荷物の紛失や盗難により、法律上の損害賠償責任を負担した場合に被る損害に備える保険は、施設所有（管理）者賠償責任保険である。【H31年1月】

問12 自動車損害賠償責任保険（自賠責保険）では、対人賠償および対物賠償が補償の対象となる。【R2年9月】

問13 居住用建物および家財を対象とした火災保険では、地震もしくは噴火またはこれらによる津波を原因とする損害は、補償の対象にならない。【R3年1月】

解答

1 ○	2 ○	3 ○	4 3	5 1	6 ×
7 ○	8 3	9 3	10 ○	11 ×	12 ×
13 ○					

6 損害保険と税金

重要度 ★

本 節 で 学 ぶ こ と

- 地震保険料控除
- 損害保険金と税金

  頻出分野ではありませんが、地震保険料の控除額は覚えておきましょう。

1 地震保険料控除

　個人契約の地震保険では、1年間に支払った保険料について、一定の控除があり、所得金額から差し引くことができます。地震保険は火災保険と一緒に加入しますが、**火災保険**の保険料は地震保険料控除の対象ではありません。

地震保険料の控除額 ◉ここが出る	
所得税	保険料の全額（最高**5万円**まで）
住民税	保険料の$\frac{1}{2}$（最高**2万5,000円**まで）

　なお、会社員の場合、生命保険料控除と同様、**年末調整**の際に地震保険料控除証明書を勤務先に提出すれば、確定申告しなくても**地震保険料控除**が適用されます。

1章 ライフプランニングと資金計画

2章 リスク管理

3章 金融資産運用

4章 タックスプランニング

5章 不動産

6章 相続・事業承継

2 損害保険金と税金

①非課税の対象となる保険金等 ●ここが出る

　被保険者や一定の親族および被害者が受け取る損害保険の保険金（火災保険、自動車保険、賠償責任保険）は、損失の補てんを目的としているため、**非課税**です。また、**所得補償保険**の保険金および**傷害保険**の入院給付金など、身体の傷害により支払われる給付金も**非課税**です。

②死亡保険金・満期返戻金を受け取る場合

　死亡保険金を受け取る場合は、生命保険と同様、契約者・被保険者・保険金受取人との関係によって、相続税、所得税（一時所得）または贈与税の対象になります。

　満期返戻金や契約者配当金を保険料負担者と同一人物が受け取った場合は、**所得税（一時所得）**の対象になります。また、保険料負担者と保険金の受取人が異なる場合は、**贈与税**の対象になります。

★保険金に対する税金→2章4　生命保険と税金

間違えやすいポイント

地震保険料の控除額は、所得税は保険料の全額（最高5万円）、住民税は保険料の$\frac{1}{2}$（最高2万5,000円）となっています。これは覚えておきましょう。

過去問に挑戦！

問1 地震保険料控除の控除限度額（年間）は、所得税では（　1　）、住民税では（　2　）である。【H28年9月】
1.（1）4万円　（2）2万5,000円
2.（1）5万円　（2）2万5,000円
3.（1）5万円　（2）2万8,000円

問2 家族傷害保険契約に基づき、契約者（＝保険料負担者）と同居の子がケガで入院したことにより契約者が受け取る入院保険金は、（　　　）とされる。【H28年5月】
1.一時所得　　2.雑所得　　3.非課税

問3 地震保険の保険料の割引制度には、「免震建築物割引」「耐震等級割引」「耐震診断割引」「建築年割引」の4種類の割引があり、重複して適用を受けることができる。【H29年5月】

問4 被保険者や被保険者の父母、配偶者、子が受け取る無保険車傷害保険の保険金は、（　　　）とされる。【H22年9月】
1.非課税　　2.一時所得　　3.雑所得

問5 自動車事故でケガを負い、相手方が加入していた自動車保険の対人賠償保険金を受け取った場合、当該保険金は（　　　）とされる。【R2年1月】
1.非課税　　2.雑所得　　3.一時所得

問6 所得税において、個人が支払う地震保険の保険料に係る地震保険料控除は、原則として、（　1　）を限度として年間支払保険料の（　2　）が控除額となる。【R4年5月】
1.（1）5万円　　（2）全額
2.（1）5万円　　（2）2分の1相当額
3.（1）10万円　（2）2分の1相当額

解答

1　**2**　　　2　**3**　　　3　**×**　　　4　**1**　　　5　**1**　　　6　**1**

7 第三分野の保険と特約

重要度 ★★

本 節 で 学 ぶ こ と

本節では、生命保険でも損害保険でもない保険を学びます。がん保険、特定（三大）疾病保障保険、リビング・ニーズ特約が重要です。

- **医療保険**
- **がん保険**
- **所得補償保険**
- **傷害保険**
- **特約**
- **生前給付型保険**

第三分野の保険とは、生命保険や損害保険のどちらにも属さないその中間の保険のことをいいます。

第三分野の保険には、医療保険やがん保険、所得補償保険、傷害保険などがあります。

1章 ライフプランニングと資金計画
2章 リスク管理
3章 金融資産運用
4章 タックスプランニング
5章 不動産
6章 相続・事業承継

　医療保険は、けがや病気による入院や手術に対して給付金が支払われる保険で、給付金には**入院給付金**と**手術給付金**とがあります。

医療保険の給付金

- 入院給付金は、1回の入院あたりの支払い限度日数と通算の支払い限度日数が定められている（「**日帰り入院**」や1泊2日程度の短期入院の場合でも1日目から入院給付金が支払われるタイプもある）
- 終身型と定期型があり、通院給付金、先進医療給付金、特定三大疾病給付金などの特約を付加できる（これらの給付金は非課税）

間違えやすいポイント　退院の翌日から180日以内に同じ病気で再入院した場合、1回の入院とみなされ、支払い限度日数を超えることもあります。

　なお、先進医療とは、最先端の医療技術のうち厚生労働省が定めたものです。公的医療保険の対象外で、費用は**全額自己負担**です。先進医療の内容は随時、追加・廃止が行われています。

1章 ライフプランニングと資金計画
2章 リスク管理
3章 金融資産運用
4章 タックスプランニング
5章 不動産
6章 相続・事業承継

2 がん保険 ◉ここが出る

　がん保険は、がんのみを保険の対象に限定した保険で、保障期間は終身型か定期型になっています。

がん保険のポイント ◉ここが出る

- 告知のみで加入できる半面、**90日間**（3か月）程度の**待機期間**（**免責期間**）があり、この間にがんと診断された場合、契約は**無効**となり、がん診断給付金や入院給付金などを受け取ることはできない
- 初めてがんと診断された場合に所定の**診断給付金**が支払われ、入院すると**入院給付金**が支払われ、何度がんで手術を受けても**手術給付金**が支払われるのが一般的（再発したときに、再度、診断給付金が支払われるものもある）
- 入院給付金は、入院日数に応じて支払われるが、通常、支払い限度日数はなく、**無期限**となっている
- がんのみを対象としているので、保険料は他の医療保険より**割安**

間違えやすいポイント

がん保険には待機期間（免責期間）が**90日間**（3か月間）ある、という点がよく問われます。

3　所得補償保険

　所得補償保険は、**国内外を問わず**、また業務上、業務外を問わずけがや病気で仕事ができない場合、その間の所得を補償する保険です。

> **所得補償保険のポイント**
>
> ・仕事ができない状態であれば、**通院・入院**どちらでも補償される
> ・所得が不動産の賃貸収入や株の配当収入等の不労所得のみの者は補償の対象外
> ・専業主婦は、特約で補償の対象になる（家事の費用が補償される）
> ・受け取った保険金は非課税

4　傷害保険 ◉ここが出る

　日常生活の中で「**急激かつ偶然の外来の事故**」によって傷害などを被った場合に傷害保険から保険金が支払われます。保険料は、被保険者の**職業・職種**に応じて決まり、**性別**や**年齢**による違いはありません。傷害保険の保険金は、生命保険、労災保険の保険金の支払いや加害者からの賠償金の支払いの有無に関係なく支払われます。

　また、事故発生日から**180日以内**に後遺障害が生じた場合、**後遺障害保険金**が支払われます。

 間違えやすいポイント　被保険者本人や、一定の親族が傷害保険から受け取る保険金は原則として**非課税**です。

保険の種類	概要
普通傷害保険	・**国内外を問わず**、家庭内・職場・**通勤途中**や旅行中などの日常生活で起こる事故による傷害に対応する ＜対象とならない場合＞ ・**戦争、地震、噴火、津波**を原因とする場合、**細菌性食中毒**やウイルス性食中毒など ・内部疾患（**心臓発作**や**脳梗塞**など）が原因の場合 ・**熱中症**、日焼け、**靴ずれ**、むちうち症など
家族傷害保険	・**国内外を問わず**、普通傷害保険と同じ補償内容で、1つの契約で家族全員を被保険者とするもの（保険料は被保険者本人を基準として算出する） ・家族の範囲は**保険事故発生時**で判定し、配偶者や生計をともにする同居の親族の他、**生計をともにする別居の未婚の子**も対象
交通事故傷害保険	・**国内外を問わず**、道路通行中や乗り物に乗車中の事故に対応する（駅構内やエレベーター、エスカレーターも対象）
国内旅行傷害保険	・旅行で家を出発してから**家に帰る**までに被ったけがにより発生した治療費や、そのけがによる死亡、後遺症について保険金が支払われる ・**細菌性食中毒**などの食中毒についても特約なしで保険金が支払われる ＜対象とならない場合＞ ・地震・噴火・津波によるもの
海外旅行傷害保険	・旅行で**家を出発**してから**家に帰る**までに被ったけがにより発生した治療費や、そのけがによる死亡、後遺症について保険金が支払われる（**日本国内**も対象） ・**細菌性食中毒**などの食中毒や**地震・噴火・津波**による傷害も**特約なし**で保険金が支払われる ・治療費については定額でなく**実費**が支払われる

5 特約

　特約は単独では加入できず、主契約（終身保険、定期保険、医療保険など）の保険に付加して契約するものです。主契約の保険が解約されると、特約もなくなります。

主な特約の概要

特約の種類	概要
傷害特約・災害割増特約 **ここが出る**	・不慮の事故による死亡や障害状態に備えるもの ・不慮の事故の日から180日以内に死亡、高度障害になった場合や、特定感染症で死亡したときに保険金に上乗せして支払われる ※身体障害にあたる場合、その程度に応じて障害給付金などが支払われる
短期入院特約	2日以上継続して入院した場合に、1日目から4日目までの入院給付金が支払われる
先進医療給付特約 **ここが出る**	・公的医療保険の対象となっていない医療が対象 ・厚生労働大臣に承認されている先進医療による治療を受けた場合に給付金が支払われる ・先進医療の承認時期に関係なく特約の対象となる（治療を受けたときに承認されている先進医療は対象になるということ）
女性疾病入院特約	女性特有の病気で一定期間以上入院したときに、入院給付金が支払われる

傷害特約、災害割増特約の保険料は、生命保険料控除（一般・個人年金・介護）の対象ではありません。

 先進医療特約の対象となる先進医療は、特約の契約日に認可されているものでなく、治療を受けた日に厚生労働大臣が認可しているものです。

6　生前給付型保険

①特定（三大）疾病保障保険（特約）●ここが出る

　がん、急性心筋梗塞、脳卒中の三大生活習慣病にかかった場合、所定の状態と診断されれば生存期間中でも死亡保険金と同額の保険金を受け取ることができる保険です。なお、この特約により受け取った保険金は非課税です。また、一度保険金が支払われると保険期間は終了し、その後、死亡しても死亡保険金は支払われません。

②リビング・ニーズ特約●ここが出る

　リビング・ニーズ特約とは、終身保険や定期保険に付加することで、病気やけがの種類を問わず余命6か月と診断された場合に、死亡保険金の全部（3,000万円が上限）または一部を生前に受け取ることができる特約です。ただし、保険金からは、6か月分の利息と保険料は差し引かれます。
　特約保険料は必要なく、受け取った保険金は非課税です。

 特定（三大）疾病保障保険では、特定疾病（がん、急性心筋梗塞、脳卒中）以外の病気や事故などで死亡しても、同額の死亡保険金が受け取れます。

過去問に挑戦！

問1
□□□
がん保険では、一般に、責任開始日前に（　　　）程度の免責期間が設けられており、その期間中にがんと診断されたとしても診断給付金は支払われない。【H31年1月】
1．30日間　　2．60日間　　3．90日間

問2
□□□
医療保険等に付加される先進医療特約の対象となる先進医療とは、（　　　）において厚生労働大臣が承認しているものである。【H28年1月】
1．契約時　　2．責任開始日　　3．療養を受けた時点

問3
□□□
特定疾病保障定期保険特約では、一般に、被保険者が保険期間中に特定疾病以外の原因により死亡した場合、保険金は支払われない。【H27年5月】

問4
□□□
特定疾病保障定期保険特約は、一般に、被保険者が保険期間中にがん・急性心筋梗塞・脳卒中により所定の状態に該当した場合、何度でも保険金が支払われる。【H26年1月】

問5
□□□
リビング・ニーズ特約は、被保険者の余命が6カ月以内と判断された場合に、生前に特約保険金を受け取ることができる特約である。【H28年1月】

問6
□□□
生命保険契約にリビング・ニーズ特約を付加する場合、特約保険料を別途負担する必要がある。【H25年5月】

問7
□□□
がん保険において、がんの治療を目的とする入院により被保険者が受け取る入院給付金は、1回の入院での支払限度日数が180日とされている。【R5年1月】

問8
□□□
家族傷害保険の被保険者の範囲には、被保険者本人と生計を共にしている別居の未婚の子は含まれない。【H28年9月】

解答
| 1 | 3 | 2 | 3 | 3 | × | 4 | × | 5 | ○ | 6 | × |
| 7 | × | 8 | × | | | | | | | | |

8 保険証券の見方

重要度 ★★★

保険証券のサンプルを見ながら、具体的な契約内容や保障内容を確認しましょう。

定期保険特約付終身保険

保険証券番号		
○○××・□□△		

保険契約者	東　太郎　様	保険契約者印
被保険者	東　太郎　様 1980(昭和55)年4月10日生まれ　男性	東

受取人	（死亡保険金） 東　和子　様	（被保険者との続柄） 妻	（受取割合） 10割
	（特定疾病保障保険金） 被保険者　様		

■契約日（保険期間の始期）
2010年8月1日
（平成22年）
■主契約の保険期間
　終身
■主契約の保険料払込期間
　60歳払込満了

■ご契約内容

- 終身保険金額（主契約保険金額）　**500万円**
- 定期保険特約保険金額　**1,500万円**
- 生活保障特約年金額　**100万円**
- 特定疾病保障定期保険特約保険金額　500万円
- 災害入院特約（本人・妻型）**入院4日目から**　日額　**5,000円**
- 疾病入院特約（本人・妻型）**入院4日目から**　日額　**5,000円**
  不慮の事故や疾病により所定の手術を受けた場合、手術の種類に応じて（入院給付金日額の10倍・20倍・40倍）手術給付金を支払う
- 成人病入院特約　　入院4日目から　日額　**5,000円**
- リビング・ニーズ特約

生活保障特約の年金種類　**10年確定年金**

■お払込みいただく合計保険料

毎回　　○○,○○○円／月

（保険料払込方法［回数］）月払
- 社員配当金支払方法
　利息をつけて積立
- 特約の払込期間及び保険期間
　20年

●**保険証券で確認すべき事項**

・保険契約者、被保険者、保険金受取人

・主契約となっている保険の種類（定期保険、終身保険、養老保険など）

・死亡保険金の額（事故の場合と特定疾病等の病気の場合で違いがあるかなど）

・保険料の額と支払い方法

・保険の保障期間と保険料の払込期間

・特約の有無（生活保障特約年金、リビング・ニーズ特約など）

・解約返戻金の有無

・入院給付金の有無など

●**具体的な保障内容** 計算

①東太郎さんが2023年中に脳卒中（特定疾病に該当する）で急死した場合、受け取れる保険金額（一時金）

・主契約の保険金額	500万円
・定期保険特約保険金額	1,500万円
・特定疾病保障定期保険特約保険金額	500万円
合計	2,500万円

　これらに加えて、**生活保障特約**より年金として年100万円が**10年間**支払われます（10年確定年金）。

②東太郎さんが特定疾病以外の原因で死亡した場合

　東太郎さんが生前に保険金を受け取っていない限り、特定疾病以外の原因で死亡しても、同額の死亡保険金が支払われます。

・主契約の保険金額　　　　　　　　　　500万円
・定期保険特約保険金額　　　　　　　1,500万円
・特定疾病保障定期保険特約保険金額　　500万円
　　　　　　　　　　　　　合計　2,500万円

　これらに加えて、生活保障特約より年金として年額100万円が10年間支払われます。

③東太郎さんが病気（成人病以外）で8日間入院した場合、受け取れる保険
　金額

　・疾病入院特約より入院4日目から5日間支払われる
　　5日間（4日目から8日目まで）×5,000円（日額）
　　計2万5,000円の入院給付金が支払われます。

1章 ライフプランニングと資金計画

2章 リスク管理

3章 金融資産運用

4章 タックスプランニング

5章 不動産

6章 相続・事業承継

　金財の「個人資産相談業務」では、リスク管理分野の実技問題は出題されません。ここではFP協会の「資産設計提案業務」と金財の「保険顧客資産相談業務」の出題パターンを見ておきましょう。

　実技試験では主に、保険証券の契約内容を読み取って給付される保険金額や各給付金の額を計算する問題や、保険の税金に関する問題が出題されています。

●生命保険の税金　FP協会　金財・保険

　下記の生命保険契約A〜Cについて、保険金・給付金が支払われた場合の課税関係に関する次の記述のうち、正しいものはどれか。

生命保険の加入状況

	保険種類	保険料払込方法	保険契約者（保険料負担者）	被保険者	死亡保険金受取人	満期保険料受取人
契約A	養老保険	年払い	妻	夫	妻	妻
契約B	終身保険	月払い	夫	夫	妻	−
契約C	医療保険	月払い	妻	妻	夫	−

1. 契約Aについて、妻が受け取った満期保険金は、贈与税の課税対象となる。
2. 契約Bについて、妻が受け取った死亡保険金は、相続税の課税対象となる。
3. 契約Cについて、妻が受け取った入院給付金は、雑所得として所得税・住民税の課税対象となる。

●生命保険の税金（解答・解説）

1. **誤り** 契約者と受取人が同じ生命保険の場合、死亡保険金や満期保険金は所得税（一時所得）の対象です。

2. **正しい** 契約者と被保険者が同じで、保険金受取人が法定相続人の場合、死亡保険金は、みなし相続財産として、相続税の課税対象です。なお、受取人が法定相続人でない場合も相続税の課税対象になりますが、死亡保険金の非課税（500万円×法定相続人の数）の適用はありません。

3. **誤り** 入院給付金や手術給付金等の給付金を、被保険者本人・配偶者・直系血族等の親族が受け取った場合、非課税です。

死亡保険金に対する課税の例

契約者	被保険者	受取人	課税される税金の種類
A	A	法定相続人	相続税（保険金の非課税適用あり）
A	A	法定相続人以外	相続税（保険金の非課税適用なし）
A	B	A	所得税（一時所得）・住民税
A	B	C	贈与税

満期保険金に対する課税の例

契約者	被保険者	受取人	課税される税金の種類
A	限定なし	A	所得税（一時所得）・住民税
A	限定なし	A以外	贈与税

1章 ライフプランニングと資金計画

2章 リスク管理

3章 金融資産運用

4章 タックスプランニング

5章 不動産

6章 相続・事業承継

●保険証券の見方　FP協会

田中浩二さんが加入しているがん保険（下記〈資料〉参照）の保障内容に関する次の記述の空欄（ア）にあてはまる金額として、正しいものはどれか。なお、浩二さんはこれまでに下記〈資料〉の保険から給付金を一度も受け取っていないものとする。

〈資料〉

保険証券記号番号（○○○）△△△△△		保険種類　がん保険（愛称　＊＊＊＊＊）	
保険契約者	田中浩二　様	保険契約者印 ㊞ 田中	◇契約日（保険期間の始期） 　2010 年 8 月 1 日 ◇主契約の保険期間 　終身 ◇主契約の保険料払込期間 　終身払込
被保険者	田中浩二　様 契約年齢 35 歳　男性		
受取人	（給付金） 被保険者　様 （死亡給付金） 田中洋子　様（妻）	分割割合 10 割	

◆ご契約内容

主契約 [本人型]	がん診断給付金	初めてがんと診断されたとき	100 万円
	がん入院給付金	1 日につき	日額 10,000 円
	がん通院給付金	1 日につき	日額 5,000 円
	手術給付金	1 回につき	手術の種類に応じてがん入院給付金日額の 10 倍・20 倍・40 倍
	死亡給付金		がん入院給付金日額の 100 倍（がん以外の死亡の場合は、がん入院給付金日額の 10 倍）

◆お払込みいただく合計保険料

毎回	△,△△△円

[保険料払込方法]
月払い

　田中浩二さんが2023年中に初めてがん（悪性新生物）と診断され、その後50日間入院し、給付倍率20倍の手術（1回）を受けた場合に支払われる給付金の合計額は、（　ア　）である。

●保険証券の見方（解答・解説）

[がん診断給付金]

　契約内容より、初めてがんと診断されたときの「がん診断給付金：100万円」となっています。よって、がん診断給付金は100万円受け取れます。

[がん入院給付金]

　契約内容より、1日につき日額1万円となっています。50日間入院した場合は、1万円×50日＝50万円受け取れます。

[手術給付金]

　契約内容より、1回の手術につきがん入院給付金の日額（1万円）に対して、手術の種類ごとに決められている給付倍率を掛けた金額になります。この場合、1万円×20倍（給付倍率）＝20万円受け取れます。

　以上より、給付金の合計額
　＝100万円＋50万円＋20万円
　＝170万円

保険証券を読みとって、受け取れる給付金や保険金の額に関する問題を解く場合、「ご契約内容」をよく確認しましょう。

1章 ライフプランニングと資金計画
2章 リスク管理
3章 金融資産運用
4章 タックスプランニング
5章 不動産
6章 相続・事業承継

● 生命保険の契約内容　金財・保険

会社員のAさん（35歳）は、妻Bさん（30歳）と長男Cさん（0歳）との3人家族である。現在、生命保険会社の担当者からAさんが提案を受けている生命保険の内容は、以下のとおりである。

〈Aさんが提案を受けている生命保険の内容〉

保険の種類：定期保険特約付終身保険

契約者（＝保険料負担者）・被保険者：Aさん

死亡保険金受取人：妻Bさん

主契約および 付加されている特約の内容	保障金額	払込・保険期間
終身保険	100万円	65歳・終身
定期保険特約	2,600万円	10年
特定疾病保障定期保険特約	300万円	10年
傷害特約	500万円	10年
災害割増特約	500万円	10年
入院特約	1日目から日額5,000円	10年
先進医療特約	1,000万円	10年
リビング・ニーズ特約	－	－

※上記以外の条件は考慮せず、各問に従うこと。

　Aさんに対して説明した以下の文章の空欄（1）～（3）に入る語句の組合せとして、次のうち最も適切なものはどれか。

①仮に、Aさんが保険期間中に病気により亡くなった場合、妻Bさんに支払われる死亡保険金の額は、□□□万円です。一方、Aさんが不慮の事故で180日以内に亡くなった場合、妻Bさんに支払われる死亡保険金の額は、（　1　）です。

②先進医療特約の支払対象となる先進医療の種類は、（　2　）現在において、公的医療保険制度の給付対象となっていない先進的な医療技術のうち、厚生労働大臣が定めるものです。なお、先進医療ごとに厚生労働大臣が定める施設基準に適合する病院・診療所において行われるものに限られます。

③なお、リビング・ニーズ特約とは、Aさんが余命（　3　）以内と判断された場合、対象となる死亡保険金額の範囲内で特約に基づく保険金を生前に

受け取ることができます。

1. （1）3,500万円　（2）契約日　　　（3）6か月
2. （1）3,700万円　（2）契約日　　　（3）1年
3. （1）4,000万円　（2）療養を受けた日　（3）6か月

● **生命保険の契約内容（解答・解説）**

①妻Bさんに支払われる保険金は終身保険**100万円**、定期保険特約**2,600万**円、特定疾病保障定期保険特約は本来、脳卒中・がん・急性心筋梗塞になったときに保険金が支払われますが、それ以外の原因で亡くなった場合や高度障害になった場合にも同額の保険金が支払われます。よって**300万円**。また、災害割増特約や傷害特約はともに、不慮の事故で**180日**以内に死亡した場合などに保険金が支払われますので、各**500万円**。

以上より、支払われる保険金の合計額は、

100万円＋2,600万円＋300万円＋500万円＋500万円＝**4,000万円**

なお、災害割増特約は、不慮の事故で180日以内に死亡または高度障害になった場合に保険が支払われ、傷害特約は不慮の事故で180日以内に死亡または身体障害になった場合や法定伝染病で死亡した場合に保険金が支払われます。

②先進医療特約は、厚生労働大臣に承認されている先進医療による治療を受けたときに、給付金が支払われる特約です。**療養を受けた日時点**で公的医療保険制度の給付対象となっていない先進医療が対象で、先進医療の承認時期に関係なく、特約を付加した後に新しく認められた先進医療も支払いの対象になります。

③リビング・ニーズ特約は、余命**6か月**と診断された場合に、生前に死亡保険金の全部または一部を受取ることができる特約です。特約保険料は必要なく、受け取った保険金は**非課税**です。

解答：3

3章

金融資産運用

 学科試験

- 債券投資、株式投資、投資信託などの有価証券に関する出題が中心
- 債券投資では利回り計算、債券と金利との関係、債券の特性が問われる
- 株式投資では基本的な売買の仕組みや投資指標が出題
- 投資信託では投資信託の運用方法や追加型公社債投信が頻出

実技試験

- 債券の利回り計算、株式のPER、PBR、ROEや配当利回りなどの計算、外貨預金等の利回り計算が頻出
- パターンが決まっている計算問題は、必ず解けるように

1 経済・金融の基礎

重要度 ★★★

本 節 で 学 ぶ こ と

- **経済・景気の代表的な指標**
  新聞などでよく目にする経済用語が登場します。 意味を理解しておきましょう。

- **金融市場**
  市場は複数ありますが、 コール市場が頻出です。

- **日銀の金融政策**
  買いオペ、 売りオペの違いやその目的を理解しておきましょう。

- **マーケットの変動とその原因**
  景気と金利の関係、 インフレとデフレの違いがよく問われます。

1 経済・景気の代表的な指標

①国内総生産（GDP）

GDPとは、国内の経済活動により生み出された付加価値（商品やサービスの生産額の総額から、それらを生産するためにかかった費用などを差し引いたもの）の合計で、その国の経済の規模を表しています。

GDPは、生産（生産されたものの合計金額）、分配（または企業や個人の所得の合計）、支出（使ったお金の合計）の3つのどの面から見ても等しくなります。これを「三面等価の原則」といいます。

1章 ライフプランニングと資金計画

2章 リスク管理

3章 金融資産運用

4章 タックスプランニング

5章 不動産

6章 相続・事業承継

GDPのポイント ◉ここが出る

・**内閣府**が**年4回**発表する

・GDPの中で最も大きな割合を占めるのは、個人が使ったお金の総額（**民間最終消費支出**）であり、**50%以上**を占める

・日本企業が**海外**で生産したものはGDPには含まない

なお、GDPには、**名目GDP**と**実質GDP**があります。名目GDPは使ったお金の合計を計算するときに物価の変動による影響を加味してGDPを計算したもので、実質GDPは**物価の変動を取り除いて**GDPを計算したもの（前の期と物価が変わらなかったものとして計算したもの）です。したがって、名目GDPは物価の変動により数値が上下します。

●名目GDPと実質GDPの違い（GDPを缶コーヒーで考えた場合）

1本100円の缶コーヒーを1万本製造します。売上額は100円×1万本で100万円（名目GDP）。

製造本数は1万本のままで、翌年、缶コーヒーを130円に値上げした場合……

[1本100円]　　　　　　　　[1本130円]

[1万本製造]　　　　　　　　[1万本製造]

名目GDPは130万円に増加しますが、実質GDPは増加しません。

翌年の名目GDPと実質GDP

名目GDP	130円×1万本＝130万円 （物価の変動を加味して計算する）
実質GDP	100円×1万本＝100万円 （前年と物価が変わらなかったものとして計算する）

②経済成長率

経済成長率とは、ある期間のGDPが前期や前年に対してどのくらい伸びたか（**増加率**）を示すものです。

4半期（3か月）ごとに**内閣府**が発表します。

③景気動向指数（DIとCI） ここが出る

景気動向指数とは、景気全体の動向を知るために複数の景気指標を1つに統合した総合的な景気指標です。**内閣府**が**毎月**発表します。

指数には、**DI（ディフュージョン・インデックス）**と**CI（コンポジット・インデックス）**の2つがあり、CIの方を重視する傾向があります。

> **間違えやすいポイント** 経済・景気の代表的な指数について、章末の実技試験対策ページに頻出問題パターンを掲載しています。こちらも確認しておきましょう。

景気動向指数（DIとCIの違い） ここが出る

	概　　要	景気判断
DI	景気の現状や**転換点（景気の山や谷）**をとらえるもので、**3か月前**と比較して改善している景気指標の割合を示している	一致指数が**50％**を上回れば、景気が拡大、下回れば景気が後退していると判断される
CI	景気に敏感な指標を合成したもので、**景気変動の大きさ（強弱）やテンポ（量感）**を把握するのに適している	一致指数が上昇していれば景気が拡大、低下していれば景気が後退していると判断される

DI、CIにはそれぞれ**先行指数（系列）・一致指数（系列）・遅行指数（系列）**の3つの指数があります。

1章 ライフプランニングと資金計画

2章 リスク管理

3章 金融資産運用

4章 タックスプランニング

5章 不動産

6章 相続・事業承継

3つの指数の概要

先行指数	・景気より先に動く景気指標のこと （例）機械受注、東証株価指数（TOPIX）などの株価指数
一致指数	・景気の動きとあわせて動く景気指標のこと （例）鉱工業生産指数、有効求人倍率 など
遅行指数	・景気の動きより遅れて動く景気指標のこと （例）完全失業率、家計消費支出 など

なお、一致指数である有効求人倍率とは、仕事を探している人に対して、企業の求人がどのぐらいあるかの割合を表しており、好景気のときに上がり、不景気のときに下がります。

間違えやすいポイント

DIは景気の転換点（景気の山や谷）を、CIは景気の強弱を把握する指数です。

④日銀短観（全国企業短期経済観測調査） ◉ここが出る

日銀短観とは、日本銀行（以下「日銀」という）が行うアンケート調査のことです。日銀は3か月に1度（3、6、9、12月）、業種別・規模別に分けた企業経営者に会社の経営環境などについてアンケート調査を行い、発表しています。

その中で注目されているのが業況判断DIで、業況（経営環境）が「良い」「さほど良くない」「悪い」の回答で集計され、「良い」と回答した割合から「悪い」と回答した割合を差し引いて表されます。

業況判断DI ＝「業況が良いと回答した割合」－「悪いと回答した割合」

⑤マネーストック統計

　マネーストック統計とは、**民間非金融部門**（金融機関以外の個人、一般企業、地方公共団体など）が保有する通貨量（現金通貨や預金通貨）のことで、金融機関から市中に供給された通貨量のことを示しています。**国**（**政府**）と**金融機関**の保有する通貨は対象外です。**日銀**が**毎月**発表しています。

⑥物価指数 ●ここが出る

　代表的な物価指数には、**消費者物価指数**と**企業物価指数**があります。

代表的な物価指数	
消費者物価指数 **（CPI）**	・家計が購入する物やサービス価格の総合的な水準を示す ・**総務省**が**毎月**発表している
企業物価指数 **（CGPI）**	・企業の間で取引されている商品価格の変動を表す ・**日銀**が毎月発表している 【特徴】 ・消費者物価指数より**先に変動する**傾向がある ・企業が輸出入する際に為替の影響を受けるため、消費者物価指数より短期的には**変動の幅が大きくなる**傾向がある

2 金融市場

　金融市場は大きく**短期金融市場**（満期までの期間が**1年未満**の短期資金を調達・運用する市場）と**長期金融市場**（満期までの期間が**1年以上の資金を調達・運用する市場**）に分かれます。短期金融市場には、**インターバンク市場**と**オープン市場**が、長期金融市場には株式市場や債券市場などがあります。

①インターバンク市場とオープン市場 ◉ここが出る

　インターバンク市場とは、金融機関の間で短期の資金を貸し借りする市場のことで、銀行や保険会社などの金融機関のみが参加できます。一方、オープン市場は、金融機関以外の一般の事業会社なども資金の貸し借りに参加できる市場です。

②コール市場

　コール市場とは、インターバンク市場の中にある市場のひとつで、主に無担保コール翌日物（日銀の政策金利の対象）が取引されています。

> 🖊 **ここも大事**
>
> **無担保コール翌日物金利**とは、金融機関の間で、担保なしで1日だけ資金の貸し借りを行う場合の金利のことで、従来、日銀が金融政策を行ううえで対象金利となっている。米国ではFFレート（フェデラルファンドレート）がこれに該当する

金融政策とは日銀が行う金利政策（金利の上げ下げや流通している通貨量を増減する政策）のことで、その目的は、**物価の安定**、**金融システムの安定**、安定的な経済成長です。通常、**物価の安定**が最優先されます。

金融政策の基本的な方針は、日銀で行われる**金融政策決定会合**で決められます。

金融政策を行うための主な手法としては、公開市場操作があります。

●公開市場操作（オープン・マーケット・オペレーション）

日銀が国債などの有価証券の売買を金融市場で行うことにより、民間金融機関の保有する資金の量（マネタリーベース）を増減させ、金利などに影響を与える政策のことです。公開市場操作には、**買いオペ（買いオペレーション）**と**売りオペ（売りオペレーション）**があります。

日銀の公開市場操作 ◉ここが出る

買いオペ	日銀が金融市場から国債などを購入し、金融市場に**資金を供給**することで、市場の金利を**低下**させる政策（金利を下げる政策のことを**金融緩和**という）
売りオペ	日銀が金融市場に国債などを売却して、金融市場から**資金を吸収**することで、市場の金利を**上昇**させる政策（金利を上げる政策のことを**金融引締め**という）

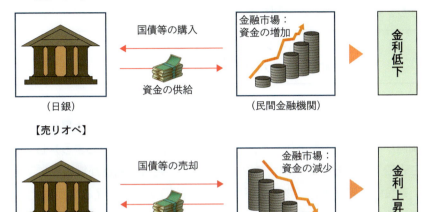

【買いオペ】

国債等の購入

金融市場：
資金の増加

金利低下

資金の供給

（日銀）　　　　　　　　　　　（民間金融機関）

【売りオペ】

国債等の売却

金融市場：
資金の減少

金利上昇

資金の吸収

（日銀）　　　　　　　　　　　（民間金融機関）

間違えやすいポイント　買いオペ（金利低下）、売りオペ（金利上昇）の目的を覚えておきましょう。

4　マーケットの変動とその要因

①景気と金利　ここが出る

　一般的に景気が良くなる（景気拡大）と資金需要が増え、物価も上昇するため金利は上昇します。一方、景気が悪くなる（景気後退）と資金需要が減り、物価も下がるため金利は低下します。

景気拡大	→	金利の上昇
景気後退	→	金利の低下

②物価と金利 ●ここが出る

　一般的に物価動向と金利の動きは連動しており、物価が上昇すると金利も上がり、物価が下がると金利も下がる傾向があります。

```
物価上昇（インフレ）　　→　　　金利の上昇
物価下落（デフレ）　　　→　　　金利の低下
```

　なお、インフレ（インフレーション）とは、物価が継続的に上昇し、お金の価値が低下（物価が上がると、1万円で買える量が減ってしまう）していくことです。一方、デフレ（デフレーション）とは、物価が継続的に下落し、お金の価値が上昇（物価が下がると、同じ1万円で買える量が増える）していくことです。

●名目金利と実質金利

　名目金利＝実質金利＋インフレ率（物価上昇率）で表されます。名目金利は、一般的に定期預金の金利など、実際に金融機関で適用されている金利のことです。実質金利は名目金利からインフレ率を差し引いたものです。

　デフレのときは物価上昇率がマイナスになるので、結果的に実質金利の方が名目金利よりも高くなります。

```
名目金利が2％、インフレ率が－1％のデフレのとき
名目金利（2％）＝実質金利＋（－1％）
実質金利＝名目金利－インフレ率
　　　　＝2％－（－1％）
　　　　＝3％となり、名目金利の2％よりも高くなる
```

1章 ライフプランニングと資金計画

2章 リスク管理

3章 金融資産運用

4章 タックスプランニング

5章 不動産

6章 相続・事業承継

③為替動向と金利 ここが出る

　通常、円高になると海外から安く物を輸入できる（輸入物価が下がる）ため、インフレ懸念がなくなり、金利は**低下**します。

　円安になると、海外からの輸入物価が上がるため、インフレ懸念が高まり、金利は**上昇**します。

★円高・円安→3章6　外貨建て金融商品

[1ドル100円]　　　　　　　円安 ➡　　　　　　　[1ドル130円]

 　1ドル＝100円の時期に1本100円で輸入できた缶コーヒーは、円安が進み1ドル＝130円になった場合、輸入価格が1本130円に値上がりする

為替動向と金利		
円高	輸入品の価格が下がる（**輸入業者**にメリット）	輸入品の物価が下がるので金利は低下する
円安	円に替えたときの輸出品の値段が上がる（**輸出業者**にメリット）	輸入品の物価は上がるので金利は上がる

④内外金利差 ここが出る

　一般的に、お金は金利の低いところから金利の高いところに流れる傾向があります。

　したがって、米国の金利が日本の金利より上昇して行く場合には、ドル預金に預けたり米国債を買った方が有利になるので、日本から米国にお金が流れて、円安・ドル高傾向になります。

　逆に日本の金利が上昇する場合は、円高・ドル安傾向となります。

米国の金利上昇	→	円安・ドル高
日本の金利上昇	→	円高・ドル安

問1
国内の経済活動によって一定期間内に生み出された付加価値の総額である（　　　）は、一般に、その伸び率が国の経済成長率を測る指標として用いられる。【H26年9月】
　1．国内総生産（GDP）　　2．マネーストック
　3．対外純資産

問2
景気動向指数は、生産、雇用などさまざまな経済活動での重要かつ景気に敏感に反応する指標の動きを統合することによって、景気の現状把握および将来予測に資するために作成された指標である。【H27年5月】

問3
一般に、景気動向指数のコンポジット・インデックス（CI）の一致指数が上昇しているときは、景気の拡張局面といえる。【H24年1月】

問4
日銀短観の（　　　）は、調査対象の企業が、業況について「良い」「さほど良くない」「悪い」の選択肢から回答し、「良い」と回答した企業の割合から「悪い」と回答した企業の割合を差し引いた数値で表される。【H24年9月】
　1．景気ウォッチャー調査　　2．景気動向指数
　3．業況判断DI

問5
総務省が公表する（　　　）は、全国の世帯が購入する家計に係る財およびサービスの価格等を総合した物価の変動を時系列的に測定するものである。【H26年5月】
　1．家計消費指数　　2．企業物価指数　　3．消費者物価指数

問6
原油価格などの商品市況や為替相場の影響は、企業物価指数に先行して、消費者物価指数に現れる傾向がある。【H28年5月】

問7
短期金融市場のうち、金融機関、事業法人や地方公共団体等が参加し、コール取引などが行われている市場をインターバンク市場という。【H28年1月】

問8 日本銀行の公開市場操作による買いオペレーションは、市中の資金量を増加させ、金利の低下を促す効果がある。【R1年5月】

問9 日本銀行によるマネタリーベースを増加させる金融調節には、市場金利の低下を通じて金融を引き締める効果がある。【H26年9月】

問10 物価が継続的に上昇するインフレーションの経済環境においては、一般に、金利が上昇しやすい。【H27年1月】

問11 物価が継続的な下落傾向（デフレーション）にある場合、名目金利のほうが実質金利よりも高くなる。【H28年9月】

問12 A国の市場金利が上昇し、B国の市場金利が低下することは、A国通貨とB国通貨の為替相場においては、一般に、A国通貨安、B国通貨高の要因となる。【H30年1月】

問13 国内総生産（GDP）は、一定期間内に生産された付加価値の総額を示すものであり、日本企業が外国で生産した付加価値も含まれる。【H31年1月】

問14 マネーストック統計は、中央政府や（　1　）を除く経済主体が保有する通貨量の残高を集計したものであり、（　2　）が毎月公表している。【R1年9月】
1.（1）地方公共団体　（2）財務省
2.（1）地方公共団体　（2）日本銀行
3.（1）金融機関　（2）日本銀行

問15 全国企業短期経済観測調査（日銀短観）は、企業間で取引されている財に関する物価の変動を測定した指標である。【R3年1月】

1章 ライフプランニングと資金計画
2章 リスク管理
3章 金融資産運用
4章 タックスプランニング
5章 不動産
6章 相続・事業承継

```
解答
 1    1      2    ○      3    ○      4    3      5    3      6    ×
 7    ×      8    ○      9    ×     10    ○     11    ×     12    ×
13    ×     14    3     15    ×
```

2 銀行等の貯蓄型金融商品

重要度 ★★

本節で学ぶこと

- **固定金利と変動金利**
- **単利と複利**
  複利計算はできるようにしておきましょう。
- **利率と利回り**
  日常生活でも使える知識です。 改めて、 再確認しましょう。
- **預貯金など**
  ゆうちょ銀行の金融商品も押さえておきましょう。

1 固定金利と変動金利

　固定金利とは、預け入れをしたときの金利が満期まで変わらないことをいいます。一方、変動金利とは、市場の金利の変動に応じて定期的に金利が見直されることをいいます。

金利と運用	
固定金利	金利のピーク期（最も金利が高い時期）や金利が下がる傾向のときには、固定金利型商品での運用が有利
変動金利	金利のボトム期（最も金利が低い時期）や金利が上がる傾向のときには、変動金利での運用が有利

1章 ライフプランニングと資金計画

2章 リスク管理

3章 金融資産運用

4章 タックスプランニング

5章 不動産

6章 相続・事業承継

2 単利と複利

金融商品の利子には、単利と複利の2種類があります。

単利とは、当初預け入れた金額（元本）だけに対して、利子を計算する方法です（通常、1年間あたりで計算します）。

一方、複利とは、途中で支払われた利子を元本に組み入れて（再投資する）利子を計算する方法です。複利計算には、利子が支払われる期間により、1か月複利、半年複利、1年複利などがあります。

●単利の計算式（税引き前）

$$満期時の元利合計 = 元本 \times \left(1 + \frac{年利率}{100} \times 期間 \right)$$

●複利の計算式（税引き前） ◉ここが出る

$$満期時の元利合計 = 元本 \times \left(1 + \frac{年利率}{100} \right)^{n}$$

※nには年数が入ります。年複利の場合はその年数、半年複利の場合は年数の2倍、1か月複利の場合は年数の12倍の値を入れます

※年利率には、半年複利の場合は年利率を2で割った値を、1か月複利の場合は12で割った値を入れます

電卓を使った複利計算

例えば2の3乗の場合は2×を押して、次に「＝」を2回続けて押す。これで2の3乗になります。2の4乗の場合は、2×の次に「＝」を3回続けて押します。

※電卓によっては、例えば2の4乗の場合、2×の次にもう一度「×」を押してから次に「＝」を3回押す場合もあります

〈例題〉年利率1.5％の1年複利で、300万円を3年間運用した場合の満期時の元利金合計はいくらか（円未満切捨て）。

〈解答〉 $300\text{万円} \times (1+\dfrac{1.5}{100})^3 = 313\text{万}7{,}035\text{円}$

●半年複利の場合は

1.5の2分の1　3年の2倍

$300\text{万円} \times (1+\dfrac{0.75}{100})^6 = 313\text{万}7{,}556\text{円}$

間違えやすいポイント　複利の計算問題は、出題頻度が高い項目です。必ず理解しておきましょう。

3　利率と利回り

　利率は元本（実際に支払った金額）に対する1年あたりの利子の割合です。一方、利回りは元本に対する1年あたりの利息と、その間の値上がり益や値下がり損を含めた収益の割合です。

1章 ライフプランニングと資金計画
2章 リスク管理
3章 金融資産運用
4章 タックスプランニング
5章 不動産
6章 相続・事業承継

　一般的に、銀行などが取り扱う場合は預金、ＪＡ（農協）やゆうちょ銀行などが取り扱う場合は貯金と呼ばれています。

銀行の主な預金

種類	特徴
スーパー定期預金	・固定金利（金利は銀行ごとに異なる自由金利商品） ・預入期間3年未満は単利型、3年以上は単利型か半年複利型の選択が可能（半年複利は個人のみ利用できる） ・中途解約すると中途解約利率が適用される
大口定期預金	・固定金利の単利型のみ ・預入金額は1,000万円以上、1円単位 ・適用金利は、店頭表示金利を基準として、銀行との取引状況などに応じて相対（交渉）により決定される
期日指定定期預金	・固定金利（1年複利） ・金融機関ごとの自由金利商品 ・1年の据置期間（預けておく期間）経過後は、3年までの任意の日を満期日として指定できる
変動金利定期預金	・6か月ごとに適用金利が見直されるものが多い ・預入期間は1年、2年、3年が多く、単利型と複利型がある（複利型は個人のみ）
貯蓄預金	・満期はなく、出し入れ自由な商品 ・一定額以上の残高がある場合、普通預金よりも金利が高い ・公共料金の引き落とし等の決済機能はない

信託銀行の主な金融商品

種類	特徴
遺言信託	・信託銀行等が遺言書の保管や遺言書の執行まで相続に関する手続きをサポートするサービス ・遺言者は、公証役場で公正証書で遺言書を作成する。 ・遺言者が亡くなった際に、信託銀行に連絡する死亡通知人を指定する

ゆうちょ銀行の主な金融商品

種類	特徴
通常貯金	・銀行の普通預金にあたるもの ・1円以上1円単位で預入れができ、出し入れ自由 ・公共料金の引き落としが可能
定額貯金	・固定金利商品（半年複利） ・6か月ごとの段階金利（6段階）で、預入期間に応じた利率が預入時にさかのぼって適用される ・6か月以上据え置けば、ペナルティがなく解約はいつでも可能 ・最長預入期間は10年
定期貯金	・固定金利商品 ・預入期間3年未満は単利型、3年以上は半年複利型 ・いつでも解約できるが、その際、中途解約利率が適用される

　なお、ゆうちょ銀行の預入限度額は、通常貯金（1,300万円）と定期性貯金（1,300万円）の合計で2,600万円までとなっています。

3 債券

重要度 ★★★

本 節 で 学 ぶ こ と

- **債券とは**
- **債券の条件と特徴**

  額面金額、償還期限といった用語に、まずは慣れましょう。オーバーパー、アンダーパーという概念は必ず理解しましょう。

- **債券の利回り**

  最終利回りなどの、利回り計算はできるようにしておきましょう。

- **債券の種類**

  個人向け国債の出題が多くなっています。

- **債券価格の変動要因**

  市場金利と債券価格との関係がよく問われます。

- **債券のリスクと格付け**

  どのようなリスクがあるのかがポイントです。格付と債券の利回りとの関係を理解しておきましょう。

1 債券とは

　債券とは発行者（国、地方、企業など）が投資家から資金を借りるために発行する借用証書です。

　発行者が国であれば国債、都道府県等であれば地方債、企業であれば社債（事業債）といいます。国債、地方債、社債をあわせて公社債といいます。

1章 ライフプランニングと資金計画

2章 リスク管理

3章 金融資産運用

4章 タックスプランニング

5章 不動産

6章 相続・事業承継

3　債券　207

債券には償還期限（満期）がありますが、定期的に利子を受け取ることができ、償還期限まで保有すると**額面金額**で返済されます。また、償還前にいつでも**時価**（その時点での価格）で換金することもできます。

●**国債のイメージ**

日本国長期国債（国の借金）

①返済金額（額面）　　100万円

②返済期限（満期日）　2025年○月○日

③利息（利率）　　　　0.5%

④利払日　　　　　　　6月20日・
　　　　　　　　　　　12月20日

2　債券の条件と特徴

①額面金額（債券の売買単位）

額面とは、債券一枚ごとの券面上に表示されている10万円、100万円といった金額のことをいい、債券が償還（満期）になったときには**額面金額**が払い戻されます。

②債券の単価（価格）　◉**ここが出る**

債券の単価は、額面100円あたりの価格が表示されます。債券の発行価格が100円の場合を**パー発行**、100円より高い場合を**オーバーパー発行**、100円より安い場合を**アンダーパー発行**といいます。

なお、債券の価格は発行価格がいくらであっても**償還時**には**100円**で償還（満期）されます。したがって、償還（満期）まで保有した場合、以下のように差益や差損が発生します。

1章 ライフプランニングと資金計画

2章 リスク管理

3章 金融資産運用

4章 タックスプランニング

5章 不動産

6章 相続・事業承継

債券償還時の差損益 👁 ここが出る

- ・オーバーパー（例えば101円）で発行された債券は100円（償還価格）との差額の1円が損失となる（**償還差損**という）
- ・アンダーパーで（例えば99円）発行された債券は100円（償還価格）との差額の1円が利益となる（**償還差益**という）

償還差益と償還差損

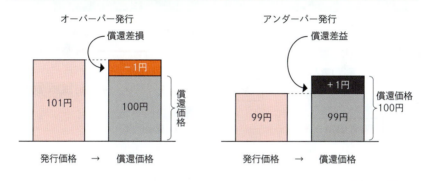

③債券の利率（表面利率）

　額面に対する1年あたりの利子の割合を**利率（クーポンレート）**といいます。例えば、額面100万円、利率0.5%の債券の利子は、100万円×0.5%＝5,000円（税引き前）になります。定期的（通常、6か月ごと）に利子を受け取ることができる債券を**利付債**、利子を受け取ることができない代わりに、額面よりも安く発行される（100円未満で発行）債券を**割引債**といいます。

利子と債券

利付債	定期的（年2回か1回）に一定の利子が支払われる債券
割引債	利子は付かず、発行価格と償還価格（100円）との差額が利益となる債券。償還価格の100円から利子相当額を割引いて発行（アンダーパー発行）されるもので、ゼロクーポン債ともいう

3 債券の利回り 👁ここが出る

　投資した金額（投資元本）に対する収益（利子と償還差損益の合計）の割合を利回りといいます。債券の利回りには、応募者利回り、最終利回り、所有期間利回り、直接利回りの4種類があり、一般的に利回りという場合、**最終利回り**を意味しています。

債券の利回りイメージ（10年満期の場合）

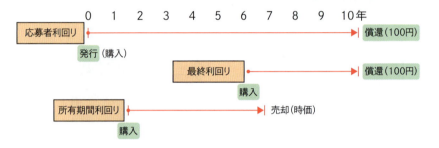

●応募者利回り 計算

　応募者利回りは、新規に発行された債券を購入し、償還期限まで保有した場合の発行価格に対する1年あたりの収益の割合です。

$$応募者利回り（\%）= \frac{利率 + \dfrac{償還価格（100円）- 発行価格}{償還期限}}{発行価格} \times 100$$

●最終利回り 計算

　最終利回りは、既発債（すでに発行されている債券）を時価で購入し償還期限まで保有した場合の、購入価格に対する1年あたりの収益の割合です。

$$最終利回り（\%）= \frac{利率 + \dfrac{償還価格（100円）- 購入価格}{残存期間}}{購入価格} \times 100$$

1章 ライフプランニングと資金計画

2章 リスク管理

3章 金融資産運用

4章 タックスプランニング

5章 不動産

6章 相続・事業承継

●**所有期間利回り** 計算

　所有期間利回りは、購入した債券を、償還期限まで保有せず、中途で売却する場合の購入価格に対する1年あたりの収益の割合です。

$$
所有期間利回り（％）= \frac{利率 + \dfrac{売却価格 - 購入価格}{所有期間}}{購入価格} \times 100
$$

●**直接利回り**

　直接利回りは、債券の購入価格に対する年間の利子の割合です。

$$
直接利回り（％）= \frac{利率}{購入価格} \times 100
$$

　なお、アンダーパー発行の債券は、償還時には償還差益（購入価格と償還価格の差額）が発生するため、利回りは利率よりも高くなります。オーバーパー発行の債券は、償還時には償還差損が発生するため、利回りは利率よりも低くなります。

〈例題①〉
利率1.8％、残存期間5年、購入価格102円の利付国債の最終利回りはいくらか。※小数点第4位以下切捨て

〈解答〉 ❶〜❺は計算する順番です

$$
❸\, 1.8 + \frac{\overset{❶}{(100円 - 102円)}}{\underset{❷}{5年}} \over \underset{❹}{102円} \times 100 \underset{❺}{=} 1.372（％）
$$

※償還価格は100円
※償還時に2円の償還差損が出るので、利回りは利率の1.8％より低くなります

〈例題②〉
利率0.5％、残存年数10年、購入価格98円50銭の利付国債の直接利回りはいくらか。※小数点第4位以下切捨て

〈解答〉

$$\frac{0.5}{98.5} \times 100 = 0.507（\%）$$

〈例題③〉
利率年1.9％の利付国債を100円50銭で買い付け、3年後に103円50銭で売却したときの所有期間利回りはいくらか。※小数点第4位以下切捨て

〈解答〉

$$\frac{1.9 + \dfrac{（103円50銭 - 100円50銭）}{3年}}{100円50銭} \times 100 = 2.885（\%）$$

間違え
やすい
ポイント

償還期限：債券を発行された価格で買って、満期まで保有した期間
残存期間：すでに発行されている債券を時価で買って、満期まで保有した期間
所有期間：満期まで保有せず、途中で売ってしまったときの保有期間

3つとも「債券を実際に保有していた期間」のこと

1 章 ライフプランニングと資金計画

2 章 リスク管理

3 章 金融資産運用

4 章 タックスプランニング

5 章 不動産

6 章 相続・事業承継

4　債券の種類

①国債

　国の発行する債券のことで、信用度はすべての債券の中で最も高く、中期国債（2年満期と5年満期）、長期国債（10年満期）、超長期国債（20年満期・30年満期・40年満期等）があります。

　最も多く発行されている国債の1つが長期国債（10年満期の固定利付国債）です。なお、通常最も新しく発行された**10年満期の固定利付国債**の最終利回りを**長期金利**と呼んでいます。

②個人向け国債

　購入者を個人に限定する国債で、現在**3種類**（10年変動金利型、5年固定金利型、3年固定金利型）が発行されており、主な特徴は次のとおりです。

　なお、発行から**1年**経過後に中途換金が可能になり、その際、国が額面で買い取ってくれるので、**価格変動リスクはありません**（元本保証ということです）。

間違えやすいポイント

個人向け国債には、「10年変動金利型」「5年固定金利型」「3年固定金利型」があり、それぞれの利率はどの金融機関で購入しても**同じ**利率です。なお、最低金利は3種類とも**0.05%**に設定されています。

	10年変動金利型	5年固定金利型	3年固定金利型
購入単位	額面1万円単位		
発行	原則、毎月		
利払い	半年ごと（年2回）		
金利（利率）	基準金利 × 0.66	基準金利 − 0.05%	基準金利 − 0.03%
下限金利	0.05%（金利は0.05％以下にはならない）		
中途換金	発行から1年経過後より可能 （国が額面で買い取ってくれる）		
利子に対する 税金	申告不要または申告分離課税のどちらかを選択		

※10年変動金利型の金利（利率）は、市場の金利状況に応じて6か月ごとに見直しされます

5 債券価格の変動要因 ◉ここが出る

債券価格は、市場金利の変動に大きな影響を受けます。

・市場金利が上昇すると…債券価格は下落（利回りは上昇）

・市場金利が低下すると…債券価格は上昇（利回りは低下）

また、企業の発行する社債の価格は、市場金利以外に、発行会社の業績や株価の影響を受けて変動します。

間違え
やすい
ポイント

通常、市場金利の動きと債券価格の動きは逆になります。覚えておきましょう。

1章 ライフプランニングと資金計画

2章 リスク管理

3章 金融資産運用

4章 タックスプランニング

5章 不動産

6章 相続・事業承継

6 債券のリスクと格付け

①債券のリスク

債券には主に以下のようなリスクがあります。

債券のリスク	
価格変動リスク（金利リスク） ◉ここが出る	・市場金利の変動により、債券価格が変動するリスク ・長期債、低クーポン債（低金利債）ほど価格変動が大きい
デフォルト・リスク（信用リスク） ◉ここが出る	・債券の利子および元金の一部または全部が支払い不能になったり、支払いが遅れたりするリスク ・低格付け債ほど大きい ・一般的にデフォルト・リスクが高い債券ほど価格が安く、利回りは高くなる
カントリー・リスク	・外国債券に投資した場合、その国の政治経済情勢等の変化により、価格変動が生じたり資金の回収が不可能となったりするリスク ・新興国の債券ほど大きい

②債券の格付け ◉ここが出る

債券のデフォルト・リスク（信用リスク）の目安になるのが格付けです。民間の格付け会社が発表していて、ＡＡＡ、ＡＡ、Ａ、ＢＢＢ、ＢＢ、Ｂ…といったアルファベットで各債券の発行者の信用度を示しています。

一般的にＡＡＡ（トリプルＡ）が最も信用度が高くなります。一方、Ｄ（シングルＤ）は最も信用度が低く、発行者が破綻していること（デフォルト）を表しています。

なお、格付けがＢＢＢ（トリプルＢ）以上の債券を**投資適格債**、ＢＢ（ダブルＢ）以下の債券を**投資不適格債**と呼びます。

投資不適格債は**ハイ・イールド債**または**ジャンク債**ともいい、**投機的（ハイリスク・ハイリターン）**とみなされます。

満期までの期間などの条件が同じであれば、格付けが高い債券ほど価格が**高く、利回りは低く**なり、格付けが低いほど価格が低く、**利回りは高く**なります。

 債券の格付けと利回りの関係が出題されます。
・格付けが高い（信用リスク低）→債券価格が高い→利回りは低い
・格付けが低い（信用リスク高）→債券価格が安い→利回りは高い

●債券の格付けの一般的な例

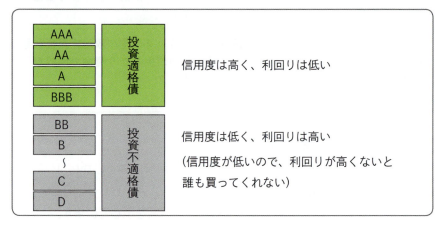

 債券の格付けにおいて、投資適格債はシングルＡ以上ではなく、**トリプルＢ（ＢＢＢ）以上**です。

過去問に挑戦！

1章 ライフプランニングと資金計画
2章 リスク管理
3章 金融資産運用
4章 タックスプランニング
5章 不動産
6章 相続・事業承継

問1 表面利率0.10％、残存期間5年の固定利付債券を、額面100円当たり101.65円で購入した場合の最終利回り（単利）は、（　　　）である。なお、答は表示単位の小数点以下第3位を四捨五入している。【H28年9月】

1. －0.32％　　2. －0.23％　　3. 0.23％

問2 一般に流通市場で取引されている固定利付債券では、市中金利の上昇に伴い、債券価格が上昇する。【H29年1月】

問3 短期利付債と長期利付債を比較した場合、他の条件が同じであれば、一般に長期利付債のほうが金利変動に伴う債券価格の変動が大きい。【H28年9月】

問4 ある債券の信用リスク（デフォルトリスク）が高まった場合、一般に、その債券の価格は（　1　）し、利回りは（　2　）する。【H26年1月】

1.（1）上昇　（2）下落　　2.（1）下落　（2）下落
3.（1）下落　（2）上昇

問5 債券の信用格付では、一般に、ダブルB格相当以下の債券は「投機的格付」とされる。【H28年5月】

問6 残存期間や表面利率（クーポンレート）等の他の条件が同一であれば、一般に、格付の高い債券ほど安全性が高いため、利回りが高くなる。【R1年9月】

問7 個人向け国債は、金利の下限が年（　①　）とされ、購入単価は最低（　②　）から（　②　）単位である。【R2年1月】

1.（1）0.03％　（2）10万円
2.（1）0.05％　（2）1万円
3.（1）0.05％　（2）10万円

<hr>

解答

1	2	2	×	3	○	4	3	5	○	6	×
7	2										

4 株式

本節で学ぶこと

- **株式と株主**
- **証券取引所**
- **株式の売買単位**

  株を売買する単位（単元株やミニ株）の違いを学びます。

- **価格の決定方法と注文方法**

  価格優先・時間優先・指値・成行といった用語を理解しておきましょう。

- **株式の売買の種類と決済日**

  取引の種類、決済日がポイントです。

- **売買高（出来高）と売買代金**

  売買高の考え方を理解しておきましょう。

- **株価指数**

  日経平均株価と東証株価指数の違いが頻繁に出題されています。

- **株式の投資尺度**

  株価収益率（PER）や株価純資産倍率（PBR）などの指標を学びます。必ず計算できるようにしておきましょう。

1章 ライフプランニング と資金計画

2章 リスク管理

3章 金融資産運用

4章 タックスプランニング

5章 不動産

6章 相続・事業承継

1　株式と株主

　株式会社では、多くの資金を集める方法として、債券の発行の他に株式を発行することもできます。株式に出資した人を株主といいます。株主にはいくつかの権利があります。

株主の権利

権利の種類	具体例
経営参加権（議決権）	株主総会に参加し、議決権を行使する権利（議案に賛成や反対をする権利）
利益配当請求権	会社の利益を配当として受け取る権利
残余財産分配請求権	会社が解散したときに残った財産を分配してもらう権利

2　証券取引所

　東京、名古屋、札幌、福岡に取引所があり、株式などの取引が行われています。東京証券取引所（東証）には、**プライム市場**、**スタンダード市場**、**グロース市場**の3つの市場があります。

東証の市場区分

プライム市場	グローバルな投資家と建設的に対話する企業向けの市場（グローバル企業向け）
スタンダード市場	一定以上の流動性とガバナンスの水準を備えた企業向けの市場
グロース市場	高い成長の可能性を持った新興企業向けの市場

なお、東京証券取引所と大阪取引所は経営統合し、日本取引所グループになっています、現在、株の取引はすべて東京証券取引所で、先物やオプションなどのデリバティブ取引はすべて大阪取引所で行われています。

③ 株式の売買単位

①単元株式（売買単位）

　単元株式とは、株式を売買する場合の最低売買単位のことで、原則、100株単位となっています。株主には1単元につき1個の議決権があります。通常、株式は証券会社を通じて取引所で売買されます。

②株式ミニ投資（ミニ株）

　株式ミニ投資とは、通常の売買単位の10分の1の単位（売買単位が100株の場合は10株）で売買が可能な取引のことです。取引を行うには、株式ミニ投資口座を開設しなければなりません。

> **株式ミニ投資のポイント**
> ・約定日は注文日の翌営業日
> ・約定価格は翌営業日の始値（最初の値段）と決められているので、指値注文（価格を指定する注文）はできない

③累積投資制度（るいとう）

　累積投資制度は、毎月一定日（給料日など）に同じ株式などを一定金額ずつ購入していく制度で、少額の資金で株式などを積立方式で購入できます。累積投資制度には、ドルコスト平均法という投資効果があります。

1章 ライフプランニングと資金計画

2章 リスク管理

3章 金融資産運用

4章 タックスプランニング

5章 不動産

6章 相続・事業承継

ここも大事

ドルコスト平均法とは、毎月**一定の購入金額**（同じ金額）で同じ株式などを買い付けることをいう。購入金額が一定なので株価が高いときは購入株数が減り、株価が安いときは購入株数が多くなる。これによって長期的に**購入単価を安定させる効果**が期待できる

4 価格の決定方法と注文方法 ここが出る

①価格の決定方法

取引所での株式の取引価格は、**オークション方式**によって決まっています。つまり、株式の価格は、前日の終値を基準として**価格優先・時間優先の原則**に従い、競争売買によって決まります。

株式の価格の決定方法	
価格優先の原則	売り注文の場合は、より**低い価格**の注文が優先され、買い注文の場合は、より**高い価格**の注文が優先される **ケース** 売り注文の場合：1,000円の注文より999円の注文の方が優先して取引が成立する **ケース** 買い注文の場合：999円の注文より1,000円の注文の方が優先して取引が成立する
時間優先の原則	注文価格が同じ場合、注文した時間が早い方が優先される

②注文方法

株式の注文方法には、**指値注文**と**成行注文**があり、**成行注文**は指値注文より優先して、取引が成立します。

指値注文	・価格を指定して注文を出す方法 （例）1,500 円以上で売りたい、1,000 円以下で買いたい ・指値注文では、買い注文の場合、買いたい値段の上限価格（その価格以下で買いたい）を指定し、売り注文の場合、売りたい値段の下限価格（その価格以上で売りたい）を指定する
成行注文	・価格を指定せずに注文を出す方法 （例）いくらでもいいから売りたい、いくらでもいいから買いたい ・とんでもない価格で約定することもある

🖊 **ここも大事**

証券取引所では、1日の株価の変動の幅を制限している（値幅制限という）。株価が上限まで上がることをストップ高、下限まで下がることをストップ安という

5 株式の売買の種類と決済日

　誰の資金で売買するかによって、株式の売買は現物取引と信用取引に分かれます。

現物取引	投資家が自分の資金で株式を買ったり、自分が保有している株式を売ったりすること
信用取引	投資家が証券会社から資金や株を借りて、株式を売買すること

1章 ライフプランニング と資金計画

2章 リスク管理

3章 金融資産運用

4章 タックス プランニング

5章 不動産

6章 相続・事業承継

　なお、現物取引も信用取引も売買の決済日（売買代金の受渡日）は、約定した日から起算（約定日を含む）して**3営業日目**です。金曜日に株の取引をした場合は、翌週の火曜日が決済日になります（土・日は含めません）。また、株式の配当金を受け取るためには権利確定日（その会社の決算日）の**2営業日前**までに株式を購入する必要があります。権利確定日の2営業日前の日を権利付最終日といいます。

権利確定日のイメージ

27(金)	28(土)	29(日)	30(月)	31(火)
購入日 （権利付最終日）	休み	休み		権利確定日 （その会社の決算日）

2営業日前

6　売買高（出来高）と売買代金　◉ここが出る

　売買高とは、証券取引所で売買が成立した株数のことです。

> **ケース**
>
> 1,000株の売り注文と1,000株の買い注文があり、2,000円で取引が成立した場合
>
> 　→売買高は**1,000株**。売買代金は**200万円（1,000株×2,000円）**

　なお、株式の売買にかかる売買手数料は自由化されていて、証券会社ごとに異なります。

7　株価指数

①日経平均株価（日経225）　◉ここが出る

　日経平均株価とは、東京証券取引所のプライム市場に上場している株式の中の代表的な**225銘柄**の株価の平均です。ただし、指数の連続性を失わせ

ないように調整した修正平均株価になっています。

日経平均株価は株価の高い銘柄（値がさ株という）の変動の影響を受けやすい傾向があります。

②東証株価指数（TOPIX） ◉ここが出る

東証株価指数とは、東証のプライム市場に上場している銘柄の中で、原則として、流通株式時価総額（流通している株式数×株価）が100億円以上ある全銘柄の価格に、その上場株式数を掛けた合計（時価総額という）と、基準となる時価総額を比較した指数です。

基準日の時価総額（100とする）に比べてどのぐらい増減したかを表しています（時価総額加重平均株価指数という）。

時価総額の大きな銘柄の価格の変動に影響を受けやすい傾向があります。

なお、2022年4月時点でプライム市場に上場している銘柄はすべて対象となっていますが、今後、構成銘柄の見直しが行われる予定です。

③JPX日経インデックス400（JPX日経400）

JPX日経インデックス400とは、東京証券取引所のプライム市場、スタンダード市場、グロース市場に上場する企業の中から自己資本利益率（ROE）、営業利益や時価総額等が一定の条件を満たす400銘柄で構成される時価総額加重平均株価指数です。

④米国の代表的な株価指数

NY（ニューヨーク）ダウ平均株価は、米国の代表的な30銘柄の平均株価です。Ｓ＆Ｐ500種株価指数は、米国の各取引所に上場している代表的な500銘柄を対象とした時価総額加重平均株価指数です。

間違えやすいポイント

日経平均株価と東証株価指数の違いが出題されています。日経平均株価は東証プライム市場上場会社の225銘柄の修正平均株価で、東証株価指数は東証プライム市場上場銘柄の時価総額を対象とした時価総額加重平均株価指数です。

株式の投資尺度 ◉ここが出る

その株式に投資すべきかどうかの1つの判断基準となる指標には次のようなものがあります。

①株価収益率（PER：Price Earning Ratio）計算

株価が1株あたり利益の何倍まで買われているかを見る指標で、一般的に株価が割安か割高かの判断基準になっています。

一般的に同業他社や過去の数値と比較して、株価収益率が高くなるほど株価は**割高**、低い場合は**割安**と判断されます。

$$株価収益率（倍）（PER）= \frac{株価}{1株あたり当期純利益（EPS）}$$

$$1株あたり当期純利益（EPS）= \frac{当期純利益}{発行済株式総数}$$

〈例題〉

資本金200億円（発行済株式総数4億株）、当期純利益（税引後）120億円、株価900円の会社の1株あたり当期純利益（EPS）および株価収益率（PER）はいくらか。

〈解答〉

$$1株あたり当期純利益（EPS）= \frac{120億円}{4億株} = 30円$$

$$株価収益率（PER）= \frac{900円}{30円} = 30倍$$

②株価純資産倍率（PBR：Price Book-value Ratio）

　株価が1株あたり純資産の何倍まで買われているかを見る指標です。PER同様、株価が割安か割高かの判断基準になっています。株価純資産倍率が1倍より大きくなるほど割高、小さくなるほど割安と判断できます。

$$株価純資産倍率（倍）（PBR）= \frac{株価}{1株あたり純資産（BPS）}$$

$$1株あたり純資産（BPS）= \frac{純資産総額}{発行済株式総数}$$

〈例題〉
1株あたり純資産300円、株価450円の会社の株価純資産倍率（PBR）はいくらか。

〈解答〉

$$株価純資産倍率（PBR）= \frac{450円}{300円} = 1.5倍$$

③自己資本利益率（ROE：Return On Equity）

　自己資本（通常、株主から集めた資金の合計額）を使って、どれだけ最終利益（当期純利益）を生み出しているかを見る指標で、その会社の収益力を表しています。ROEが高いほど収益力が高い会社といえます。

$$自己資本利益率（ROE）（\%）= \frac{当期純利益}{自己資本} \times 100$$

〈例題〉
自己資本が100億円、当期純利益が8億円の会社のROEはいくらか。

〈解答〉

$$自己資本利益率（ROE）＝\frac{8億円}{100億円}×100＝8％$$

④配当利回り 計算

　1株あたりの配当金の額を株価で割ったものです。なお、配当金の額は一定ではなく、業績により変動し、支払われないこともあります。したがって、株価が同じでも、配当金が少なくなると配当利回りは低下します。

$$配当利回り（％）＝\frac{1株あたり配当金}{株価}×100$$

⑤配当性向 計算

　当期純利益のうち、どのぐらいを配当金に回したかの割合を示すものです。配当性向が高いほど、株主への利益の還元の割合が高いと考えることができます。

$$配当性向（％）＝\frac{（1株あたり）配当金}{（1株あたり）当期純利益}×100$$

〈例題〉

株価1,000円、1株あたりの年配当金が15円、1株あたり当期純利益が50円の会社の配当利回りと配当性向はいくらか。

〈解答〉

$$配当利回り＝\frac{15円}{1,000円}×100＝1.5％ \quad 配当性向＝\frac{15円}{50円}×100＝30％$$

1章 ライフプランニングと資金計画

2章 リスク管理

3章 金融資産運用

4章 タックスプランニング

5章 不動産

6章 相続・事業承継

問1 指値注文によって株式を買う際には、希望する価格の（　①　）を指定する。同一銘柄について、市場に価格の異なる複数の買い指値注文がある場合には、価格の（　②　）注文から優先して成立する。【H29年1月】

　　1. ①上限　②低い　　2. ①下限　②低い

　　3. ①上限　②高い

問2 国内の証券取引所を通じた株式取引において、株価が大幅に変動した場合、投資家に不測の損害を与える可能性があることから、1日の値幅を所定の範囲内に制限する制度（値幅制限）がある。【H24年9月】

問3 国内の金融商品取引所において、上場株式を普通取引で売買した場合、売買が成立した日から起算して（　　　）営業日目に受渡しが行われる。【H27年9月】

　　1. 3　　2. 4　　3. 5

問4 証券取引所において、同一銘柄の株式について、売注文1,000株と買注文1,000株の売買が成立したときの売買高（出来高）は、2,000株である。【H23年1月】

問5 東証株価指数（TOPIX）は、株価水準が高い値がさ株の値動きの影響を受けやすく、日経平均株価は、時価総額が大きい株式の値動きの影響を受けやすいという特徴がある。【H28年5月】

問6 ある企業の株価が1,200円、1株当たり純利益が100円、1株当たり純資産が1,000円である場合、株価純資産倍率（PBR）は（　1　）倍、株価収益率（PER）は（　2　）倍である。【H28年5月】

　　1.（1）0.8　（2）8.3　　2.（1）1.2　（2）10

　　3.（1）1.2　（2）12

問7 株式の投資指標の1つであるPERは、株価を1株当たり純資産で除して求められ、その株価の水準が割高かあるいは割安かを判断する指標として用いられる。【H28年1月】

1章 ライフプランニングと資金計画

2章 リスク管理

3章 金融資産運用

4章 タックスプランニング

5章 不動産

6章 相続・事業承継

問8 企業の経営効率を判断する指標の1つである（　　　）は、当期純利益を自己資本で除して算出することができる。【H27年1月】

1. PER　　2. PBR　　3. ROE

問9 株式の投資指標の1つである配当利回りは、1株当たりの配当金の額を一定とすれば、株価が上昇するほど高くなる。【H26年5月】

問10 株式投資に関する評価指標の1つである配当性向は、株価に対する1株当たりの配当金の割合を示す指標である。【H30年1月】

問11 証券取引所での株式の売買において、ある銘柄の株式に価格の異なる複数の買い指値注文がある場合は、指値の低い注文から優先して売買が成立する。【H31年1月】

問12 国内の証券取引所に上場している内国株式を普通取引により売買する場合、約定日の翌営業日に決済が行われる。【R4年5月】

問13 日経平均株価は、東京証券取引所プライム市場に上場する代表的な225銘柄を対象として算出される株価指標である。【R5年1月】

解答

1	3	2	○	3	1	4	×	5	×	6	3
7	×	8	3	9	×	10	×	11	×	12	×
13	○										

5 投資信託

重要度 ★★

本節で学ぶこと

- **投資信託とは**
- **投資信託の分類と種類**

  投資信託の種類と仕組みを学びます。 聞き慣れないような用語が登場しますが、 ここが重要です。

- **投資信託の運用方法**

  アクティブ運用の4つの手法は、 違いを覚えておきましょう。

- **投資信託のコスト**

  ここも頻出項目です。 販売手数料、 信託報酬、 信託財産留保額がポイントです。

- **投資信託の換金方法**
- **目論見書と運用報告書**

  難しく感じられるかもしれませんが、 割り切って覚えてしまいましょう。

1 投資信託とは

　投資信託とは、不特定多数の投資家から集めた資金（信託財産）を、運用の専門家（委託者または委託会社という＝運用会社のこと）が、複数の資産（主に株式、債券、不動産）に分散投資し、その収益を投資家に分配するものをいいます。

　なお、すべての投資信託は投資元本が保証されていません。

1章 ライフプランニング と資金計画

2章 リスク管理

3章 金融資産運用

4章 タックス プランニング

5章 不動産

6章 相続・事業承継

2 投資信託の分類と種類

投資信託はその設立の仕方によって、**契約型**と**会社型**（**投資法人**ともいう）に分けられます。

また、契約型は、主に株式や債券といった有価証券を中心に運用される**証券投資信託**と有価証券以外（通常は不動産）で運用される投資信託に分かれます。

一方、会社型（投資法人）は主に不動産投資法人（J-REITという）として運用されています。

投資信託のイメージ

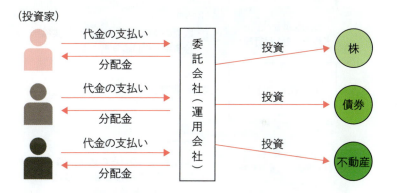

①契約型投資信託（委託者指図型）

　契約型投資信託（委託者指図型）は、委託会社（運用会社）と受託会社（信託銀行）との間で**投資信託契約**を締結し、信託財産（投資信託が保有している資産）は受託会社で保管され、委託会社の指図によって運用される投資信託です。

契約型投資信託の仕組み

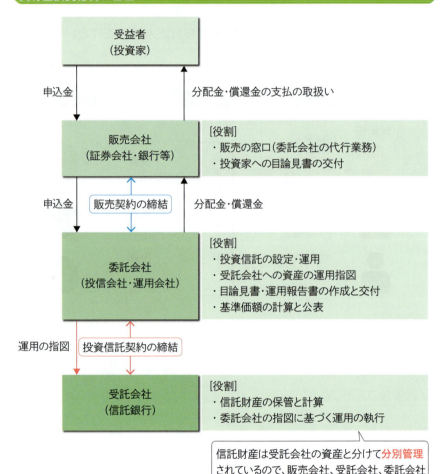

受益者
（投資家）

申込金　　　　　　分配金・償還金の支払の取扱い

販売会社
（証券会社・銀行等）

[役割]
・販売の窓口（委託会社の代行業務）
・投資家への目論見書の交付

申込金　　販売契約の締結　　分配金・償還金

委託会社
（投信会社・運用会社）

[役割]
・投資信託の設定・運用
・受託会社への資産の運用指図
・目論見書・運用報告書の作成と交付
・基準価額の計算と公表

運用の指図　　投資信託契約の締結

受託会社
（信託銀行）

[役割]
・信託財産の保管と計算
・委託会社の指図に基づく運用の執行

信託財産は受託会社の資産と分けて**分別管理**されているので、販売会社、受託会社、委託会社が倒産した場合でも、原則としてそのときの価格（基準価額）で守られます

②オープン・エンド型とクローズド・エンド型 ◉ここが出る

オープン・エンド型とは、投資家がいつでも解約できる（委託会社が解約をいつでも受け付ける）投資信託です。一方、**クローズド・エンド型**とは、投資家が満期まで解約できない（委託会社が解約を受け付けない）投資信託をいいます。

③追加型と単位型

追加型とは、投資家がいつでも自由に購入することができる（委託会社が随時、追加設定して運用資産を増やす）ものをいいます。

単位型は、投資家が購入できる期間が限定されているもの（期間限定商品）をいいます。

④投資信託の運用対象

主に何で運用されるか（運用対象）によって、次の3つに分類されます。

運用対象による投資信託の分類 ◉ここが出る

公社債投資信託	・主として、国債などの公社債中心に運用され、株式を一切組み入れないもの（株式で運用することはできない）
株式投資信託	・株式を組み入れることができると投資信託約款（投資信託の企画書）に規定されているもの ・実際に株式を組み入れていなくても株式投資信託に分類されるものもある ・株式投資信託に公社債を組み入れることは可能
不動産投資信託	・主に不動産を中心に運用するもの

⑤上場投資信託

取引所に上場され、証券会社を通じて取引されている投資信託のことを上場投資信託といいます。代表的な上場投資信託には次のようなものがあります。

J-REIT（不動産投資法人）	・主に、不動産（オフィスビルや商業施設など）や不動産の賃借権などに投資し、その賃貸収入などの運用益を分配金として配分するもの ・分配金の額は一定ではなく、変動する ・クローズド・エンド型で証券取引所に上場されている ・注文方法は、指値注文・成行注文とも可能でおよび信用取引も可能 ・換金時に信託財産留保額は徴収されない
ETF（上場投資信託）	・日経平均株価、海外の株価指数、債券価格や金、原油、農産物など様々な指数に連動するように運用されるもの ・注文方法は、指値注文・成行注文とも可能で、信用取引も原則として可能

※J-REITとは、日本の不動産投資信託（不動産投資法人）のことで、JはJAPANを意味しています

⑥追加型公社債投資信託

　追加型公社債投資信託とは、購入や解約がいつでも可能な証券投資信託で公社債を中心に運用され、株式を一切組み入れていないものです。株式は組み入れられていませんが、元本保証ではありません。

　代表的なものとして、MRFがあります。

MRF（マネー・リザーブ・ファンド）証券総合口座用ファンドともいう	・短期公社債などを中心に運用する公社債投資信託（株式は組み入れない） ・1口1円単位で購入可能 ・日々決算を行い、元本超過額は分配金としてまとめて月末に再投資される ・信託財産留保額はなく、いつでも手数料なしで解約可能

⑦その他の投資信託

その他の投資信託

外国投資信託	外国の法律に基づいて設定・運用されている投資信託
ブル型ファンド（レバレッジ型）ベア型ファンド（インバース型）	先物やオプションを利用して、大きな利益（基準となる指数の2〜3倍）を得ることを目的とする投資信託 ・ブル型は相場が上昇しているときに、大きな利益が得られる ・ベア型は相場が下落しているときに、大きな利益が得られる
通貨選択型投資信託	株式や債券などの投資対象としている通貨とは異なる通貨を選択することができる投資信託。通常の投資信託より為替の変動リスクが大きくなる傾向がある
SRIファンド	企業の財務内容だけでなく、法令遵守、環境への配慮、社会貢献の状況などを考慮して、投資対象を選んでいる投資信託
ESG投資型	環境（Environment）、社会（Social）、企業統治（Governance）の3つのキーワードをもとに、これらの配慮している企業に分散投資を行う
予想分配金提示型投資信託	投資信託の値段（基準価額）の水準に応じて受け取れる分配金の額があらかじめ提示されている投資信託。例えば、基準価額が1万1,000円未満の場合は分配金はゼロ、1万1,000円以上1万2,0000円未満では200円、1万2,000円以上1万3,000円未満では300円、などと分配額が決まっている

3 **投資信託の運用方法** 👁ここが出る

投資信託の運用方法は、大きく**パッシブ運用**（インデックス運用）と**アクティブ運用**に分かれます。

①パッシブ運用（インデックス運用）

パッシブ運用とは、日経平均株価などの指数をベンチマーク（運用成績の基準となるもの）として、ベンチマークの値動きに**連動する**ように（同じ動きになるように）運用する方法で、インデックス運用ともいいます。

（例）日経平均株価が100円上がったら、その投資信託の価格（基準価格）も100円程度上がるように運用する。

②アクティブ運用

アクティブ運用とは、ベンチマークを**上回る**運用成果を目指す運用方法です。

（例）日経平均株価が100円上がったら、その投資信託の価格（基準価格）は100円以上（例えば120円や150円）上がるように運用する。

アクティブ運用の運用手法としては、次の4つがあります。

アクティブ運用の手法 👁ここが出る

トップダウンアプローチ	**マクロ経済**（景気、金利、為替などの環境要因）から分析し、その結果に基づいて、組み入れる銘柄を選択していく方法
ボトムアップアプローチ	**個別企業**に対する調査分析を積み重ねて、その結果に基づいて、組み入れる銘柄を1つ1つ選択していく方法
グロース投資	将来の**成長性**が期待できる銘柄に投資する方法
バリュー投資	株価が**割安**と判断される銘柄に投資する方法。株価収益率や株価純資産倍率などの指標をもとに判断する

1章 ライフプランニングと資金計画

2章 リスク管理

3章 金融資産運用

4章 タックスプランニング

5章 不動産

6章 相続・事業承継

間違えやすいポイント　パッシブ運用とアクティブ運用の違いを明確にしておきましょう。また、アクティブ運用の運用手法（4つ）についてもひっかけ問題が出題されやすいので、キーワードをしっかり押さえておきましょう。

4　投資信託の換金方法

投資信託の換金方法には、解約請求と買取請求の2種類があります。

投資信託の換金方法

・解約請求とは、販売会社（証券会社や銀行など）を通じて、受託会社（信託銀行）にある信託財産を取り崩すこと
・買取請求とは、販売会社に直接、受益証券（投資信託の証券）を買い取ってもらうこと

解約価額（買取価額）＝基準価額（投資信託の値段）－信託財産留保額

※解約請求でも買取請求でも解約価額（＝買取価額）の計算式は同じです

　投資信託にかかる主なコストとして、販売手数料、信託報酬、信託財産留保額の3つがあり、受益者（投資家）が負担します。

投資信託にかかるコスト

販売手数料	・投資信託を購入するときに販売会社に支払う手数料 ・上限が決められており、それ以下であれば販売会社が自由に設定できるので、同じ投資信託でも販売会社によって手数料は異なる ・販売手数料のないノーロード・ファンドも販売されている ・販売手数料は投資信託の購入金額×販売手数料率（税込み）で計算した額
信託報酬	・投資信託の運用・管理費用のことで、投資家が保有している間は毎日一定割合が信託財産から差し引かれる ・委託会社が受け取る委託者報酬（投資信託の運用報酬）と受託会社が受け取る受託者報酬（信託財産の管理費用）がある ・一般的に、パッシブ運用（インデックス運用）に比べて、アクティブ運用の信託報酬は高くなっている
信託財産留保額	・投資信託を解約するときに解約代金から差し引かれる費用 ・差し引かれた金額は、投資信託の信託財産（運用されている資金）にそのまま残される ・商品によっては、信託財産留保額がかからないものもある（J-REITやETFはかからない）

1章 ライフプランニング
2章 リスク管理
3章 金融資産運用
4章 タックスプランニング
5章 不動産
6章 相続・事業承継

6 投資信託の購入代金

　投資信託の購入代金は、購入金額に販売手数料（税込み）を加えた金額になります。購入金額は当日の基準価額×購入した口数で計算します。

> **ケース**
>
> ・基準価額（1万口あたり）：1万9,800円
> ・購入口数：100万口
> ・販売手数料（消費税込み）：2.2％
> →購入代金（販売手数料を含まない）＝ 1万9,800円 × $\dfrac{100万口}{1万}$ ＝ 198万円
>
> 　販売手数料 ＝ 198万円 × 2.2％ ＝ 4万3,560円
>
> 　購入代金（販売手数料込み）＝ 198万円 ＋ 4万3,560円
> 　　　　　　　　　　　　　　 ＝ 202万3,560円

7 目論見書と運用報告書

　委託会社（運用会社）は、投資家に商品内容などを説明するための目論見書（交付目論見書と請求目論見書）や運用報告書（交付運用報告書と全体版）の作成が義務付けられています。

委託会社が作成する書類	
目論見書 ◉ここが出る	・投資信託の説明書のことで、委託会社が作成する ・交付目論見書と請求目論見書の2種類がある ・販売会社は、投資信託を販売する場合、あらかじめ、または同時に投資家に交付目論見書を交付しなければならない（販売会社は目論見書を作成しない）
運用報告書	・投資信託の運用成績（基準価額の推移）や今後の運用方針などを報告するもの ・交付運用報告書と全体版の2種類があり、委託会社が作成する

過 去 問 に 挑 戦 ！

問1 公社債投資信託は、その運用対象に株式を組み入れることはできない。【H27年10月】

問2 MRF（マネー・リザーブ・ファンド）の投資対象は、信用力の高い大企業の株式や社債が中心となっている。【H27年5月】

問3 東京証券取引所に上場されているETF（上場投資信託）には、TOPIX（東証株価指数）やJPX日経インデックス400などの株価指数のほかに、金価格の指標に連動する銘柄もある。【H29年1月】

問4 ETF（上場投資信託）は、上場株式と同様に証券取引所を通じて取引され、成行や指値による注文も可能である。【H28年5月】

問5 個人が証券取引所を通じてJ-REIT（上場不動産投資法人）に投資する際に負担するコストには、購入時手数料や換金時の信託財産留保額がある。【H25年1月】

問6 一般に、先物取引などを利用して、基準となる指数の収益率の2倍、3倍、4倍等の投資成果を得ることを目指して運用され、（　①　）相場で利益が得られるように設計された商品を（　②　）ファンドという。【H29年1月】
  1．①上昇　②ブル型　　2．①上昇　②ベア型
  3．①下降　②ブル型

問7 投資信託において、日経平均株価などの特定の指標（ベンチマーク）に連動する運用成績を目指すものを、一般に（　　　）ファンドと呼ぶ。【H26年1月】
  1．アクティブ型　　2．パッシブ型　　3．バリュー型

問8 個別銘柄の調査・分析に基づいて投資価値のある銘柄を選択し、その積上げによってポートフォリオを構築する運用手法は、（　　　）と呼ばれる。【H27年10月】
  1．トップダウン・アプローチ
  2．ボトムアップ・アプローチ
  3．マーケット・ニュートラル

問9 投資信託の運用において、バリュー型運用とは、一般に、企業の業績や財務内容等からみて株価が割安な水準にあると判断される銘柄を選択して投資する手法をいう。【H25年9月】

問10 投資信託の換金時にかかる費用のうち、投資家から徴収する信託財産留保額は、すべての投資信託において設けられている。【H28年5月】

問11 投資信託に係る運用管理費用（信託報酬）は、信託財産から差し引かれる費用であり、（　　　）が間接的に負担する。【H29年9月】

　　1．販売会社　　2．投資信託委託会社　　3．受益者（投資家）

問12 投資信託におけるパッシブ運用は、経済環境や金利動向などを踏まえ、ベンチマークを上回る運用成果を目指す運用手法である。【H31年1月】

問13 投資信託約款に株式を組み入れることができる旨の記載がある証券投資信託は、株式をいっさい組み入れていなくても株式投資信託に分類される。【R1年5月】

解答

1	○	2	×	3	○	4	○	5	×	6	1
7	2	8	2	9	○	10	×	11	3	12	×
13	○										

本節で学ぶこと

- **外貨建て金融商品の特徴**

  為替の仕組みを理解した上で、外貨から円に戻したときに円高、円安のどちらになったら金額が増えるか？といったイメージを持ちましょう。

- **為替レート**

  TTS、TTBの違いを理解しておきましょう。

- **外貨預金と外貨建てMMF**

  外貨建MMFの商品性がよく出題されます。また、外貨預金の利回り計算を、例題でしっかり理解しておきましょう。

1 外貨建て金融商品の特徴

　外貨建ての金融商品は、ドルやユーロといった外貨で運用する商品です。比較的高い金利が期待できる半面、為替リスクやその国の政治や経済状況により価格が変動するカントリー・リスクを伴います。

　また、為替の変動による為替リスクもあります。外貨建ての金融商品に投資した場合、投資したときよりも円高になっていれば、為替差損が発生します。円安になっていれば為替差益が発生し、円に換算した場合の儲けが増えます。

為替差益という

1ドル120円で売却する
（1万ドル×120円＝120万円）
20万円の利益（為替差益という）

ドル高
（円安）

120円

1ドル ─── 100円

1ドル＝100円のときに
1万ドル（＝100万円相当）を購入

ドル安
（円高）

80円

1ドル80円で売却する
（1万ドル×80円＝80万円）
20万円の損失（為替差損という）

間違え
やすい
ポイント

1ドルの価値が100円から120円になると、1ドルの価値が上がっている（ドル高・円安）ことになります。逆に1ドルの価値が80円になると1ドルの価値が下がっている（ドル安・円高）ことになります。

間違え
やすい
ポイント

ドル建ての外貨預金に預けた場合、預けたときよりドルの価値が上がる（ドル高・円安）になると、為替差益が得られ、円換算での利回りが上昇します。

1章　ライフプランニングと資金計画
2章　リスク管理
3章　金融資産運用
4章　タックスプランニング
5章　不動産
6章　相続・事業承継

日本円と外貨を交換するレートを**為替レート**といいます。
為替レートにはTTSとTTBおよびTTMがあります。

為替レートの種類

TTS （対顧客電 信売相場）	・顧客が円を売って外貨に換える（外貨を買う）場合のレート（金融機関側が外貨を売って、円を買う場合） ・TTMに為替手数料※を加えたレート **ケース** TTMを120円、為替手数料を1円とすると、TTSは120円＋1円（為替手数料）＝121円となる
TTB （対顧客電 信買相場）	・顧客が外貨を売って円に換える（円を買う）場合のレート（金融機関側が外貨を買って、円を売る場合） ・TTMから為替手数料※を差し引いたレート **ケース** TTMを120円、為替手数料を1円とすると、TTBは120円－1円（為替手数料）＝119円となる
TTM （仲値）	・TTSやTTBの基準となる値で、金融機関が毎日決めているレート（TTSとTTBの平均値）。金融機関ごとに異なり、取引の基準値として使われる

※為替手数料は**通貨の種類**および**金融機関**によって異なります

間違えやすいポイント TTSとTTBの違いを明確にしておきましょう。なお、TTSのSはselling（売り）、TTBのBはbuying（買い）の略です。顧客が円を売る場合はTTS、円を買う場合はTTBを用います。

1章 ライフプランニングと資金計画

2章 リスク管理

3章 金融資産運用

4章 タックスプランニング

5章 不動産

6章 相続・事業承継

3　外貨預金と外貨建てMMF

　代表的な外貨建て商品として、外貨預金と外貨建てMMF（外貨建てで運用する投資信託）があります。

　外貨預金と外貨建てMMFはともに、高い金利や為替差益などが期待できる商品です。外貨建てMMFの購入にあたっては、外国証券取引口座の開設が必要です。この2つの商品については次のような違いがあります。

外貨預金と外貨建てMMFの比較　◉ここが出る

	外貨定期預金	外貨建てMMF（ドル建て等）
金利・分配金	海外金利をもとに金融機関ごとに決定する（外貨ベースでは固定金利）	運用実績に応じて分配する（分配金は過去の実績を表示しており、元本保証はない） ※毎日決算を行い、分配金は月末に再投資される
利子等に対する税金	利子（利子所得）に対して、20.315％（源泉分離課税）	分配金は申告不要制度または申告分離課税の選択制
為替差益に対する税金(※)	原則、総合課税（雑所得）	申告分離課税
解約	中途解約についてはペナルティなどの規制がある	いつでも可能
預金保険制度	対象外（保護されない）	対象外（銀行などで購入した場合） ※国内の証券会社で購入した場合は、投資者保護基金の対象

※外貨定期預金については為替予約（将来行う取引の為替レートをあらかじめ取り決めること）がない場合

★申告不要制度、申告分離課税→3章7　有価証券の税金

なお、外貨建てMMFには株式を組み入れることはできません（格付けが高い外国の短期公社債中心に組み入れられている）。また、購入時・売却時に売買手数料や信託財産留保額などのコストはかかりません。

★投資者保護基金→3章9　金融商品等に関する法律等

〈例題：外貨預金の利回り計算〉　計算

以下の外貨預金を1年後の満期時に払い戻した場合における円換算での利回りはいくらか。※税金は考慮しない（小数点第3位を四捨五入）

（条件）
・1年満期の外貨定期預金：年利率4％（満期時一括払い）
・預入金額　10,000米ドル
・預入時のTTS：121円、TTB：119円
・満期時のTTS：125円、TTB：123円

〈解答〉

①まず、10,000米ドルを預けるためには円でいくら必要かを求める
　この場合、円をドルにするので、TTSの121円を用いる
　【円換算での預入金額】10,000米ドル×121円＝121万円

②1年後（満期）の時の米ドルでの元利合計金額を求める
　1年間の利息は10,000米ドル×4％＝400米ドル
　【元利合計金額】10,000米ドル＋400米ドル＝10,400米ドル

③②の元利合計金額を円に換算する
　この場合、ドルを円にするので、TTBの123円を用いる
　　10,400米ドル×123円＝127万9,200円

④円ベースの利回りを求める
　（満期の金額－預入金額）÷預入金額×100で計算するので、
　（127万9,200円－121万円）÷121万円×100＝5.72％

過 去 問 に 挑 戦 ！

問1
外貨預金において、預入時に比べて満期時の為替が（　1　）となっていた場合には、（　2　）が発生する。なお、手数料等は考慮しない。【H23年5月】
1.（1）円安・外貨高　　（2）為替差益
2.（1）円高・外貨安　　（2）為替差益
3.（1）円安・外貨高　　（2）為替差損

問2
為替先物予約を付さない外貨定期預金において、満期時の為替レートが預入時の為替レートに比べて円高になれば、円換算の投資利回りは向上する。【H28年1月】

問3
外貨建て金融商品の取引にかかる為替手数料は、外国通貨の種類ごとに決められているので、取扱金融機関による違いはない。【H29年1月】

問4
外貨預金に預け入れるために、預金者が円貨を外貨に換える場合に適用される為替レートは、預入金融機関が提示するTTSである。【H29年5月】

問5
円貨を用いて外貨建てMMFを購入する際には、購入時手数料および為替手数料を負担する必要がある。【H27年5月】

問6
外貨建てMMFは、毎月決算が行われ、毎年末に分配金がまとめて再投資される。【H27年1月】

問7
外貨建てMMFは、高い信用格付けが付された短期債券等を主な投資対象とした米ドル建ての公社債投資信託であり、ユーロ建てや豪ドル建てのものはない。【H26年9月】

問8
外貨建てMMFは、30日以上保有するなどの所定の要件を満たした場合、投資元本が保証される。【H26年1月】

問9
金融機関の店頭やインターネット等で表示されている外貨建てMMFの利回りは、あくまで過去の実績であり、将来の利回りを示しているものではない。【H25年1月】

問10 外貨建てMMFの投資対象は、高い信用格付が付された外国企業の株式や社債が中心となっている。【H24年9月】

問11 円貨を米ドルに換えて、米ドル建て外貨預金に10,000ドル預け入れる場合、下記の〈為替レート〉によるとすれば、預入時に必要な円貨の額は（　　　）である。【H25年1月】

〈為替レート〉
TTS：79円　仲値：78円　TTB：77円

1. 790,000円　　2. 780,000円　　3. 770,000円

問12 外貨預金の払戻し時において、預金者が外貨を円貨に換える場合に適用される為替レートは、預入金融機関が提示する（　　　）である。【R1年5月】
1. TTS　　2. TTM　　3. TTB

解答
1	1	2	×	3	×	4	○	5	×	6	×
7	×	8	×	9	○	10	×	11	1	12	3

7 有価証券の税金

重要度 ★★

本節で学ぶこと

- **債券の税金**

  所得税に復興税が付加されていることを忘れないようにしましょう。

- **上場株式等の税金**

  配当所得・譲渡所得については4章タックスプランニングを学習してから、もう一度戻って学習するとよいでしょう。

- **投資信託の税金**

  普通分配金と元本払戻金（特別分配金）の違いを理解しておきましょう。

- **NISA**

  投資対象期間、非課税枠、規制などが問われます。

1 債券の税金

　債券は特定公社債（国債や地方債など）とそれ以外の債券（一般公社債）に分けられます。ここでは、特定公社債の税制について見ていきます。

　個人が購入した特定公社債の利子、償還差益、譲渡益（売買益）に対する税金は、以下のようになっています。

1章 ライフプランニングと資金計画

2章 リスク管理

3章 金融資産運用

4章 タックスプランニング

5章 不動産

6章 相続・事業承継

項目	税制
利子および 収益分配金	・申告不要 または 申告分離課税 のどちらかを選択 ・税率は20.315％（所得税15.315％、住民税5％） ・申告分離課税 を選択した場合、上場株式等の譲渡損失と損益通算が可能
譲渡益（売却益） 償還差益	・申告分離課税 ・税率は20.315％（所得税15.315％、住民税5％） ・上場株式等の譲渡損失との損益通算が可能
譲渡損（売却損） 償還差損	・申告分離課税 ・申告分離課税を選択した上場株式等の分配金や譲渡益との損益通算が可能

債券にかかる税金（特定公社債の税金）

●復興特別所得税について

　2013年1月1日から2037年12月31日まで、所得税に復興特別所得税（以下、復興税）が2.1％付加されています。

復興税の計算方法　◉ここが出る

　復興特別所得税＝基本所得税率×1.021

　所得税15％、住民税5％（合計20％）の場合
　15％×1.021＝15.315％（復興税込み）
　15.315％＋5％＝20.315％（住民税込み）

※試験では問題文中に、復興税を考慮するか、しないか記載されます

1章 ファイナンシャル・プランニング

2章 リスク管理

3章 金融資産運用

4章 タックスプランニング

5章 不動産

6章 相続・事業承継

2 上場株式等の税金

①配当所得 ◉ここが出る

　上場株式や上場投資信託（ETF）やJ-REITなどの配当金（分配金）は、配当所得です。

　配当所得に対する課税方法は、**申告不要制度**（確定申告しないで源泉徴収のみで課税が終了する制度）や**総合課税**および**申告分離課税**を選択することができます。

　なお、配当控除を受けるためには、**総合課税**を選択する必要があります。

配当所得に対する課税

税制	税率	メリット
総合課税	他の所得との合計額で決まる	配当控除の適用を受けることができる
申告分離課税	20.315%（所得税15.315％、住民税5％）	上場株式等に譲渡損失がある場合、**損益通算**できる
申告不要制度	20.315%（所得税15.315％、住民税5％）	源泉徴収のみで課税関係は終了する

＊申告分離課税→4章1　所得税の基礎
＊損益通算→4章3　損益通算と繰越控除
＊配当控除→4章4　所得控除と税額控除

②譲渡所得 ◉ここが出る

　上場株式等（株式投資信託や上場投資信託（ETF）を含む）の売却益に対する課税方法は、**申告分離課税**です。税率は**20.315％**（所得税15.315%、住民税5%）です。

譲渡損失がある場合は、申告分離課税を選択した株式等の配当所得との間で損益通算が可能です。損失の方が多い場合には、確定申告をすることで翌年以後**3年間**にわたって損失を繰越控除（翌年以後の譲渡益との損益通算）できます。

★繰越控除→4章3　損益通算と繰越控除

③特定口座

　「特定口座」とは、証券会社等の金融機関が、投資家に代わって上場株式等の譲渡所得等の計算（上場株式を売買したときの損益の計算）などを行ってくれる制度のことです。特定口座は、**1金融機関**につき**1人1口座**となっています（金融機関ごとに特定口座を開設できます）。

　現在、証券会社では主に以下の6つの口座を開設できます。

証券会社で開設できる口座（2023年4月現在）		
一般口座		投資家自身で損益計算を行い、税金を支払う
特定口座	源泉徴収あり	証券会社が損益計算を行い、税金相当額を源泉徴収し、納税も代行する ※源泉徴収選択口座という
	源泉徴収なし	証券会社が損益計算を行うが、納税は投資家が行う
一般NISA口座		18歳以上の者に限定。1年あたり120万円まで非課税で投資可能
つみたてNISA口座		18歳以上の者に限定。1年あたり40万円まで非課税で投資可能
ジュニアNISA口座		17歳以下の者に限定。1年あたり80万円まで非課税で投資可能

※特定口座で源泉徴収あり（源泉徴収選択口座）を選択した場合、確定申告は不要ですが、他の口座と損益通算するときや、特定口座の損失を翌年以降3年間繰り越す（譲渡損失の繰り越し控除）場合には、確定申告できます

1章 ライフプランニングと資金計画

2章 リスク管理

3章 金融資産運用

4章 タックスプランニング

5章 不動産

6章 相続・事業承継

　特定口座には、源泉徴収ありの口座（源泉徴収選択口座）と源泉徴収なしの口座があります。源泉徴収ありの特定口座で上場株式等の取引をする場合、その取引の利益から所得税（復興税込み）と住民税を合わせて20.315%が源泉徴収されます。

〈例題〉
特定口座（源泉徴収あり）で株式をＡ社株価5,000円で100株購入し、同年中に6,000円で全株売却した場合、特定口座内で源泉徴収される税金はいくらか（手数料等を考慮しない）。

〈解答〉
譲渡益：（6,000円 − 5,000円）× 100株 = 10万円
所得税：10万円 × 20.315% = 2万315円

3 投資信託の税金

①公社債投資信託（分配金は利子所得）

　公社債投資信託の分配金や譲渡損益に対する税制は、公社債と同じく申告不要制度と源泉分離課税の選択制です。公社債と公社債投資信託をあわせて、特定公社債等といいます。なお、特定公社債等も特定口座で売買できます。

②追加型株式投資信託（分配金は配当所得）

　分配金に対する税制は次のようになっています。なお、換金した場合は申告分離課税の対象です。

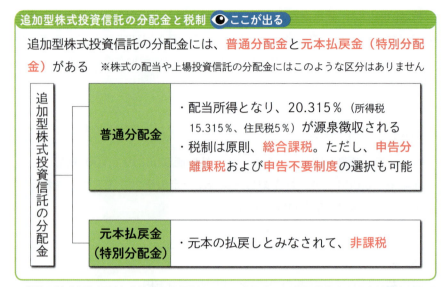

追加型株式投資信託の分配金と税制 👁ここが出る

追加型株式投資信託の分配金には、**普通分配金**と**元本払戻金（特別分配金）**がある　※株式の配当や上場投資信託の分配金にはこのような区分はありません

追加型株式投資信託の分配金	普通分配金	・配当所得となり、20.315％（所得税15.315％、住民税5％）が源泉徴収される ・税制は原則、**総合課税**。ただし、**申告分離課税**および**申告不要制度**の選択も可能
	元本払戻金（特別分配金）	・元本の払戻しとみなされて、**非課税**

※単位型株式投資信託や公社債投資信託、ETFの分配金には普通分配金や元本払戻金の区分けはなく、全額に課税されます

③普通分配金と元本払戻金の計算 👁ここが出る

　追加型投資信託の収益分配金は普通分配金と元本払戻金の合計額です。投資信託では、収益分配金を支払うと、基準価額が下がります。そのときに、購入時の基準価額（個別元本という）より分配落ち後の基準価額（分配金を支払った後の投資信託の価額）の方が下がっている場合、その差額は元本払戻金と呼ばれ、非課税です。なお、購入時の基準価額より分配落ち後の基準価額の方がまだ高い場合、支払われた分配金は、全額が普通分配金になり、課税されます。

〈例題〉
追加型株式投資信託を基準価額1万8,000円（個別元本）で1万口購入後、最初の決算で300円の収益分配金が支払われ、分配金を支払った後の基準価額が1万7,800円になった場合、収益分配金のうち、普通分配金と元本払戻金（特別分配金）はいくらか。

1章 ライフプランニング と資金計画

2章 リスク管理

3章 金融資産運用

4章 タックス プランニング

5章 不動産

6章 相続・事業承継

〈解答〉

購入時の基準価額（1万8,000円）より、分配金300円を支払った後の基準価額（1万7,800円）の方が下がっているので、差額の200円が元本払戻金、残りの100円が普通分配金。

収益分配金＝普通分配金＋元本払戻金

（ 300円 ＝ 100円 ＋ 200円 ）

1万8,000円（個別元本）	分配 →	100円（普通分配金）	┐ 分配金合計300円
		200円（元本払戻金）	┘
		1万7,800円（分配落ち後の基準価額）	

普通分配金と元本払戻金

・普通分配金＝分配落ち後の基準価額 ≧ 投資家の購入価額（個別元本）の場合

・元本払戻金＝分配落ち後の基準価額 ＜ 投資家の購入価額（個別元本）の場合

　分配金を支払った後の基準価額が、投資家の購入価額以上の場合、全額が普通分配金になり、投資家の購入価額を下回った場合、元本払戻金が発生します。

間違えやすいポイント

普通分配金は課税されますが、元本払戻金は非課税です。

4 NISA（少額投資非課税制度） ここが出る

　NISA（以下、一般NISA）では対象期間中に株式や公募株式投資信託等を購入した場合、5年以内に受け取った配当金や分配金および売却益（譲渡益）が非課税になります。

一般NISA（少額投資非課税制度）の概要

対象者	日本国内に住む18歳以上の者
非課税期間	5年間
非課税枠	年間120万円まで ※5年間で600万円が上限
対象商品	上場株式、公募株式投資信託（外国投信を含む）、ETF、J-REITなど
口座開設	原則、1人1口座
その他の特徴	・公社債投資信託や公社債は対象外 ・一般口座や特定口座で保有している株式や株式投資信託をNISA口座に移すことはできない ・投資金額が120万円未満であっても、残った金額を翌年に繰り越すことはできない ・NISA口座での譲渡損失と、一般口座や特定口座内での譲渡益は損益通算できない ・NISA口座の損失を翌年に繰り越すことはできない

 間違えやすいポイント
　一般NISA口座やジュニアNISA口座、つみたてNISA口座などで上場株式等の配当金を非課税で受け取るためには、配当金の受け取り方法を「株式数比例配分方式」（NISA口座を設定した金融機関内の口座で配当金等を受けとる）にしなければなりません。

また、17歳以下の者を対象としたジュニアNISAや、つみたてNISAがあります。なお、ジュニアNISAの新規口座の開設は2023年末で終了予定です。

ジュニアNISA（未成年者少額投資非課税制度）の概要

対象者	日本国内に住む**17歳**以下の者（子や孫など）
非課税期間	5年間
非課税枠	年間**80万円**まで（5年間で400万円が上限）
対象商品	上場株式、公募株式投資信託（外国投信を含む）、ETF、J-REITなど
口座開設	1人1口座のみで、**金融機関の変更は不可**
その他の特徴	・18歳未満（18歳になる年の前年の12月31日まで）は払出し不可 ・18歳未満で払出しを行う場合、過去の非課税期間にさかのぼって課税される

つみたてNISAの概要

対象者	日本国内に住む**18歳**以上の者
非課税期間	**20**年間（非課税期間内に解約した場合、譲渡益は非課税）
非課税枠	年間**40万円**まで（累積投資契約による積立て投資のみで、40万円全額の一括投資は不可）
対象商品	販売手数料ゼロなどの条件を満たした株式投資信託および上場投資信託（ETFなど）に限定（上場株式やJ-REIT、公社債は対象外）
口座開設	1人1口座のみ（一般NISAと同時に投資することはできない）
その他の特徴	・途中解約はいつでも可能 ・個人型確定拠出年金（iDeCo）との併用は可能

1章 ライフプランニングと資金計画
2章 リスク管理
3章 金融資産運用
4章 タックスプランニング
5章 不動産
6章 相続・事業承継

●新NISAの概要

　2024年1月以後、新NISAがスタートします。新NISAは一般NISAとつみたてNISAを一本化した制度になります。非課税で投資できる期間は無期限になり、非課税投資額も拡大され、一般NISA（成長投資枠）が年間240万円、つみたてNISAが年間120万円になります。ただし生涯に非課税で投資できる額（生涯非課税限度額）は1,800万円（うち、成長投資枠は1,200万円）が上限になります。

過去問に挑戦！

問1　ジュニアNISA口座（未成年者口座内の少額上場株式等に係る配当所得および譲渡所得等の非課税措置に係る非課税口座）に受け入れることができる上場株式等の新規投資による受入限度額（非課税枠）は、年間80万円である。【H30年1月】

問2　追加型株式投資信託を基準価額1万200円で1口購入した後、最初の決算時に400円の収益分配金が支払われ、分配落ち後の基準価額が1万100円となった場合、その収益分配金のうち、（　1　）が普通分配金として課税対象となり、（　2　）が非課税扱いの元本払戻金（特別分配金）となる。なお、手数料等については考慮しないものとする。【H28年9月】
  1.（1）100円　（2）300円
  2.（1）200円　（2）200円
  3.（1）300円　（2）100円

問3　NISA口座（少額投資非課税制度により投資収益が非課税となる口座）に受け入れることができる上場株式等には、公募株式投資信託のほかに、公募公社債投資信託が含まれる。【H28年9月】

問4　少額投資非課税制度における非課税口座（NISA口座）内で生じた上場株式等の売買益や配当金等を非課税とするためには、所得税の確定申告が必要である。【H27年5月】

問5　追加型の国内公募株式投資信託の受益者が受け取る収益分配金のうち、元本払戻金（特別分配金）は非課税である。【R2年9月】

問6　つみたてNISA（非課税累積投資契約に係る少額投資非課税制度）において、国債や社債は投資対象商品ではない。【R3年5月】

解答
1　○　　2　3　　3　×　　4　×　　5　○　　6　○

8 ポートフォリオ運用とデリバティブ

重要度 ★★

本節で学ぶこと

- **ポートフォリオ運用の目的**
- **リスクとは**
- **ポートフォリオのリスクの低減効果**
  難解に感じる方が多い単元です。用語の意味を正しく把握しておきましょう。相関係数とリスク低減効果の関係がよく問われます。
- **デリバティブ取引**
  コール・オプションとプット・オプションの違いがポイントです。

1 ポートフォリオ運用の目的

ポートフォリオとは、資金を預貯金や株式、債券、不動産といった資産に分散している状態（投資信託のイメージ）をいいます。株式や債券、不動産などの資産のことをアセットクラスといいます。

どのアセットクラスにどの程度の割合で投資するのかを決めることをアセット・アロケーション（資産配分の割合）といいます。ポートフォリオ運用では、投資する銘柄の選択や投資のタイミングよりも、資産配分の割合（どの資産にどのぐらい投資するか＝アセット・アロケーション）が運用成果を大きく左右します。

ポートフォリオ運用を行う目的は、リスクを軽減し、より安定した運用成果を上げること（運用の効率化）です。

1章 ライフプランニングと資金計画

2章 リスク管理

3章 金融資産運用

4章 タックスプランニング

5章 不動産

6章 相続・事業承継

2　リスクとは

　資産運用における「リスク」とは、将来の運用成果が確定していないという「不確実性」のことをいいます。

　一般的にリスクとリターンはトレードオフの関係にあるといわれます。トレードオフの関係とは、高い収益をあげるためには、大きなリスクを取らなければならないこと（ハイリスク・ハイリターン）を意味しています。

3　ポートフォリオのリスク低減効果

　ポートフォリオに組み入れた各資産の値動きの関連性を表す指標を相関係数といいます。これは、組み入れた資産が同じ動きをしているのか、異なった動きをしているのかを見るための数値で、「1から－1」の値をとります。相関係数が－1に近づくほどポートフォリオのリスク低減効果は高くなります。これは、値動きが逆になる資産（例えば株と債券）を組み込むことで分散投資によるリスクを下げる効果が高まることを意味しています。

間違えやすいポイント　相関係数が－1に近い資産を組み入れることで、リスクを下げて安定した運用が可能になります

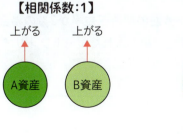

【相関係数：1】

【相関係数：-1】

相関係数と資産の動き ◉ここが出る

相関係数＝1の場合	2つの資産はまったく同じ値動きをしている。つまり、資産Aが値上がりしたら資産Bも必ず値上がりする ⇒リスクの**軽減効果はない**
相関係数＝－1の場合	まったく逆の値動きをしている。つまり、資産Aが値上がりしたら資産Bは必ず値下がりする ⇒リスクが**軽減される**
相関係数＝0の場合	互いにバラバラの値動きをしている ⇒リスクの軽減効果は低い

間違えやすいポイント 2つの資産間の相関係数が1である場合、両資産が同じ値動きをするので、分散投資によるリスク低減効果が得られなくなります。

4 ポートフォリオの期待収益率

　複数の資産に分散投資した場合、そのポートフォリオの予想される収益率のことを期待収益率といいます。期待収益率は、各資産の収益率×組入れ比率の合計で計算します。

〈例題〉
A資産の期待収益率が5％、B資産の期待収益率が2％の場合に、A資産を40％、B資産を60％の割合で組み入れたポートフォリオの期待収益率はいくらか。

〈解答〉
5％×0.4＋2％×0.6＝3.2％

1章 ライフプランニングと資金計画
2章 リスク管理
3章 金融資産運用
4章 タックスプランニング
5章 不動産
6章 相続・事業承継

5 デリバティブ取引

　デリバティブ取引とは、株式や債券などから派生した新しい金融商品をいいます。代表的なものに、先物取引やオプション取引などがあります。

①先物取引

　先物取引とは、ある商品（株式や債券など）の特定の数量について、将来の特定の時点を受渡日（満期日という）として、あらかじめ定められた価格で売買することを契約する取引のことで、以下の取引があります。

先物取引の取引手法	
ヘッジ取引	自分が保有している商品（現物）の価格変動リスクを先物を使ってカバー（回避）する取引。売りヘッジと買いヘッジの2種類がある
スペキュレーション取引	先物取引の価格の変動を踏まえて、利益のみを追求する取引。先物価格が上がると思えば買い、先物価格が下がると思えば売り、その後、反対売買することで利益を得る取引
アービトラージ取引（裁定取引）	2つの価格を比べて、割安な方を買うと同時に割高な方を売ることで、安定的に利益を得ようとする取引

②オプション取引

オプション取引とは
・ある商品（原商品：オプションの対象となる商品のことで、日経平均株価指数や国債など）を ・一定期間内（将来のある期日まで：満期日という）に ・特定の価格（あらかじめ定められた価格：権利行使価格という）で ・買うことができる権利または売ることができる権利を売買する取引のことをいう

「買うことができる権利」のことを**コール・オプション**、「売ることができる権利」のことを**プット・オプション**といいます。コール・オプションとプット・オプションの購入代金を**プレミアム（オプション料）**といいます。

> **オプション取引の種類 ◉ここが出る**
>
> ・原商品を特定の価格で買うことができる権利（**買う権利**）
>   ＝**コール・オプション**
> ・原商品を特定の価格で売ることができる権利（**売る権利**）
>   ＝**プット・オプション**

③オプションの特徴

オプションには以下のような特徴があります。

オプションの特徴

	利益	損失
買い手	原商品価格の動き次第で**無限定**	当初支払ったプレミアムに**限定**
売り手	当初受け取ったプレミアムが**最大**	原商品価格の動き次第で**無限定**

オプション取引では、買い手は権利を行使して利益を確定させることができます。また、利益が出ない場合、権利を放棄できます。権利を放棄することで、損失は購入時に売り手に支払った**プレミアム**に限定されます。

オプション取引は、利益が出ていれば、いつでも自由に権利行使できる（利益を確定できる）**アメリカンタイプ**と、満期日のみ権利行使できる**ヨーロピアンタイプ**に分けられます。オプションのプレミアムは一般に、満期までの期間（残存期間という）が長いほど、また、対象となる原商品の価格の変動の幅（ボラティリティーという）が大きいほど、**高く**なります。

過 去 問 に 挑 戦 ！

1章 ライフプランニングと資金計画

2章 リスク管理

3章 金融資産運用

4章 タックスプランニング

5章 不動産

6章 相続・事業承継

問1 　2資産で構成されるポートフォリオにおいて、2資産間の相関係数が（　1　）である場合、両資産が（　2　）値動きをするため、理論上、分散投資によるリスク低減効果が得られない。【H30年1月】

　　1.（1）－1　（2）逆の
　　2.（1）0　　（2）逆の
　　3.（1）＋1　（2）同じ

問2 　A資産の期待収益率が2.0%、B資産の期待収益率が4.0%の場合に、A資産を40%、B資産を60%の割合で組み入れたポートフォリオの期待収益率は、（　　　）となる。【H31年1月】
　　1. 1.6%　　2. 3.0%　　3. 3.2%

問3 　オプション取引において、将来の一定期日または一定期間内に、株式などの原資産を特定の価格（権利行使価格）で買う権利のことを（　1　）・オプションといい、オプションの買い手は、原資産の市場価格が特定の価格（権利行使価格）よりも値下がりした場合、その権利を（　2　）。【H28年9月】
　　1.（1）コール　（2）放棄することができる
　　2.（1）コール　（2）放棄することができない
　　3.（1）プット　（2）放棄することができる

問4 　オプション取引において、特定の商品を将来の一定期日に、あらかじめ決められた価格（権利行使価格）で買う権利のことを、プット・オプションという。【R3年3月】

問5 　オプション取引において、他の条件が同じであれば、満期までの残存期間が短いほど、プレミアム（オプション料）は高くなる。【R4年9月】

解答

1　3　　　2　3　　　3　1　　　4　×　　　5　×

本 節 で 学 ぶ こ と

- **預金保険制度**

  元本1,000万円までとその利息を保護する制度、 および外貨預金や決済用預金に対する考え方が重要です。

- **投資者保護基金**

  証券会社版の預金保険制度と考えましょう。

- **金融サービス提供法と消費者契約**

  2つの法律の違いを理解しておきましょう。

- **金融商品取引法**

  適合性の原則と説明義務について、 しっかり理解しておきましょう。

1 預金保険制度 ●ここが出る

　預金保険制度とは、日本国内に本店がある金融機関が破綻した場合に、1つの金融機関ごとに、預金者1人につき元本1,000万円までとその利息を保護する制度です。

　例外として、「無利息・要求払い・決済サービスの提供」 の条件を満たす決済用預金は全額保護されます。

1章 ライフプランニングと資金計画

2章 リスク管理

3章 金融資産運用

4章 タックスプランニング

5章 不動産

6章 相続・事業承継

預金保険制度で保護されない預金 ◉ここが出る

・**外貨預金**および日本の金融機関の海外支店に預けている円預金

 外貨預金は、国内外の金融機関のどこの支店に預けていても、預金保険制度の対象になりません。

なお、ゆうちょ銀行の貯金については以下の点で注意が必要です。

ゆうちょ銀行の貯金の注意点

・貯金については、国の保証はなく**預金保険制度**の保護の対象となる
・預入限度額は、原則として1人あたり、通常貯金（1,300万円）、定期性貯金（1,300万円）の計2,600万円までとなっている。ただし、預金保険制度の対象は**1,000万円**まで

2 投資者保護基金 ◉ここが出る

　投資者保護基金とは、金融商品取引法の規定により設立された機関で、証券会社（金融商品取引業者ともいう）版の預金保険制度といえます。証券会社は顧客の資産と証券会社の資産を分別して管理することが義務付けられています。投資者保護基金は、この分別管理義務に違反している証券会社が破綻し、顧客に対する支払いに支障が出たときなどに、1人あたり**1,000万円**までを保証するための基金です。

　なお、国内の証券会社で購入した投資信託（**外貨建てMMF**を含む）は、投資者保護基金の対象ですが、**銀行**など証券会社以外の金融機関で購入した投資信託は**対象外**です。

3 金融サービス提供法と消費者契約法

①金融サービス提供法と消費者契約法の違い

　金融商品に関するトラブルから投資家や消費者を保護するための法律には、金融サービスの提供に関する法律（以下、金融サービス提供法）や消費者契約法などがあります。

金融サービス提供法と消費者契約法の概要　◉ここが出る

	金融サービス提供法	消費者契約法
適用範囲	金融商品（FX取引、保険商品も含む）の販売に係る契約（ゴルフ会員権、国内商品先物は対象外）	消費者と事業者との間での契約全般
保護の対象	個人および事業者	個人
適用される ケース	・断定的な判断を提供して勧誘した場合※ ・重要事項に説明義務違反があった場合	・断定的な判断を提供して勧誘した場合※ ・消費者に不利益になる事実を告知しなかった場合など
法律の効果	金融機関は損害賠償しなければならない	顧客は契約時から5年以内であれば契約の取消しが可能

※断定的判断の提供による勧誘（確定していないことを確定しているかのように説明すること）は、法人・個人問わず、すべての顧客に対して禁止されています

②金融サービス仲介業の創設

　金融サービス提供法では、新しく金融サービス仲介業が創設されました。

　従来は、銀行、貸金、証券、保険のすべての分野のサービスの媒介（仲介）を行うには、それぞれ登録を受ける必要がありましたが、この改正により、1つの登録で銀行、貸金、証券、保険のすべての分野のサービスの媒介（仲介）が可能になりました。

なお、金融サービス仲介業とは、「預金等の媒介業務」「保険の媒介業務」「株式や投資信託等の有価証券等の仲介業務」「貸金業等の媒介業務」のいずれかを業として行うことをいいます。

4 金融商品取引法

金融商品取引法（金商法）は、一般投資家を保護し、有価証券の発行や取引を公正に行い有価証券市場を円滑にするための法律です。ただし、銀行の外貨預金や変動をともなう年金保険（変額年金保険や外貨建ての保険）なども規制の対象に含まれます。

①適合性の原則と説明義務

適合性の原則と説明義務の概要 ◉ここが出る

- 「適合性の原則」とは、顧客の投資経験や知識、資産状況、投資目的に合わない商品を勧誘してはならないという規則
- 「説明義務」とは、契約締結前交付書面（最重要項目の説明書）や目論見書などを事前に交付し、商品概要やリスク、費用などの顧客が投資判断する上で重要な事柄を説明しなければならないという規則
- 説明義務の対象となる商品は、株式や投資信託のほか、**外貨預金**、**外貨建ての保険**や**変額年金保険**など

②広告規制

金融商品の広告を行う場合、商品概要やリスク、手数料等をその広告の中の最も大きな文字と同じ程度の大きさで記載することなどが義務づけられています。

1章 ライフプランニングと資金計画
2章 リスク管理
3章 金融資産運用
4章 タックスプランニング
5章 不動産
6章 相続・事業承継

③特定投資家制度

　投資家を特定投資家（プロの投資家）と一般投資家（アマチュアの投資家）に分類し、一般投資家をより保護する内容になっています。

④金融ＡＤＲ制度

　金融ＡＤＲ制度とは、金融取引における裁判外での紛争解決制度のことです。顧客との紛争解決において、内閣総理大臣が指定する紛争解決機関がある場合、金融機関は指定紛争解決機関と手続実施基本契約を締結し、それを利用することが義務付けられています。

　指定紛争解決機関には、全国銀行協会、生命保険協会、日本損害保険協会、証券・金融商品あっせん相談センター等があります。

過 去 問 に 挑 戦 ！

問1 　国内の（　　　）は、日本投資者保護基金の補償の対象とならない。【H28年1月】
1. 銀行で購入した投資信託
2. 証券会社が保管の委託を受けている外国株式
3. 証券会社が保管の委託を受けている外貨建てMMF

問2 　証券会社が分別管理の義務に違反し、一般顧客の顧客資産を返還することができない場合、日本投資者保護基金は、一般顧客1人当たり1,000万円を上限として顧客資産（補償対象債権に係るもの）を補償する。【H29年1月】

問3 　金融商品取引法に規定される「適合性の原則」とは、金融商品取引業者等は、顧客の知識、経験、財産の状況および金融商品取引契約を締結する目的に照らして不適当と認められる勧誘を行ってはならないというルールである。【H30年1月】

問4 　金融ADR制度（金融分野における裁判外紛争解決制度）において、内閣総理大臣が指定する（　1　）には、全国銀行協会、生命保険協会、日本損害保険協会、（　2　）などがある。【H28年5月】
1. （1）認定投資者保護団体　（2）国民生活センター
2. （1）指定紛争解決機関
　　（2）証券・金融商品あっせん相談センター
3. （1）認可金融商品取引業協会　（2）東京証券取引所

問5 　国内銀行に預け入れられた外貨預金は、預金保険制度の保護の対象となる。【R1年9月】

解答

1	2	3	4	5
1	○	○	2	×

右側チャンネルインデックス：
1章 ライフプランニングと資金計画
2章 リスク管理
3章 金融資産運用
4章 タックスプランニング
5章 不動産
6章 相続・事業承継

　金融資産運用の実技試験では株式の投資指標（株価収益率、株価純資産倍率、配当性向、配当利回り、自己資本利益率）の計算問題の出題頻度が金財、FP協会ともに高くなっています。基本的な計算式と考え方は必ず覚えておきましょう。

　また、外貨定期預金（ドルの定期預金）に預けた場合の満期時の元利合計額を求める問題や投資信託の費用（販売手数料、信託報酬、信託財産留保額）に関する問題も金財、FP協会ともに出題されています。

　その他、FP協会の実技試験では、経済指標（景気動向指数、国内総生産（GDP）、日銀短観、物価指数（CPIとCGPI）などに関する問題も要注意です。

●株式の投資指標　共通

　実技試験では株式の投資指標に関する計算問題や指標の考え方に関する問題の出題頻度が高くなっています。株価収益率（PER）、株価純資産倍率（PBR）、配当利回り、配当性向、自己資本利益率（ROE）の計算式と指標の考え方をしっかりと学習しておきましょう。

　下記〈資料〉に基づく株式の投資指標（評価尺度）に関する次の記述の（ア）〜（ウ）を計算しなさい。

> ＜資料＞
> 株価：2,400 円
> 1株当たり年間配当金：60 円
> 1株当たり純利益：160 円
> 1株当たり純資産：800 円

1章 ライフプランニングと資金計画

2章 リスク管理

3章 金融資産運用

4章 タックスプランニング

5章 不動産

6章 相続・事業承継

・株価収益率（PER）は（　ア　）である。一般に、同業他社などと比較して、PERが高いと株価が割高、PERが低いと株価が割安と判断される。

・株価純資産倍率（PBR）は（　イ　）である。一般に、1倍を基準として、PBRが1倍より低いと株価が割安と判断される。

・配当利回りは（　ウ　）である。投資金額に対する年間配当金の割合を表している。配当利回りは、配当金が同じでも投資した株価が高いと下がり、株価が安いと上がる。

・配当性向は（　エ　）である。配当性向が高いほど、株主への利益の還元の割合が高いと考えることができる。つまり、会社の儲けから多くの金額を配当金として株主に支払っていることになる。

●**株式の投資指標（解答・解説）**

（ア）株価収益率（PER）$= \dfrac{株価}{1株あたりの（当期）純利益}$ より、

$= 2,400円／160円$

$= 15倍$

（イ）株価純資産倍率（PBR）$= \dfrac{株価}{1株あたりの純資産}$ より、

$= 2,400円／800円$

$= 3倍$

（ウ）配当利回り（%）$= \dfrac{1株あたりの年間配当金}{株価（購入金額）} \times 100$

$= 60円／2,400円 \times 100$

$= 2.5\%$

（エ）配当性向（％）　　　　$= \dfrac{1\text{株あたりの年間配当金}}{1\text{株あたりの（当期）純利益}} \times 100$

$= 60\text{円}／160\text{円} \times 100$

$= 37.5\%$

株式の投資指標は、ここに注意！

株価収益率（PER）、株価純資産倍率（PBR）、配当利回り、配当性向以外に、自己資本利益率（ROE）の計算式も覚えておきましょう。

自己資本利益率（ROE）（％）$= \dfrac{\text{当期純利益}}{\text{自己資本}} \times 100$

●投資信託の費用 　共通

金財およびFP協会の実技試験では、投資信託の費用（販売手数料、信託報酬、信託財産留保額）に関する問題が多く出題されます。次のポイントを押さえておきましょう。

次の投資信託の費用に関する説明文のうち、誤っているものはどれか。

①販売手数料は、購入時に支払う費用で、投資信託の種類などにより費用は異なるが、同一の投資信託であれば、販売会社が異なっても販売手数料は同じである。

②つみたてNISAの対象となる公募株式投資信託は、販売手数料がゼロであることが要件の1つとなっている。

③運用管理費用（信託報酬）は、投資信託の運用費用や管理費用として徴収されるもので、信託財産の残高から、毎日一定額が差し引かれる。

④信託財産留保額は、投資家間の公平性を保つために、一般的に、換金の際に徴収され、信託財産に残されるが、投資信託によっては差し引かれないものもある。

●投資信託の費用（解答・解説）

①×

　　販売手数料は、購入時に支払う費用で、投資信託の種類などにより費用は異なります。また、販売手数料は上限以下であれば、販売会社が決めることができるので、同じ投資信託であっても販売会社が異なれば、販売手数料が異なることもあります。

②○

　　つみたてNISAの対象となる公募株式投資信託は、販売手数料がゼロであることが要件の1つです。なお、販売手数料がゼロの投資信託をノーロード・ファンドといいます。

③○

　　運用管理費用（信託報酬）は、投資信託の運用費用や管理費用として徴収されるもので、信託財産の残高から、毎日一定額が差し引かれます。

④○

　　信託財産留保額は、投資家間の公平性を保つために、一般的に、換金の際に徴収され、信託財産に残されますが、投資信託によっては差し引かれないものもあります。なお、差し引かれた金額は、投資信託の信託財産（運用している資金）にそのまま残されます。

> **投資信託の販売手数料の計算方法も確認しておきましょう**
>
> 販売手数料は、投資信託の購入額×販売手数料率（税込み）で計算します。
>
> 投資信託を1,000万口購入し、販売手数料が1.5％の場合、販売手数料の額は、
>
> 　　1,000万円×1.5％＝15万円
>
> になります。

1章 ライフプランニングと資金計画

2章 リスク管理

3章 金融資産運用

4章 タックスプランニング

5章 不動産

6章 相続・事業承継

●代表的な経済指標 FP協会

　FP協会の実技試験では経済用語に関する問題が出題されます。代表的な経済用語の意味を確認しておきましょう。

　下記は、経済用語についてまとめた表である。下表の経済用語に関する次の記述のうち、（ア）～（オ）に該当するものはどれか。

経済用語	主な内容
（ア）	家計が購入する商品やサービスの価格変動を表した指数のことで、総務省が発表している
（イ）	民間非金融部門が保有する通貨量を表す統計値
（ウ）	一定期間に国内で生み出された財やサービスなどの付加価値の総額のことで、内閣府が発表している
（エ）	企業間の取引や貿易取引における商品の価格変動を表した指数で、日本銀行が発表している
（オ）	景気の現状把握や将来予測に資するために作成された統合的な景気指標で、内閣府が発表している

1. 景気動向指数　2. 国内総生産（GDP）　3. 消費者物価指数（CPI）
4. マネーストック統計　5. 企業物価指数（CGPI）　6. 日銀短観

●代表的な経済指標（解答・解説）

（ア）3 （イ）4 （ウ）2 （エ）5 （オ）1

消費者物価指数 （CPI）	家計が購入する商品やサービスの価格変動を表した総合指数のことで、総務省が毎月発表している
マネーストック 統計	民間非金融部門（個人、一般法人、地方公共団体など）が保有する通貨量で、国と金融機関が保有する通貨量は含まない。日銀が毎月発表している
国内総生産 （GDP）	内閣府が年4回発表している。GDPの中で最も大きな割合を占めているのが、民間最終消費支出（家計が使ったお金の総額）で、50％以上ある
企業物価指数 （CGPI）	為替の影響を受けやすく、短期的には消費者物価指数より変動の幅が大きくなる傾向がある
景気動向指数	DI（ディフュージョン・インデックス）とCI（コンポジット・インデックス）の2種類があり、現在、CIの方が重視されている

上記5つの経済指標は必ず覚えておきましょう！

上記の経済指標以外に、次のような指標も出題されています。

景気ウォッチャー 調査	景気に敏感な職種の人々に対するインタビュー調査で、生活実感としての景況感を把握するもの。一般的に街角景気ともいわれる

実技試験対策 277

●**外貨預金に預けた場合の満期時の元利合計額** 　共通

　米ドル建ての定期預金に預けた場合の満期時の元利合計額を求める問題も定期的に出題されています。TTBとTTSの違いを明確にしておきましょう。

　顧客がドルの定期預金に預ける場合、円をドルに交換します。これは円を売って、ドルを買っていることになります。この際に適用される為替レートがTTSです。TTSのSはSelling（売り）のSで、顧客が円を売る場合に適用されます。

　外貨定期預金が満期になった際に適用される為替レートがTTBです。TTBのBはBuying（買い）のBで、顧客がドルを売って円を買う場合に適用されます。

　以下の条件で外貨預金に預けた場合、満期時の元利金の合計額はいくらか（税金は考慮しない）。

「米ドル定期預金に関する資料」
- ・預入金額 　： 　10,000 米ドル
- ・預入期間 　： 　3 か月
- ・利率 　： 　2 ％（満期時一括払い）
- ・為替予約なし
- ・適用為替レート

	TTS	TTB
預入時	102 円	101 円
満期時	104 円	103 円

●外貨預金に預けた場合の満期時の元利合計額（解答・解説）

　顧客が外貨預金に預け入れする場合（円をドルに換える場合）の為替レートはTTS、外貨預金の満期時にドルを円に換える場合の為替レートはTTBを用いて計算します。

〔満期時のドルベースの元利合計額〕

　元金額は10,000米ドル、利率は2%なので利息は年間で10,000米ドル×2%＝200米ドル。預入期間が3か月なので、実際の利息は4分の1の50米ドル。したがって、元利合計額は10,050米ドル

〔満期時の円換算での元利合計額〕

　満期時の為替レート（TTB）は103円なので、10,050米ドル×103円＝103万5,150円

1章 ライフプランニングと資金計画

2章 リスク管理

3章 金融資産運用

4章 タックスプランニング

5章 不動産

6章 相続・事業承継

4章

タックス
プランニング

 学科試験

- 10種類の所得の内容（特に**配当、事業、不動産、譲渡、退職、一時**）が大事
- 所得控除や税額控除および損益通算に関する出題も多い
- 所得控除では配偶者控除、配偶者特別控除、青色申告特別控除、医療費控除、扶養控除が、税額控除では住宅ローン控除や配当控除が重要

実技試験

- 所得の計算問題や、源泉徴収票から所得控除金額などを読み取る問題が多い
- 一時所得や退職所得の計算（退職所得控除の計算を含む）ができるように

1 所得税の基礎

重要度 ★★★

本節で学ぶこと

- **税金の種類**
  どこが課税するか、誰が納めるか、課税の方法によって分類できます。
- **所得税の基礎**
  非課税になる場合がよく問われます。
- **所得税の計算方法**
  総合課税・分離課税の違いを理解しておきましょう。

1 税金の種類

①国税と地方税

　税金はどこが課税するか（どこに納付するのか）の違いによって、国税と地方税に分けられます。

②直接税と間接税

　誰が税金を納めるのかの違いによって、直接税と間接税に分けられます。
　税金を納める者（納税者）と実際に税金を負担する者（担税者）が同じ場合を直接税、異なる場合を間接税といいます。

国税と地方税、直接税と間接税の区分 ●ここが出る

	直接税	間接税
国税	所得税、法人税、相続税、贈与税	消費税、酒税、たばこ税、印紙税
地方税	道府県民税、固定資産税、不動産取得税	地方消費税

　消費税を実際に税務署に納めているのは消費者ではなく、商品を販売したスーパーなどなので、消費税は間接税です。

●消費税を納税するイメージ

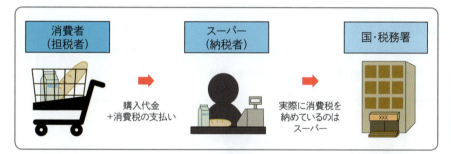

間違えやすいポイント

間接税の3つ（消費税、酒税、たばこ税）を覚えておきましょう。

1章 ライフプランニングと資金計画
2章 リスク管理
3章 金融資産運用
4章 タックスプランニング
5章 不動産
6章 相続・事業承継

③課税方法

課税方法には、賦課課税方式と申告納税方式があります。

課税方法		
賦課課税方式	・個人住民税 ・固定資産税など	国や税務署が納税額を計算し、納税者に納税通知書を通知して、それを基に納税者が税金を納める方式
申告納税方式	・所得税 ・法人税 ・相続税など	納税者自ら税額を計算したうえで直接申告（確定申告）し、税金を納める方式

● **賦課課税方式**

● **申告納税方式**

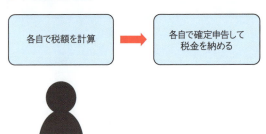

2　所得税の基礎

①所得税とは

　所得税は、個人が得た所得に対する税金です。

　1年間（1月1日から12月31日）に個人（**個人事業主**を含む）が得た総収入金額から必要経費を差し引いた所得（金額）に対して課税されます。

> 所得金額＝**総収入金額－必要経費**

> 所得税額＝**所得金額×税率**（超過累進税率）

所得税の特徴

- ・個人単位で課税される
- ・所得が増えると税率が高くなる**（超過）累進課税制度**（累進税率）である（5％〜45％の7段階で課税される）
- ・**申告納税方式**である（原則、翌年の**2月16日から3月15日**までに確定申告をして納税する）

間違えやすいポイント　総収入金額とは、その年に収入が確定したものをいい、**未収の収益**（回収していない売上など）であっても確定している売上分は収入金額に含まれます。

右側タブ：
1章 ライフプランニングと資金計画
2章 リスク管理
3章 金融資産運用
4章 タックスプランニング
5章 不動産
6章 相続・事業承継

②納税義務者 ここが出る

　所得税を納めるのは、**実質的に所得を得た個人**です。通常、居住者（国内に住所があり、国内に**1年**以上住まいがある個人）か非居住者（居住者以外）かによって課税される所得が異なってきます。

　居住者は**国内外すべての所得**に課税され、非居住者は**国内で得た所得**（国内源泉所得）に対してのみ課税されます。

③所得税が非課税となる場合

　個人が得た次の所得は、非課税です。

> **所得税が非課税になる主な所得** ◉ここが出る
>
> ・障害者や遺族が受け取る公的年金（障害年金、遺族年金）
> ・**雇用保険**や**健康保険の給付金**
> ・被保険者や配偶者が受け取る生命保険の**入院給付金**や**手術給付金**
> ・建物の火災により**火災保険**から受け取った**保険金**
> ・**出張に伴う旅費**（妥当な範囲）
> ・会社員の**通勤手当**（**月額15万円**までは非課税）
> ・**宝くじの当選金**
> ・**慰謝料**や一定の見舞金（社会通念上、妥当な金額の範囲）
> ・相続や遺贈、贈与により取得する財産（**相続税**や**贈与税**の対象）
> ・衣類や家具などの生活用動産の譲渡による所得
>
> **例外** 1個または1組の価額が**30万円**を超える宝石、貴金属、絵画、骨董品などの動産の売却による所得は課税される

> **間違えやすいポイント**
> 「所得税が非課税になる主な所得」は覚えておきましょう。
> 特に雇用保険や健康保険からの給付金、生命保険（医療保険）の入院給付金や手術給付金、火災保険からの保険金、通勤手当（月15万円まで）など

①所得税の課税方法

　所得税は、所得を10種類に分け、種類ごとに所得金額を算出し、合算する総合課税ですが、一部の所得は分離課税の対象となっています。

　また、分離課税は、申告分離課税と源泉分離課税に分けられます。

総合課税と分離課税 👁ここが出る

課税方法		内容	対象となる所得
総合課税		対象となる所得を合算した総所得金額に課税する方法（確定申告する）	給与所得、不動産所得、事業所得など
分離課税	申告分離課税	他の所得と分離して所得を計算して課税する方法（利益の場合、確定申告する）	株式の譲渡所得、退職所得、土地・建物の譲渡所得、山林所得など
	源泉分離課税	所得があった時点で税金が差し引かれ、課税関係が完結する方法（いわゆる天引き）。確定申告は不要	預貯金の利子など

②所得税の計算手順

所得税は以下の手順で計算し、最終的な納税額を決定します。

第1段階	○所得を以下の10種類に分け、種類ごとに所得金額を算出
	利子所得・配当所得・不動産所得・事業所得・給与所得・譲渡所得・一時所得・退職所得・山林所得・雑所得

第2段階	○総合課税の対象となる所得などを損益通算
	黒字の所得と赤字の所得を一定の手順で損益通算（合計）し、合計所得金額を算出する

第3段階	○純損失の繰越控除を行い、総所得金額※1を算出
	前年に損失の方が多く損益通算しても残っている赤字の金額を繰り越して課税標準額から控除し、総所得金額を算出する

※1　分離課税の対象となる所得や非課税所得は総所得金額には含めない

第4段階	○総所得金額等※2から所得控除を差し引き、課税所得金額を算出
	総所得金額から配偶者控除、医療費控除、社会保険料控除などの所得控除を差し引き、課税所得金額を算出する

※2　総所得金額等とは、総所得金額に分離課税の対象となる所得を合計した金額のこと

第5段階	○課税所得金額に税率を掛ける
	課税所得金額に税率を掛け、分離課税の対象となる所得にはそれぞれ適用される税率を掛けて税額を算出し、合算する

第6段階	○税額の総額から税額控除を差し引き、申告納税額を算出
	第5段階で算出した税額から住宅ローン控除等の税額控除を差引き、さらにすでに源泉徴収された税額（源泉徴収額）を差し引き、申告納税額を算出する（源泉徴収された金額の方が多い場合、払い戻される）

過 去 問 に 挑 戦 ！

1章 ライフプランニングと資金計画

2章 リスク管理

3章 金融資産運用

4章 タックスプランニング

5章 不動産

6章 相続・事業承継

 問1　法律上の納税義務者と実際に税金を負担する者が異なる税を間接税といい、間接税の例の1つとして、消費税が挙げられる。
【H28年5月】

 問2　所得税において総合課税の対象となる所得に係る税率は、原則として課税標準が大きくなるに応じて税率が高くなる（　　　　）となっている。【H25年5月】
　　1．累進税率　　2．比例税率　　3．制限税率

 問3　所得税における居住者とは、日本国内に住所を有し、または現在まで引き続いて（　　　　）以上居所を有する個人をいう。
【H25年9月】
　　1．1年　　2．5年　　3．10年

 問4　所得税法における居住者（非永住者を除く）は、原則として、国内で生じた所得について所得税の納税義務は生じるが、国外で生じた所得について所得税の納税義務は生じない。【R1年5月】

 問5　所得税において、自己の生活の用に供する家具や衣服（1個または1組の価額が30万円を超える貴金属、美術工芸品等には該当しない）を譲渡したことによる所得は、非課税所得とされる。
【H30年9月】

問6　所得税において、交通機関を利用して通勤している給与所得者に対し、勤務先から通常の給与に加算して支払われるべき通勤手当は、最も経済的かつ合理的と認められる運賃等の額で、月額15万円を限度に非課税とされる。【R1年9月】

［解答］
1　○　　2　1　　3　1　　4　×　　5　○　　6　○

2 所得の種類と内容

重要度 ★★★

本 節 で 学 ぶ こ と

- 利子所得
- 配当所得
- 不動産所得
- 事業所得
- 給与所得
- 譲渡所得
- 一時所得
- 退職所得
- 山林所得
- 雑所得

　本節では、10種類の所得の概要を学びます。特に不動産所得、譲渡所得、一時所得、退職所得は出題頻度が高いので、要注意です。

1 利子所得

①利子所得とは

　預貯金の利子、国債など公社債の利子、公社債投資信託の収益分配金などが、利子所得です。なお、同じ利子所得でも公社債の利子や公社債投資信託の分配金に対する税制は預貯金とは異なります。

②税制

　預貯金の利子については、源泉分離課税の対象です。税率は20.315%（所得税15.315%、住民税5%）で、事前に源泉徴収（税金相当額を前もって差し引くこと）され、課税関係は終了します。

※所得税15.315%は復興税込みの税率
★公社債の利子、公社債投資信託の収益分配金の税金→3章7　有価証券の税金

③利子所得の金額

利子所得の金額は、源泉徴収（20.315%）される前の収入金額です。

利子所得 ＝ 利子収入金額

2 配当所得

①配当所得とは ●ここが出る

法人から受け取る利益の配当（株式の配当金）、**株式投資信託**や上場投資信託（ETF）や不動産投資信託（J-REIT）の収益分配金などが、配当所得です。なお、これらの商品を上場株式等といいます。

②税制

配当所得は、**申告不要制度**（確定申告しないで源泉徴収のみで課税が終了する制度）や**総合課税**および**申告分離課税**を選択することができます。

申告不要制度を選択した場合の税率は20.315%（所得税15.315%、住民税5%）で、配当を受け取るときに源泉徴収されます。

例外

発行済株式の**3%**以上を保有している大株主が配当を受け取った場合は、**総合課税**のみとなっており、申告不要制度や申告分離課税は選択できません。

③配当所得の金額 ●ここが出る

配当所得 ＝ 配当収入金額 － 元本取得のための負債利子
（その株式等を取得するための借入金の利子）

●申告分離課税を選択した場合

　上場株式等に譲渡損失がある場合に、受取配当金と上場株式等の譲渡損失との損益通算が可能

> ケース　株式の譲渡損失が50万円、受取配当金が30万円ある場合、申告分離課税を選択して損益通算すると全体で20万円の損失になり、配当金の30万円には課税されなくなる

●総合課税を選択した場合

　確定申告することで、配当控除の適用を受けることが可能

★配当控除→4章4　所得控除と税額控除

配当所得の税制

```
                    ┌──▶ 申告不要制度を選択 ──▶ 20.315%税金が差し引かれて終了

配当金  ──────────────┼──▶ 申告分離課税を選択 ──▶ 上場株式等の譲渡損と損益通算できる

                    └──▶ 総合課税を選択 ──▶ 配当控除の適用を受けることが可能
```

※発行済上場株式の3%以上を保有している大株主の場合、総合課税のみ

間違えやすいポイント

投資信託でも公社債投資信託の分配金は利子所得、株式投資信託の分配金は配当所得になるので注意しましょう。

1章 ライフプランニング と資金計画

2章 リスク管理

3章 金融資産運用

4章 タックス プランニング

5章 不動産

6章 相続・事業承継

3 不動産所得

①不動産所得とは

　土地や建物、不動産上の権利、船舶・航空機などの貸付による所得のこと
をいいます。

②不動産所得の金額

　不動産所得の金額は以下の算式で計算します。

> 不動産所得の金額＝**総収入金額－必要経費**

　不動産所得を計算する上で、総収入金額と必要経費には以下のものが該当
します。

総収入金額と必要経費　◉ここが出る	
総収入金額	地代、家賃、駐車場の賃料、権利金、更新料、礼金、共益費など ※敷金・保証金のうち入居者に返還しないことが確定したものは総収入金額に含める
必要経費	減価償却費、土地・建物にかかる借入金利子、固定資産税、不動産取得税、火災保険料、募集広告費、管理費・修繕費など ※所得税や住民税および不動産に投資した元本は必要経費にならない ※親族に支払った家賃は必要経費にならない

③事業的規模の不動産の貸付け

　不動産貸付を**事業的規模**で行っていても、事業所得にはならず**不動産所得**
に該当します。◉ここが出る

なお、建物の貸付が事業的規模かどうかは**5棟・10室基準**によります。おおむね、家なら5棟以上、部屋なら10室以上の貸付を行っていると、事業的規模とみなされます。事業的規模の不動産所得がある場合、**青色申告特別控除**などの特典を受けることができます。

★青色申告制度→4章5　所得税の申告と納付

 不動産の貸付を事業的規模（家を5棟以上、または、部屋10室以上）で行っている場合でも、不動産の貸付による所得は事業所得にはならず、不動産所得になります。また、不動産を売買（譲渡）した場合は、不動産所得ではなく、譲渡所得になります。

④不動産所得の税制と損益通算 ●ここが出る

　不動産所得は**総合課税**の対象です。不動産所得に損失がある場合は、原則として他の所得と合算して損益通算できます。

　例外 不動産所得の損失のうち、**土地**を取得するための**負債利子**（借入金の利子）の金額は損益通算の対象にはなりません。

 建物を取得するための負債利子の金額は損益通算の対象になります。

〈例題〉
（不動産所得の損益通算）
総収入金額100万円、必要経費200万円（うち、土地を取得するために要した負債利子が30万円が含まれている）の場合、損益通算の対象となる金額はいくらか。

〈解答〉

必要経費200万円のうち、土地を取得するための負債利子30万円は
損益通算できないので、200万円から差し引く。

【損益通算される不動産所得】

100万円－（200万円－30万円）＝－70万円（70万円の損失）
損失額の70万円が他の所得の黒字の金額と損益通算される。

4 事業所得

①事業所得とは

農業、漁業、製造業、卸売業、小売業、サービス業など継続的に行う事業
から生じた所得が事業所得です。なお、事業用の固定資産（車両や機械装置
など）を譲渡した場合の所得は、事業所得ではなく譲渡所得です。

②税制

事業所得は、総合課税の対象です。事業所得は所得金額の多寡にかかわら
ず確定申告が必要です。

③事業所得の金額

事業所得＝総収入金額－必要経費

事業所得の収入と必要経費には以下のようなものが該当します。

1章 ライフプランニングと資金計画
2章 リスク管理
3章 金融資産運用
4章 タックスプランニング
5章 不動産
6章 相続・事業承継

総収入金額	事業により確定した売上、手数料収入など
必要経費	売上原価（商品などの仕入代金）、減価償却費、給料・賃金、接待交際費、家賃・水道光熱費等

④減価償却

　建物や車両およびパソコンなどの固定資産を購入した場合、これらの資産は、時間の経過により古くなると価値は減少していきます。この価値の減少分を使用する期間（耐用年数）に分けて費用として計上することを減価償却といいます。なお、土地は減価償却資産ではありません。

●減価償却の方法

　減価償却は、定額法か定率法を選択し、所轄の税務署長に届け出ます。ただし、1998年4月1日以後に取得した建物や2016年4月1日以後に取得した建物付属設備および構築物（水道や橋など）は定額法のみです。

減価償却の方法

定額法	毎年、同じ額を減価償却費として計上していく
定率法	毎年、資産の残額に一定割合を掛けて、減価償却費を計算する

> **ケース**　5,000万円の賃貸アパートを購入し、定額法の償却率が0.05の場合、1年間で必要経費に算入できる減価償却費の金額は5,000万円×0.05＝250万円となる（毎年250万円を必要経費として計上）。

	1年目	2年目	3年目	4年目
減価償却	250万円	250万円	250万円	250万円
残額	4750万円	4500万円	4250万円	4000万円

●法定償却法

定率法か定額法のどちらかを選択しなかった場合、不動産を除いて法人は**定率法**、個人事業主の場合は**定額法**で計算します。

●取得価額による減価償却資産の処理方法の違い

少額減価償却資産（取得価額が**10万円未満**または使用可能期間が**1年未満**）や10万円以上20万円未満の**一括償却資産**については、下記の方法で損金経理することで**必要経費**として処理することができます。

減価償却資産 と 処理方法

	減価償却資産の内容	処理方法
少額減価償却資産	10万円未満（または使用可能期間が1年未満）の資産	取得時に**全額**費用として計上（損金算入）できる
一括償却資産	10万円以上20万円未満の資産	合計額を**3年間**で3分の1ずつ均等償却できる **ケース** 1年間に10万円、17万円、18万円の減価償却資産を購入した場合、合計額の45万円の3分の1（15万円）を3年間にわたって必要経費にできる

5 給与所得

①給与所得とは

給料、賞与、役員報酬などの所得のほか、金銭以外の物での支給やその他の**経済的利益**（借金の返済を免除された場合や無利子での貸付および通常よりかなり低い金利で貸付を受けた場合の通常金利との差額など）も含まれます。

1章 ライフプランニングと資金計画

2章 リスク管理

3章 金融資産運用

4章 タックスプランニング

5章 不動産

6章 相続・事業承継

②税制

　給与所得は**総合課税**の対象です。ただし、給与所得以外の所得がない場合などは、**源泉徴収**のみで課税関係が終了し、確定申告をする必要はありません。源泉徴収された税額に過不足があった場合には、**年末調整**により精算されます。ただし、以下の場合は確定申告が必要です。

例外 （確定申告が必要な場合）

・給与所得者で年間の給与収入が**2,000万円**を超える場合

・**給与所得**および**退職所得**以外の所得金額の合計が**20万円**を超える場合

・医療費控除や配当控除の適用を受ける場合

・2か所以上から所得を受けている場合

★医療費控除、配当控除→4章4　所得控除と税額控除

③給与所得の金額

給与所得＝**給与収入金額－給与所得控除額**
　　　　　　（年収）　　　　　（最低55万円）

給与所得控除額の速算表

給与収入金額	控除額
162万5,000円以下	55万円
162万5,000円超180万円以下	収入金額×40％－10万円
180万円超360万円以下	収入金額×30％＋8万円
360万円超660万円以下	収入金額×20％＋44万円
660万円超850万円以下	収入金額×10％＋110万円
850万円超	195万円（上限）

※給与収入が55万円以下であれば、給与所得金額はゼロになります
※給与収入が103万円であれば、給与所得は48万円（103万円－55万円）になります

④所得金額調整控除（給与所得控除額の調整）

　給与等の収入金額が850万円を超える居住者で、以下の要件のどれかに該当する者の総所得金額を計算する場合には、給与等の収入金額から850万円を控除した金額の10%を給与所得の金額から控除します。

　（給与収入金額－850万円）×10%

　収入金額が1,000万円を超える場合には、1,000万円から850万円を控除した金額の10%を給与所得の金額から控除します。

　（1,000万円－850万円）×10%＝15万円（控除額の上限）

所得金額調整控除の要件

- ・本人が特別障害者（障害の程度が1級または2級）である
- ・年齢23歳未満の扶養親族がいる
- ・特別障害者である同一生計配偶者または扶養親族がいる

ケース　給与収入が1,500万円の場合の給与所得調整控除額

給与収入が1,000万円を超えているので、1,000万円から850万円を差し引いた金額の10%が控除額になる。

（1,000万円－850万）×10%＝15万円（上限）

15万円が給与所得金額から差し引かれる。

　なお、年末調整で所得金額調整控除の適用を受ける場合、「所得金額調整控除申告書」を提出する必要があります。

1章 ライフプランニングと資金計画

2章 リスク管理

3章 金融資産運用

4章 タックスプランニング

5章 不動産

6章 相続・事業承継

6 譲渡所得 ●ここが出る

①譲渡所得とは

譲渡所得とは、不動産（賃貸用の不動産も含む）や株式、ゴルフ会員権などの資産の譲渡による所得をいいます。

> **例外** ・棚卸資産（商品や製品）を譲渡した場合は事業所得
> ・山林を譲渡した場合は山林所得

②譲渡所得の区分と税制

譲渡所得は、譲渡した資産の種類によって総合課税と（申告）分離課税に分かれ、さらに譲渡するまでの所有期間によって短期譲渡所得と長期譲渡所得に分かれます。

分離課税と総合課税の区分 ●ここが出る

申告分離課税となる場合	・土地・建物等の譲渡 ・株式等の譲渡
総合課税となる場合	・上記以外の譲渡（金地金の譲渡など）

短期譲渡所得と長期譲渡所得の区分 ●ここが出る

申告分離課税	土地・建物等	譲渡した年の1月1日において、所有期間が5年以下	短期譲渡所得
		譲渡した年の1月1日において、所有期間が5年超	長期譲渡所得
	株式等	短期長期の区分はない	
総合課税	金地金等	所有期間が5年以下	短期譲渡所得
		所有期間が5年超	長期譲渡所得

> **ケース** 2018年6月に取得した土地を2023年7月に譲渡した場合、譲渡した時点では所有期間は5年を超えているが、2022年1月1日時点での所有期間は5年以下なので、短期譲渡所得になる。

なお、相続や贈与により取得した資産を譲渡した場合、取得日は亡くなった者（被相続人）または贈与した者（贈与者）が取得した日が、そのまま取得日になります。

③譲渡所得の金額
● 総合課税となる場合 ◉ここが出る

> 譲渡所得金額
> ＝総収入金額 −（取得費＋譲渡費用）−特別控除額（50万円）
>   ↓   ↓   ↓
>   売却代金   購入代金   売却時の手数料など

短期譲渡所得と長期譲渡所得の両方がある場合、特別控除の50万円はまず、短期譲渡所得から控除し、残りがあれば長期譲渡所得から控除します（全体で上限は50万円）。なお、長期譲渡所得はその2分の1の金額を総所得金額に算入し、短期譲渡所得金額がある場合はそのままの金額を総所得金額に算入します。

〈例題〉
以下の譲渡所得がある場合、特別控除後の所得金額はいくらか。
・短期譲渡所得　30万円　　　・長期譲渡所得　50万円

〈解答〉
特別控除額の50万円は、まず、短期譲渡所得の30万円から先に差し引く。20万円余るので、長期譲渡所得の50万円から差し引く。
結果、短期譲渡所得は0円、長期譲渡所得は30万円となる。

● **申告分離課税となる場合（土地・建物の譲渡）**

> 譲渡所得金額＝総収入金額－（取得費＋譲渡費用）－特別控除額
>
> （譲渡したものにより金額は異なる）

● **概算取得費** 〇ここが出る

　譲渡所得を計算する際、取得費が不明な場合や実際の取得費が収入金額の5%より少ない場合は、収入金額×5%を取得費とすることができます。これを概算取得費といいます。

④土地・建物の譲渡

　土地・建物等の譲渡については、短期譲渡所得となるのか、長期譲渡所得となるのかで税率が異なります。

> 短期譲渡所得の税額
>
> 　＝課税短期譲渡所得金額×39%（所得税30%、住民税9%）
>
> 　　　　　　　　　※復興税込みで39.63%

> 長期譲渡所得の税額
>
> 　＝課税長期譲渡所得金額×20%（所得税15%、住民税5%）
>
> 　　　　　　　　　※復興税込みで20.315%

⑤株式の譲渡（上場株式等）

　上場株式等の株式の譲渡については、短期譲渡所得と長期譲渡所得に区分けされておらず、また特別控除（50万円）もありません。

> 譲渡所得金額
>
> 　＝総収入金額－（取得費＋譲渡費用＋負債利子）
>
>
>
> 　　　　　　　委託手数料　　借入金で株を買った場合

1章 ライフプランニングと資金計画

2章 リスク管理

3章 金融資産運用

4章 タックスプランニング

5章 不動産

6章 相続・事業承継

間違えやすいポイント　概算取得費（収入金額の5%）は、頻繁に出題されています。

7 一時所得 ●ここが出る

①一時所得とは

　一時所得とは、営利を目的とした継続的な行為から発生した所得以外の所得です。

一時所得の例

・保険の満期保険金や解約返戻金
・契約者（保険料負担者）と保険金受取人が同じで、被保険者が第三者の場合の生命保険の死亡保険金
・懸賞金や賞金
・競輪や競馬の払戻金　など

②税制

　一時所得は、総合課税の対象です。

③一時所得の金額 計算 ●ここが出る

一時所得
＝総収入金額－収入を得るために支出した金額－特別控除額
（最高50万円）

一時所得を他の所得と合算する場合

一時所得がプラス（利益）

↓

2分の1の金額を
他の所得と合算する

一時所得がマイナス（損失）

↓

一時所得は無かったもの
となり、他の所得と損益
通算できない

〈例題①〉

保険料負担者と満期保険金の受取人が同一である養老保険の満期保険金等が以下のようであった。総所得金額に算入される金額はいくらか。

・満期保険金　500万円（一時所得）

・払込み保険料総額　300万円

〈解答〉

養老保険の満期保険金を保険料負担者が受け取った場合、一時所得の対象になります。

一時所得金額＝500万円−300万円−50万円＝150万円

総所得金額に算入される金額＝150万円×$\frac{1}{2}$＝75万円

〈例題②〉

2023年分の給与所得の金額が700万円、譲渡所得（総合課税の対象）の損失額が150万円、一時所得の損失額が30万円のとき、総所得金額はいくらか。

〈解答〉

700万円−150万円＝550万円

※一時所得の損失額（30万円）は他の所得と損益通算できません

1章
ライフプランニング
と資金計画

2章
リスク管理

3章
金融資産運用

4章
タックス
プランニング

5章
不動産

6章
相続・事業承継

実技試験を中心に、一時所得に損失がある場合の総所得金額を求める
問題がよく出題されています。

8　退職所得 ◉ここが出る

①退職所得とは

　退職所得とは、退職金、役員退職金、企業年金の退職一時金などです。確定拠出年金の老齢給付金を一時金として受取った場合は退職所得になります。

②税制

　退職所得は、**分離課税**の対象になります。

③退職所得の金額 📊計算

退職所得 ＝ （退職金 － 退職所得控除額）× $\dfrac{1}{2}$

↓

勤続年数により異なる

退職所得控除額の計算 📊計算

勤続年数	退職所得控除額の計算式
20年以下の場合	40万円×勤続年数（最低80万円）
20年超の場合	800万円＋70万円×（勤続年数－20年）

※勤続年数に**1年未満**の端数期間がある場合には**1年**と数えます◀

なお、勤続年数5年以下の一般従業員の退職所得は、退職金額から退職所得控除額を控除した残額のうち300万円を超える部分について、以下のように見直しされました。

$$退職所得＝（退職金－控除額－300万円）＋300万円×\frac{1}{2}$$

退職所得の追加ポイント ◉ここが出る

・退職者が「退職所得の受給に関する申告書」を提出していない場合、退職所得控除が適用されず、収入金額の20.42%（復興税込み）が源泉徴収されているので、退職者の住所地の税務署に確定申告し、税金を精算する必要がある
・退職時に「退職所得の受給に関する申告書」を提出している場合は、勤続年数に応じて税額が源泉徴収され、課税関係は終了する
・被相続人の死亡後、3年を経過した後で確定した死亡退職金は受け取った遺族の一時所得になる（3年以内に確定した場合は、相続税の対象となる）

●退職所得金額の計算例

〈例題〉
勤続年数が22年3か月の者が退職に伴い退職金2,000万円を受け取った場合の退職所得の金額はいくらか。

〈解答〉
勤続年数に端数がある場合は1年とするので、勤続年数は23年。
【退職所得控除額】800万円＋70万円×（23年－20年）＝1,010万円
【退職所得】（2,000万円－1,010万円）×$\frac{1}{2}$＝495万円

1章 ライフプランニングと資金計画

2章 リスク管理

3章 金融資産運用

4章 タックスプランニング

5章 不動産

6章 相続・事業承継

> **間違えやすいポイント** 退職所得の計算は最後に2分の1を掛けることを忘れないようにしましょう。

9 山林所得

①山林所得の税制

山林所得とは、山林の伐採または譲渡による所得です。

②税制

山林所得は、分離課税の対象です。

③山林所得の金額

山林所得＝総収入金額－必要経費－特別控除額（最高50万円）

④税額

山林所得の税額計算は、税金の額が少なくなるように、以下のような5分5乗方式で計算します。

税額＝（山林所得の金額×$\dfrac{1}{5}$×税率）×5

10 雑所得（他のいずれの所得にも該当しない所得）

①雑所得とは

　雑所得とは、他のいずれの所得にも該当しない所得で、**公的年金等（国民年金、厚生年金、企業年金など）の老齢給付金**、年金形式で受け取る退職金、個人年金の保険金、作家以外の人が受け取る原稿料・印税・講演料などをいいます。なお、**外貨預金の為替差益**や暗号資産（ビットコインなど）の取引による所得は、**雑所得**になります。

②税制

　雑所得は、**総合課税**の対象です。ただし、雑所得がマイナスの場合、他の所得と損益通算できず、雑所得は無かったものとされます。

③雑所得の金額

　雑所得の計算は、公的年金等とそれ以外の雑所得に分けて計算し、公的年金等の雑所得と公的年金等以外の雑所得を合計します。

> 雑所得＝公的年金等の雑所得＋公的年金等以外の雑所得

●**雑所得の計算式1** ●ここが出る

> 公的年金等の雑所得＝公的年金等の金額－**公的年金等控除額**

　公的年金等控除額は、受給者の年齢や公的年金等以外の所得金額に応じて控除額が異なります。

　具体的には、受給者の年齢が65歳未満なのか、65歳以上なのか、公的年金等以外の合計所得金額が1,000万円以下なのか、2,000万円以下なのか、2,000万円超あるのかに応じて控除されます。

公的年金等控除額（公的年金等以外の所得が1,000万円以下の場合）		
	公的年金等の額	控除額
65歳未満	公的年金等の額が130万円未満の場合	60万円
65歳以上	公的年金等の額が330万円未満の場合	110万円

※65歳未満の者は年間の公的年金額が60万円以下、65歳以上の者は110万円以下であれば、年金には所得税は課税されません

●雑所得の計算式2

公的年金等以外の雑所得＝公的年金等以外の雑所得金額－必要経費

問1 申告分離課税を選択した上場株式の配当金に係る配当所得は、所得税における配当控除の適用を受けることができる。【H30年1月】

問2 居住者が国内で支払を受ける預貯金の利子は、原則として、復興特別所得税を含む国税（　　　　）と地方税5%の税率により源泉徴収等される。【H28年5月】

1. 15%　　2. 15.315%　　3. 20.42%

問3 所得税において、賃貸マンションの貸付が事業的規模で行われていたとしても、この貸付による所得は、不動産所得となる。【H28年9月】

問4 下記の〈資料〉において、不動産所得の金額の計算上生じた損失のうち、他の所得の金額と損益通算が可能な金額は、40万円である。【28年1月】

〈資料〉不動産所得に関する資料

総収入金額：120万円
必要経費（土地等を取得するために要した負債の利子の額20万円を含む）：180万円

問5 不動産を賃貸する際に受け取った敷金（後に全額返還を要するもの）は、不動産所得の金額の計算上、総収入金額に含めない。【H25年5月】

問6 所得税において、減価償却資産の範囲に含まれない資産として（　　　　）が挙げられる。【H27年10月】

1. 土地　　2. 建物　　3. 機械および装置

問7 個人が賃貸アパートの敷地および建物を売却したことにより生じた所得は、不動産所得となる。【H27年5月】

問8 一時所得の金額の計算上生じた損失の金額は、他の各種所得の金額と損益通算することができない。【H30年1月】

問9 所得税において、一時所得の金額は、その年中の一時所得に係る総収入金額からその収入を得るために支出した金額の合計額を控除し、その残額から特別控除額（最高50万円）を控除した金額であり、その金額が総所得金額に算入される。【R2年1月】

問10 給与所得者が、34年9カ月間勤務した会社を定年退職し、退職金の支給を受けた。この場合、所得税の退職所得の金額を計算する際の退職所得控除額は、（　　　　）となる。【H28年1月】
1. 800万円＋40万円×（35年－20年）＝1,400万円
2. 800万円＋70万円×（34年－20年）＝1,780万円
3. 800万円＋70万円×（35年－20年）＝1,850万円

問11 給与所得者のうち、その年分の給与等の収入金額が2,000万円を超える者は、所得税の確定申告をしなければならない。【H30年1月】

問12 所得税における一時所得に係る総収入金額が1,200万円で、その収入を得るために支出した金額が500万円である場合、総所得金額に算入される金額は、（　　　　）である。【R2年9月】
1. 325万円　　2. 650万円　　3. 700万円

問13 公的年金等に係る雑所得の金額は、「（その年中の公的年金等の収入金額－公的年金等控除額）×$\frac{1}{2}$」の算式により計算される。
【H30年9月】

問14 不動産所得の金額の計算上生じた損失の金額のうち、不動産所得を生ずべき業務の用に供する土地を取得するために要した負債の利子の額に相当する部分の金額は、損益通算の対象とならない。
【R4年5月】

1章 ライフプランニングと資金計画
2章 リスク管理
3章 金融資産運用
4章 タックスプランニング
5章 不動産
6章 相続・事業承継

解答

1	×	2	2	3	○	4	○	5	○	6	1
7	×	8	○	9	×	10	3	11	○	12	1
13	×	14	○								

3 損益通算と繰越控除

重要度 ★★★

本節で学ぶこと

- **損益通算の仕組み**

  対象となる所得は「富士山上（ふ じ さんじょう）」で覚えておきましょう。

- **純損失の繰越控除**

  翌年以後3年間にわたって控除できます。

- **上場株式等に係る譲渡損失の繰越控除**

  繰越控除できる年数は翌年以後3年間です。

- **雑損失の繰越控除**

  確定申告することで控除できるという点が重要です。

1 損益通算の仕組み

　損益通算とは、複数の所得の中で、利益のある所得（プラスの所得）と損失が出ている所得（マイナスの所得）があった場合に、損失の所得金額を利益の所得金額から一定の順序に従って差し引くことをいいます。

①損益通算の対象 ●ここが出る

　次の4つの所得に**損失**がある場合は、給与所得や一時所得等の利益と損益通算できます。なお、**一時所得**や**雑所得**は損失（マイナス）であっても他の所得と**損益通算できません**。

●損益通算の対象となる所得

　　・(不)動産所得　　・(事)業所得　　・(山)林所得　　・(譲)渡所得

※給与所得、利子所得、退職所得などは原則として、損失が生じません

損益通算の対象となる所得は、ふ・じ・さん・じょう（不事山譲＝富士山上）と覚えましょう。

②損益通算の対象とならない「不事山譲」所得

　次の場合は、同じ種類の所得の範囲内であれば損益通算できますが、損失（マイナス）があっても給与所得などとは損益通算できません。

損益通算できない不事山譲所得 ◉ここが出る

・不動産所得の損失のうち、土地を取得するための借入れ金の利子（負債利子）。（なお、建物を取得するための負債利子は損益通算できる）
・生活に必要でない一定の資産（1個または1組の価格が30万円を超える貴金属や絵画およびゴルフ会員権や別荘）の譲渡損失
・株式等（株式投資信託を含む）の譲渡損失
　　例外　申告分離課税を選択した上場株式等の配当所得との損益通算できる
・一定の居住用財産を除く、土地・建物の譲渡損失
　　例外　自分の家やマンションなどの居住用住宅を譲渡したときの損失は損益通算できる

1章 ライフプランニングと資金計画

2章 リスク管理

3章 金融資産運用

4章 タックスプランニング

5章 不動産

6章 相続・事業承継

●損益通算の計算

〈例題〉

Aさんの各種所得金額が下記のとおりであった場合、損益通算後の総所得金額はいくらか。

- ・給与所得：　　　　　　　　　　　　　　　　500万円
- ・不動産所得：　　　　　　　　　　　　　　　300万円
- ・雑所得　：　　　　　　　　　　　　　　　▲50万円
- ・事業所得（株式等に係るものを除く）　　　▲200万円

〈解答〉

所得に損失があった場合に、損益通算できるのは、不動産所得、事業所得、山林所得、譲渡所得の4つです。したがって、雑所得の損失は損益通算できません。したがって、損益通算後の総所得金は、

500万円（給与所得）＋300万円（不動産所得）－200万円（事業所得）＝600万円

2 上場株式等に係る譲渡損失の繰越控除 ◉ここが出る

　証券会社を通じて上場株式等（非上場株式は対象外）を譲渡し、譲渡損が発生した場合、毎年、確定申告を行うことで翌年以後3年間にわたって、株式等の譲渡益などから繰越控除ができます。

ケース

- ・2020年中の株式等の譲渡損失　　▲100万円…… 繰越控除の対象
- ・2021年中の株式等の譲渡益　　　＋30万円 ⎫
- ・2022年中の株式等の譲渡益　　　＋20万円 ⎬ ＋100万円
- ・2023年中の株式等の譲渡益　　　＋50万円 ⎭

この場合、繰越控除を行うことにより、2021年以後3年間の譲渡益合計100万円と2020年の損失100万円が損益通算され、2021年から2023年までの譲渡益はなかったものとされ、税金は課税されません。繰越控除しなければ、2021年から2023年の各年の譲渡益に課税されます。

3 雑損失の繰越控除

火事や地震などの災害や盗難・横領など突然の災難で損害を被ったときの損失（雑損失という）が所得金額より多かった場合、所得金額から引ききれない金額は、確定申告することで、翌年以後、3年間にわたり損失を繰り越して控除できます。

 純損失の繰越控除は青色申告をしている者でないと受けられませんが、雑損失の繰越控除や上場株式等の譲渡損失の繰越控除は、確定申告することで、誰でも受けることができます。

1章 ライフプランニングと資金計画

2章 リスク管理

3章 金融資産運用

4章 タックスプランニング

5章 不動産

6章 相続・事業承継

過去問に挑戦！

問1　Aさんの平成30年分の各種所得の金額が下記の〈資料〉のとおりであった場合、損益通算後の総所得金額は（　　　）となる。なお、各種所得の金額に付されている「▲」はその所得に損失が生じていることを表すものとする。【H30年9月】

〈資料〉Aさんの平成30年分の各種所得の金額

不動産所得の金額	800万円
雑所得の金額	▲50万円
事業所得の金額（株式等に係るものを除く）	▲100万円

1．700万円　　2．750万円　　3．800万円

問2　ゴルフ会員権を譲渡したことによる譲渡損失の金額は、他の各種所得金額と損益通算することができない。【H29年1月】

問3　上場株式等に係る譲渡損失の金額は、（　　　）を選択した上場株式等に係る配当所得の金額と損益通算することができる。【H27年1月】

1．総合課税　　2．源泉分離課税　　3．申告分離課税

問4　所得税において、上場株式等の譲渡により生じた損失の金額のうち、その年に控除しきれない金額については、確定申告により、翌年以後最長（　　　）にわたって繰り越すことができる。【H24年9月】

1．3年間　　2．5年間　　3．7年間

問5　上場株式を譲渡したことによる損失の金額は、確定申告をすることによって、不動産所得などの他の所得金額と損益通算することができる。【R1年5月】

解答

1　1　　2　○　　3　3　　4　1　　5　×

1章 ライフプランニングと資金計画

2章 リスク管理

3章 金融資産運用

4章 タックスプランニング

5章 不動産

6章 相続・事業承継

4 所得控除と税額控除

重要度 ★★★

本節で学ぶこと

- **所得控除とは**
  課税される所得金額を少なくする制度で、物的控除と人的控除があります。

- **物的控除**
  医療費控除の対象と計算方法がよく問われます。

- **人的控除**
  配偶者控除・配偶者特別控除・扶養控除が特に重要です。

- **税額控除**
  配当控除と住宅ローン控除について、要件と計算式を覚えておきましょう。

1 所得控除とは

　所得税は、個人が1年間（1月1日から12月31日）に得た総収入金額から必要経費を差し引いた所得に対して課税されます。この金額を所得金額といいますが、実際には所得金額に直接税金がかかるわけではなく、所得金額から所得控除額を差し引いた課税所得金額に課税されます。

所得税を計算する流れ

・総所得金額等 − 所得控除額 = 課税所得金額

▼

・課税所得金額 × 所得税率 = 所得税額

所得控除とは、個人的な事情を考慮して、一定額を所得から控除して、課税される所得金額を少なくする制度のことです。

所得控除には、物的控除と人的控除があります。

所得控除の種類 📊	
物的控除 （7種類）	雑損控除、医療費控除、社会保険料控除、小規模企業共済等掛金控除、生命保険料控除、地震保険料控除、寄付金控除
人的控除 （8種類）	基礎控除、配偶者控除、配偶者特別控除、扶養控除、障害者控除、寡婦控除、ひとり親控除、勤労学生控除

2 物的控除

①雑損控除

雑損控除は、納税者や納税者と生計を一にする親族等（合計所得金額が48万円以下の親族）が災害、盗難、横領等により生活に必要な住宅や家財、現金などの資産に損失を受けた場合に認められます。

雑損控除の適用を受けるためには、確定申告が必要です。

●雑損控除の額

次の2つの金額のうち、多い方の金額が所得金額から控除されます。

・損失額 − 総所得金額等の合計額 × 10％

・災害関連支出 − 5万円

②医療費控除 ●ここが出る

　医療費控除とは、**納税者本人**や**納税者と生計を一にする配偶者・親族**のために納税者が支払った医療費の一定額が納税者の所得から控除されるものです。医療費控除の適用を受けるためには、会社員であっても、**確定申告**が必要です（会社の**年末調整**では適用できません）。

●医療費控除の額（控除額の上限は 200万円） 計算

> 控除額＝**（医療費－保険金等で払い戻される金額）－**
> 　　　　**（総所得金額等の額×5%と10万円のいずれか低い額）**

　したがって、総所得金額等が200万円を超える場合は、10万円を差し引くことになります。

●医療費控除の計算

〈例題〉

　Aさんが1年間に実際に支払った医療費の合計額は25万円である。また、Aさんは入院により医療保険から5万円の給付金を受け取っている。この場合の医療費控除額はいくらになるか。Aさんの総所得金額等は300万円とする。

〈解答〉

総所得金額等の5%と10万円を比較します。総所得金額等の5%は15万円（300万円×5%）なので、低い方の10万円が差し引かれます。

【医療費控除額】

＝25万円－5万円（医療保険から受け取った金額）－10万円

＝10万円

10万円がAさんの所得から控除されます。

1章 ライフプランニングと資金計画
2章 リスク管理
3章 金融資産運用
4章 タックスプランニング
5章 不動産
6章 相続・事業承継

対象になるもの	対象にならないもの
・医師、歯科医師による診療費など ・通院費（電車代・バス代などの公共交通機関を使った場合） ・人間ドックの費用 （健診で重大な疾病が発見され、治療した場合） ・医薬品の購入費 （病気予防のためのサプリメントなどの購入費は除く） ・出産費用（定期健診費も含む） ・病院に支払った食事代 ・義歯やインプラントの費用	・医師への謝礼金 ・未払い医療費 ・見舞客への接待費用 ・美容整形費 ・人間ドックの費用 （健診の結果、異常がなかった場合） ・めがねやコンタクトレンズの購入費（治療のため、医師の指導によって購入した場合は対象） ・トレーニングジムの費用などの健康増進のための費用 ・入院に伴う身の回り品の購入費

医療費控除の対象となる金額は、実際に支払った医療費のみで、治療を受けていても、未払いの代金は控除の対象にはなりません（実際に医療費を支払った年の控除の対象になります）。

③セルフメディケーション税制（医療費控除の特例）

　セルフメディケーション税制は、定期健康診断を受けているなどの一定の要件を満たした者が購入したスイッチOTC医薬品（病院で処方されていた医薬品の中で、一般の薬局でも購入できるようになったもの）の購入代金が年間で1万2,000円を超えた場合に、超えた金額を所得から控除できる制度です。控除額の上限は8万8,000円です。

　なお、納税者本人が生計を一にする親族のために購入したスイッチOTC医薬品の代金も含めることができます。

1章 ライフプランニングと資金計画

2章 リスク管理

3章 金融資産運用

4章 タックスプランニング

5章 不動産

6章 相続・事業承継

> ケース　対象となる医薬品の購入金額が年間で12万円の場合、1万2,000円を超えた金額は10万8,000円ですが、この場合、上限の8万8,000円が所得から控除される。

　一般の医療費控除とセルフメディケーション税制は**いずれか一方のみ**適用可能です。

④社会保険料控除 ●ここが出る

　納税者が納税者本人や生計を一にする配偶者・親族が負担するべき公的年金の保険料や、健康保険料などの社会保険料を支払った場合に、その**全額**が社会保険料控除の対象になります。なお、控除額に**上限**はありません。

⑤寄付金控除（寄付金の額が2,000円以上の場合）

　国や地方公共団体への特定寄付金や赤十字などの特定公益社団法人への寄付金、政治資金規正法の規定する政党への寄付金、国税庁**認定NPO**法人に対する寄付のうち、一定額が寄付金控除の対象になります。なお、ふるさと納税も寄付金控除の1つです。

　ふるさと納税では、年収**2,000万円**以下の者で1年間で**5つ**までの自治体に寄付し、**ワンストップ特例制度**を利用することで確定申告が不要になります。

⑥その他の物的控除

控除の種類	概要
小規模企業共済等掛金控除	掛金の**全額**が控除の対象 ※小規模企業共済の掛金や**個人型確定拠出年金**（iDeCo）の掛金などが対象
生命保険料控除等	生命保険料控除、個人年金保険料控除、介護医療保険料控除の３つ。控除額の上限は合計で**12万円** ※会社の年末調整で適応可能
地震保険料控除	保険料全額（上限は**5万円**）が控除される ※会社の年末調整で適応可能

3 人的控除

①配偶者控除 ⊙ここが出る

　配偶者控除とは、納税者に控除の対象となる配偶者がいる場合に、一定の金額の所得控除が受けられるものです。

　控除額は、納税者の合計所得金額により３段階になっています。

　配偶者の要件は、同一生計で、合計所得金額が**48万円**（給与収入のみの場合、年収103万円）以下となっています。配偶者の合計所得金額が48万円以下で、納税者本人の合計所得金額が900万円以下であれば、38万円控除されます。

●年収と合計所得金額

　給与収入金額（年収）の103万円と合計所得金額の48万円は同じ意味になります。給与収入金額（年収）の103万円から給与所得控除額の55万円を差し引いた48万円のことを合計所得金額といいます。

配偶者控除の額

納税者の合計所得金額	控除額	
	配偶者控除	老人控除対象配偶者 （70歳以上の者）
900万円以下	38万円	48万円
900万円超950万円以下	26万円	32万円
950万円超1,000万円以下	13万円	16万円

●配偶者控除を受けられない場合

・納税者本人の合計所得金額が1,000万円超の場合
・配偶者が青色事業専従者給与の対象となっている場合

★青色事業専従者給与→4章5　所得税の申告と納付

②配偶者特別控除 ◉ここが出る

　配偶者の合計所得金額が48万円を超えても、133万円以下であれば、配偶者の合計所得金額に応じて、一定金額の所得控除が受けられる場合があります。これを配偶者特別控除といいます。

　配偶者の合計所得金額が95万円以下で、納税者の合計所得金額が900万円以下であれば、配偶者特別控除として最高38万円控除されます。

　さらに、納税者の合計所得金額が1,000万円以下であれば、配偶者の合計所得金額に応じて、次の金額が控除されます。

配偶者特別控除の額

納税者の合計所得／配偶者の合計所得	900万円以下	900万円超950万円以下	950万円超1,000万円以下
48万円超95万円以下	38万円	26万円	13万円
95万円超100万円以下	36万円	24万円	12万円
100万円超105万円以下	31万円	21万円	11万円
105万円超110万円以下	26万円	18万円	9万円
110万円超115万円以下	21万円	14万円	7万円
115万円超120万円以下	16万円	11万円	6万円
120万円超125万円以下	11万円	8万円	4万円
125万円超130万円以下	6万円	4万円	2万円
130万円超133万円以下	3万円	2万円	1万円

●配偶者特別控除を受けられない場合

・納税者本人の合計所得金額が**1,000万円超**の場合
・配偶者が**青色事業専従者給与**の対象となっている場合

　なお、要件を満たしていても配偶者控除と配偶者特別控除の適用を同時に受けることはできません。

●配偶者控除と配偶者特別控除のイメージ
（納税者本人の合計所得が900万円以下のケース）

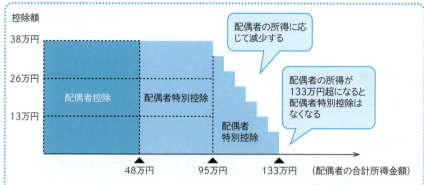

配偶者の給与収入金額が103万円（合計所得金額で48万円）を越えても、納税者の合計所得金額が900万円以下であれば、配偶者特別控除として38万円控除されます。ただし、配偶者の合計所得金額が95万円を越えると、控除額は除々に減少し、133万円を超えると控除されなくなります。

③扶養控除

　扶養控除とは、納税者本人に生計を一にする扶養親族がいる場合に、納税者の所得から一定額が控除されるものです。控除の対象となるのは、合計所得金額が 48万円以下（年収103万円以下）の扶養親族です。

扶養控除額　計算　●ここが出る

対象となる扶養親族	控除額
16歳未満	なし
16歳以上19歳未満	38万円
19歳以上23歳未満（特定扶養親族）	63万円
23歳以上70歳未満	38万円
70歳以上（老人扶養親族）	同居でない場合　48万円 同居の場合　58万円

※年齢は12月31日現在

間違えやすいポイント 扶養控除の要件に納税者本人の所得制限はありません。納税者の所得の多寡にかかわらず、扶養親族が要件を満たしていれば控除を受けることができます。

間違えやすいポイント 扶養親族ごとの控除額は覚えましょう（「16歳未満」と「19歳以上23歳未満」に注意）。

④寡婦控除

　寡婦とはひとり親に該当せず、以下の要件のどちらかに該当する者をいい、27万円控除されます。

> ・夫と離婚した後、婚姻をしていない者で、扶養親族がおり、合計所得金額が500万円以下の者
> ・夫と死別し、その後、再婚をしていない者で、合計所得金額が500万円以下の者（この場合は、扶養親族の有無は問わない）

⑤ひとり親控除

　ひとり親とは、婚姻をしていない一定の者のうち、以下の3つの要件すべてに該当する者をいい、35万円が控除されます。

> ・その人と事実上婚姻関係と同様の関係にある者がいないこと
> ・生計を一にする総所得金額等が48万円以下の子がいること
> ・合計所得金額が500万円以下であること

⑥勤労学生控除

　本人が勤労学生（働きながら大学などに通っている者）かつ原則、合計所得金額が75万円以下の場合に27万円の控除ができます。

1章 ライフプランニングと資金計画

2章 リスク管理

3章 金融資産運用

4章 タックスプランニング

5章 不動産

6章 相続・事業承継

⑦障害者控除

納税者**本人または配偶者、扶養親族**が障害者である場合に、一般障害者の場合27万円、特別障害者（障害等級1級など）の場合は40万円控除できます。なお、特別障害者と同居している場合は控除額が75万円になります。

⑧基礎控除

原則、一定所得内であれば無条件で受けることができる控除です。控除額は合計所得金額に応じて異なり、2,500万円を超えると適用されません。なお、控除額の上限は48万円です。

基礎控除の額

合計所得金額	基礎控除額
2,400万円以下	48万円
2,400万円超2,450万円以下	32万円
2,450万円超2,500万円以下	16万円
2,500万円超	―

4 税額控除

課税総所得に税率を掛けて算出した所得税額から、さらに一定額を差し引くことができます。これを税額控除といいます。

所得控除が所得金額から一定額を差し引くのに対して、税額控除は税額から直接差し引くものです。主な税額控除には、配当控除、住宅ローン控除などがあります。

> 納税額＝所得税額－（税額控除額＋給与等から源泉徴収された金額）

①配当控除

　国内の法人（上場企業）から受ける利益の配当などについては、すでに法人が法人税を支払っているため、その配当を受け取った個人に所得税が課税されると二重課税になってしまいます。

　そこで、配当控除によって所得税額から配当控除額を差し引くことで、この調整を行っています。

● **配当控除の計算式（所得税の配当控除額）**

> ・課税総所得金額が1,000万円以下の場合　　　　配当金額×10%
> ・課税総所得金額が1,000万円超の場合
> 　　　　　　1,000万円超の部分に含まれる　配当金額× 5%
> 　　　　　　1,000万円以下の部分に含まれる配当金額×10%

● **配当控除を受けるための要件** ◉ここが出る

　総合課税を選択することが必要です。申告不要制度や申告分離課税を選択した場合、配当控除の適用を受けることはできません。

間違え やすい ポイント

配当控除は、総合課税を選択しないと適用されません。また、外国株式の配当金や国内上場不動産投資信託（J-REIT）から受ける収益の分配金には適用されないので注意しましょう。

②住宅ローン控除（住宅借入金等特別控除） ここが出る

　住宅ローン控除とは、個人が住宅ローンを利用して一定要件を満たした住宅（敷地も含む）や新耐震基準を満たした中古住宅（1982年1月以降に建てられたもの）を取得または増改築した場合に、税額控除を受けることができる制度です。

●住宅ローン控除の計算式

> 住宅ローン控除額＝住宅借入金等の年末時点の残高×控除率

●控除額

住宅ローン控除額（2022年・2023年中に入居した場合）

	年末のローン残高（限度額）	控除期間	控除率	最大年間控除額（13年間の合計）
一般住宅	3,000万円	13年	0.7%	21万円（273万円）
認定優良住宅	5,000万円			35万円（455万円）

※一般住宅の場合の最大年間控除額：3,000万円(年末残高)×0.7％＝21万円

●住宅ローン控除を受けるための要件 ここが出る

住宅の要件

- 居住用住宅であること（店舗併用住宅である場合は、床面積の2分の1以上が自己の居住用であること）
- 床面積が40㎡以上であること
- 増改築の場合は、工事費等が100万円超であること

1章 ライフプランニングと資金計画
2章 リスク管理
3章 金融資産運用
4章 タックスプランニング
5章 不動産
6章 相続・事業承継

・控除を受ける年の合計所得金額が2,000万円以下であること。ただし、床面積が40㎡以上50㎡未満の物件については、合計所得金額が1,000万円以下の者に限定

・返済期間が10年以上の住宅ローンを利用していること

・原則として取得または増改築した日から6か月以内に入居し、適用を受ける年の12月31日まで引き続き居住していること

・入居年およびその前後各2年、計5年間において居住用財産の譲渡の特例の適用を受けていないこと

・繰上げ返済により、住宅ローンの返済期間が当初の借入の日から10年未満となった場合は、以後の適用はできなくなる

・適用を受けるためには、必ず初年度に確定申告しなければならない（給与所得者の場合は、2年目以後は会社の年末調整で適用可能）

・入居後、転勤で居住できない場合は適用できなくなるが、適用期間内に再入居すると、一定の条件を満たしていれば残りの期間も適用可能

なお、中古住宅の場合、控除期間や限度額が新築住宅と異なります。

住宅ローン控除額（新耐震基準を満たした中古住宅の場合）

	年末のローン残高（限度額）	控除期間	控除率	最大年間控除額（10年間の合計）
一般住宅	2,000万円	10年	0.7%	14万円（140万円）
認定優良住宅	3,000万円			21万円（210万円）

過 去 問 に 挑 戦 ！

1章 ライフプランニングと資金計画

2章 リスク管理

3章 金融資産運用

4章 タックスプランニング

5章 不動産

6章 相続・事業承継

問1 所得税における医療費控除の控除額は、その年中に支払った医療費の金額の合計額（保険金等により補てんされる部分の金額を除く）が、その年分の総所得金額等の合計額の5%相当額または（　　　）のいずれか低いほうの金額を超える部分の金額（最高200万円）である。【H30年1月】
　　1. 5万円　　　2. 10万円　　　3. 20万円

問2 所得税において、人間ドックの受診費用は、その人間ドックによって特に異常が発見されなかった場合であっても、医療費控除の対象となる】。【R1年9月】

問3 所得税において、（　　　）は、医療費控除の対象とならない。【H26年5月】
　　1. 医師の診療を受けるためのバス代等の通院費用
　　2. 入院の際の洗面具等の身の回り品の購入費用
　　3. 風邪の治療に必要な風邪薬の購入費用

問4 納税者が本人と生計を一にする配偶者その他の親族の負担すべき社会保険料を支払った場合であっても、社会保険料控除として、その支払った金額を総所得金額等から控除することができない。【H28年5月】

問5 納税者の配偶者が青色事業専従者として給与の支払を受けている場合、その配偶者は所得税における控除対象配偶者とならない。【H28年5月】

問6 所得税において、配当控除は、所得控除に該当する。【H28年9月】

問7 所得税において、住宅借入金等特別控除の適用を受けようとする者のその年分の合計所得金額が2,000万円を超えるときは、この適用を受けることができない。【H28年9月】

問8 年末調整の対象となる給与所得者が所得税の住宅借入金等特別控除の適用を受ける場合、初めて適用を受ける年分については確定申告をする必要があるが、その翌年以降の年分については年末調整によることができる。【H27年9月】

問9 所得税の住宅借入金等特別控除の対象となる借入金は、住宅の取得等のための一定の借入金で、契約において償還期間が（　　　）以上の分割により返済されるものである。【H26年9月】
　1. 5年　　2. 10年　　3. 20年

問10 セルフメディケーション税制（医療費控除の特例）に係るスイッチOTC医薬品の購入費（特定一般用医薬品等購入費）を支払った場合、所定の要件を満たせば、通常の医療費控除との選択により、最高10万円の医療費控除の適用を受けることができる。【H30年9月】

問11 納税者の合計所得金額が1,000万円を超えている場合、配偶者の合計所得金額の多寡にかかわらず、所得税の配偶者控除の適用を受けることはできない。【R1年5月】

問12 所得税において、個人が確定拠出年金の個人型年金に加入し、拠出した掛金は、社会保険料控除の対象となる。【R2年9月】

問13 年末調整の対象となる給与所得者は、年末調整により、（　　　）の適用を受けることができる。【R2年9月】
　1. 雑損控除　　2. 医療費控除　　3. 生命保険料控除

問14 所得税において、その年の12月31日時点の年齢が16歳未満である扶養親族は、扶養控除の対象となる控除対象扶養親族に該当しない。【R5年1月】

解答

1	2	2	×	3	2	4	×	5	○	6	×
7	○	8	○	9	2	10	×	11	○	12	×
13	3	14	○								

5 所得税の申告と納付

重要度 ★★★

本 節 で 学 ぶ こ と

- **源泉 徴 収 制度**
  げんせんちょうしゅう
  源泉徴収票に記載された数値を読み解く問題が出題されます。

- **確定申告制度**
  確定申告によって還付が受けられるケースを覚えておきましょう。

- **青色申告制度**
  申告の要件と、申告の特典（青色申告特別控除の65万円など）がよく問われます。

 源泉徴収制度

①源泉徴収とは

　所得税は原則、申告納税方式です。しかし、給与所得者については、会社が給与から一定額を天引きし、翌月の10日までに納付する源泉徴収制度があります。

　給与所得以外に利子所得、配当所得、退職所得、公的年金などにも源泉徴収制度が採用されています。

　なお、会社員の給与所得については、源泉徴収された所得税に過不足がある場合は会社の年末調整で精算されます。

②源泉徴収票

　会社員などの給与所得者の場合、年末調整後に、1年間の給与の金額や源泉徴収された金額などが記載された源泉徴収票を給与支払者（会社）から受け取ります。

※確定申告する場合、確定申告書に源泉徴収票の添付は不要になりました

✏ ここも大事

年末調整とは、会社員などの給与所得者が毎月給与から天引き（源泉徴収）されている所得税について、会社が12月にその過不足を精算し、1年間の所得税を確定すること。年末調整によって個人の確定申告は不要になるが、医療費控除などを受けるためには確定申告が必要になる。なお、会社員の場合、年末調整の際に生命保険料控除証明書や地震保険料控除証明書を勤務先に提出することで、生命保険料控除や地震保険料控除の適用を受けることができる

所得税額速算表

課税所得金額	税率	控除額
195万円未満	5%	0万円
195万円以上330万円未満	10%	9万7,500円
330万円以上695万円未満	20%	42万7,500円
695万円以上900万円未満	23%	63万6,000円
900万円以上1,800万円未満	33%	153万6,000円
1,800万円以上4,000万円未満	40%	279万6,000円
4,000万円以上	45%	479万6,000円

※課税所得金額が350万円の場合、所得税額は350万円×20%－42万7,500円＝27万2,500円になる

※上記の所得税率に復興税が2.1%付加されている

①給与等の総額　②給与所得控除後の金額　③社会保険料控除や配偶者控除等の合計額　④すでに差し引かれた所得税（復興税込み）の額

令和○○年分　給与所得の源泉徴収票

支払を受ける者	住所又は居所	東京都港区○○○		

（受給者番号）

個人番号　1 2 3 4 5 6 7 8 9 0 1 2

（役職名）

氏名　（フリガナ）アズマ タロウ　東 太郎

種別	支払金額	給与所得控除後の金額	所得控除の額の合計額	源泉徴収税額
給料・賞与	内 6 500 000 円	4 760 000 円	2 518 715 円	内 126 600 円

（源泉）控除対象配偶者の有無等		配偶者（特別）控除の額	控除対象扶養親族の数（配偶者を除く。）						16歳未満扶養親族の数	障害者の数（本人を除く。）				非居住者である親族の数
有	従有	老人		特定		老人		その他			特別		その他	
○		380 000		人 従人	内	人 従人	内	人 従人	人	内 人		人	人	人
				1										

社会保険料等の金額	生命保険料の控除額	地震保険料の控除額	住宅借入金等特別控除の額
内 898 715 円	80 000 円	50 000 円	円

（摘要）

生命保険料の金額の内訳	新生命保険料の金額 150,000 円	旧生命保険料の金額 円	介護医療保険料の金額 円	新個人年金保険料の金額 110,000 円	旧個人年金保険料の金額 円
住宅借入金等特別控除の額の内訳	住宅借入金等特別控除適用数	居住開始年月日（1回目） 年 月 日	住宅借入金等特別控除区分（1回目）	住宅借入金等年末残高（1回目） 円	
	住宅借入金等特別控除可能額	居住開始年月日（2回目） 年 月 日	住宅借入金等特別控除区分（2回目）	住宅借入金等年末残高（2回目） 円	

（源泉・特別）控除対象配偶者	（フリガナ）アズマ ユウコ　氏名　東 祐子	区分	配偶者の合計所得 500,000 円	国民年金保険料等の金額 円	旧長期損害保険料の金額 円
	個人番号 1 2 3 4 5 6 7 8 9 0 1 3				

控除対象扶養親族	1	（フリガナ）アズマ イチロウ　氏名　東 一郎	区分		16歳未満の扶養親族	1	（フリガナ）　氏名　東 愛	区分	（備考）
		個人番号 1 2 3 4 5 6 7 8 9 0 1 4							
	2	（フリガナ）　氏名	区分			2	（フリガナ）　氏名	区分	
		個人番号							
	3	（フリガナ）　氏名	区分			3	（フリガナ）　氏名	区分	
		個人番号							
	4	（フリガナ）　氏名	区分			4	（フリガナ）　氏名	区分	
		個人番号							

未成年者	外国人	死亡退職	災害者	乙欄	本人が障害者		寡婦		寡夫	勤労学生	中途就・退職				受給者生年月日					
					特別	その他	一般	特別			就職	退職	年	月	日	明 大 昭 平	年	月	日		

支払者	個人番号又は法人番号		（右詰で記載してください。）
（税務署提出用）	住居（居所）又は所在地		
	氏名又は名称		（電話）
	整理欄		

⑤配偶者控除の対象となる配偶者　　配偶者控除または配偶者特別控除の額　　⑥扶養控除の対象者の数　　　各種控除の額

1章 ライフプランニングと資金計画
2章 リスク管理
3章 金融資産運用
4章 タックスプランニング
5章 不動産
6章 相続・事業承継

●前ページの源泉徴収票の見方 ◉ここが出る

①会社からの給与等の総額は650万円

②給与所得控除後の金額（給与所得）は、「給与等の総額−給与所得控除額」より、476万円（4章2の給与所得控除の速算表より）

給与所得控除額＝650万円×20％＋44万円＝174万円

650万円−174万円＝476万円

　東さんの給与総額は650万円で、850万円以下なので所得金額調整控除は適用されません。仮に東さんの給与総額が900万円であったとすると、東さんには年齢23歳未満の扶養親族（源泉徴収票に特定扶養親族が1人いることが表記されている）がいるので、所得金額調整控除が適用され、（900万円−850万円）×10％＝5万円が給与所得控除後の金額から差し引かれます。

---

③所得控除額の合計　251万8,715円

　東さんには、⑤配偶者特別控除（38万円）の対象となる妻、⑥特定扶養控除（63万円）の対象となる子が1人おり、その他社会保険料控除（89万8,715円全額が控除対象）、新生命保険料控除（4万円）と新個人年金保険料控除（4万円）の計8万円、地震保険料控除（5万円）があるので、これに基礎控除（東さんの合計所得金額は2,400万円以下なので、基礎控除の額は48万円）を加えた金額が所得控除額の合計になります。

ケース　所得控除額の算出

38万円（配偶者特別控除）＋63万円（特定扶養控除）＋89万8,715円（社会保険料控除）＋8万円（新生命保険料控除・新個人年金保険料控除との合計）＋5万円（地震保険料控除）＋48万円（基礎控除）＝251万8,715円

・基礎控除の額は源泉徴収票には記載されていないので、忘れないようにしましょう
・源泉徴収票の見方を理解しておきましょう

③源泉徴収税額の考え方

このケースでは、給与所得控除後の金額476万円から所得控除額の合計251万8,715円を差し引いた224万1,285円が課税対象金額です。

この金額に所得税率をかけて所得税額を算出します。

前掲の速算表より224万1,285円×10％－9万7,500円＝12万6,600円（100円未満切り捨て）となります。

2 確定申告制度

確定申告とは、納税者が1月1日から12月31日までの1年間の所得額を算出して、実際に納付すべき所得税の額や還付を受ける所得税の額を確定し、申告・納税する制度のことです。

①申告時期

所得税の確定申告書は、所得が生じた年の翌年2月16日から3月15日までの期間に住所地の所轄税務署に提出します。

また、インターネットで確定申告できます（e-Taxという）。

②所得税の納付

所得税は原則として確定申告書の提出期限（2月16日から3月15日）までに現金によって納付（通常、金融機関を通じての振込み）します。納付が遅れた場合には延滞税が発生します。

③確定申告が必要なケース

　通常、会社員などの給与所得者では源泉徴収された金額を年末調整で精算すれば確定申告の必要はありませんが、次のような場合には確定申告が必要です。

確定申告が必要なケース　👁ここが出る

- ・年間給与等の額が **2,000万円** を超える場合
- ・給与所得および退職所得以外の所得金額が **20万円** を超える場合
- ・2か所以上から給与等を受けている者で一定の要件に該当する場合

④確定申告により税金の還付が受けられるケース

給与所得者が確定申告により還付が受けられる主なケース　👁ここが出る

- ・**配当控除**、**医療費控除**、セルフメディケーション税制、**雑損控除**、**寄付金控除** を受ける場合
- ・住宅ローン控除を受ける場合（**初年度のみ**。2年目以後は **年末調整** で還付される）
- ・退職時に「退職所得の受給に関する申告書」を提出しなかった人で、徴収された税額が計算上の金額よりも多い場合

給与所得者であっても、住宅ローン控除の適用を受ける場合、<u>初年度</u>は必ず確定申告が必要です。2年目以降は会社の年末調整で適用可能です。

間違えやすいポイント

医療費控除またはセルフメディケーション税制の適用を受ける場合、給与所得者であっても確定申告が必要です。年末調整では適用されません。

1章 ライフプランニングと資金計画

2章 リスク管理

3章 金融資産運用

4章 タックスプランニング

5章 不動産

6章 相続・事業承継

⑤修正申告と更正の請求

確定申告した内容に間違いがあった場合には、修正申告や更正の請求を行う必要があります。

修正申告と更正の請求

修正申告 （過少申告）	・申告した税額が実際の税額より少なかった場合に行う ・原則として、過少申告加算税がかかる
更正の請求 （過大申告）	・申告した税額が実際の税額より多かった場合に行う ・5年以内に申告することで、税金の還付（払戻し）を受けることができる

⑥準確定申告 ●ここが出る

亡くなった者に所得があった場合、相続人は相続があったことを知った日の翌日から**4か月以内**に、亡くなった者の所得を申告しなければなりません。これを**準確定申告**といいます。

3 青色申告制度

青色申告制度とは、個人事業主等が正規の簿記の原則（正確な会計帳簿を作成するためのルール）にしたがって貸借対照表や損益計算書を作成し、それに基づき所得額などを申告する場合に、**青色申告者**として様々な特典を受けることができる制度のことです。

青色申告の際に備え付ける帳簿書類（現金出納帳など）は、**7年間**保存しておかなければなりません。なお、青色申告以外の個人事業主の確定申告を白色申告といいます。

①青色申告できる所得 ◉ここが出る

不動産所得・**事業所得**・**山林所得**のいずれかの所得がある者は、事業規模にかかわらず承認を受けて青色申告を行うことができます。

青色申告できる所得は、ふ・じ・さん（富士山）（不動産所得、事業所得、山林所得）と覚えましょう。

②青色申告の要件 ◉ここが出る

青色申告の要件（個人事業主の場合）

・青色申告をしようとする年の**3月15日**（その年の1月16日以後に事業を開始する場合は開始後**2か月以内**）までに「**青色申告承認申請書**」を税務署に提出し承認を受けること
・原則として**正規の簿記の原則**にしたがって取引を記帳し、その記録に基づき申告書を作成すること

③青色申告の主な特典

青色申告をすることで、**青色申告特別控除**または**青色事業専従者給与の必要経費への算入**、**純損失の繰越控除**などの特典を受けることができます。

●青色申告特別控除 ◉ここが出る

青色申告の要件を満たし、**事業的規模の不動産所得**または**事業所得**がある場合、「**青色申告特別控除**」として、原則、**55万円**（申告期限後に申請した場合および山林所得の場合は**10万円**）を控除できます。

なお、55万円の青色申告特別控除の要件を満たした者が、電子情報処理組織（e-Tax）を利用して申告した場合や帳簿を電子データで保存するなどの条件を満たした場合、青色申告特別控除額は、**65万円**となります。

1章 ライフプランニングと資金計画

2章 リスク管理

3章 金融資産運用

4章 タックスプランニング

5章 不動産

6章 相続・事業承継

青色申告特別控除の概要

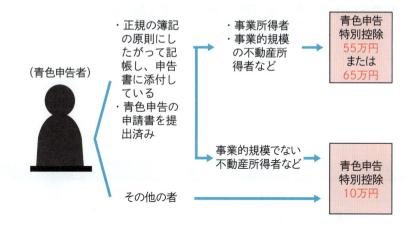

事業的規模の不動産所得 📖 ここも大事

事業的規模の不動産所得とは、家なら5棟以上、部屋なら10室以上の貸付けによる賃貸収入をいいます。

★不動産所得→4章2 所得の種類と内容

●青色事業専従者給与の必要経費への算入 👁ここが出る

青色申告者が生計を一にしている親族に給与を支払っている場合、**青色事業専従者給与**として**全額（適正な範囲内）**を**必要経費**に算入できます。

ただし、青色事業専従者給与の対象となった者（青色事業専従者）は、**配偶者控除**、**配偶者特別控除**、**扶養控除**の対象にはなりません。

なお、不動産所得者の場合、**事業的規模**でなければ、青色事業専従者給与の対象とならず、青色申告特別控除も**10万円**になります。

●純損失の繰越控除 👁ここが出る

個人事業主が青色申告を選択していた年に生じた損失で、損益通算した結果、その年の所得金額より損失の方が多く、控除しきれず残った損失のことを**純損失**といいます。純損失は翌年以後**3年間**にわたり繰越控除できます。

・純損失の繰越控除とは、青色申告することで損失額を**翌年以後３年間**にわたって各年の所得から控除すること

・繰越控除の適用を受けるためには、**青色申告書**を提出し、毎年、申告をする必要がある

参考：所得税額、所得控除、税額控除のイメージ

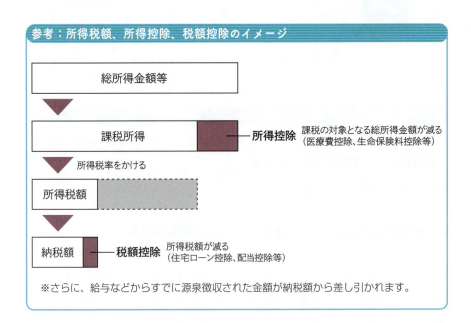

※さらに、給与などからすでに源泉徴収された金額が納税額から差し引かれます。

過去問に挑戦！

問1　年末調整の対象となる給与所得者は、年末調整の際に、所定の書類を勤務先に提出することにより、（　　　）の適用を受けることができる。【H30年9月】
1. 寄附金控除　　2. 生命保険料控除　　3. 雑損控除

問2　給与所得者のうち、その年分に支払を受けるべき給与の収入金額が1,000万円を超える者は、所得税の確定申告をしなければならない。【R2年1月】

問3　その年の1月16日以後新たに業務を開始した居住者が、その年分から所得税の青色申告の承認を受けようとする場合、原則としてその業務を開始した日から（　　　）以内に、「青色申告承認申請書」を納税地の所轄税務署長に提出しなければならない。
【R1年9月】
1. 2カ月　　2. 3カ月　　3. 6カ月

問4　所得税の確定申告をしなければならない者は、原則として、所得が生じた翌年の2月16日から3月15日までの間に、納税地の所轄税務署長に対して確定申告書を提出しなければならない。
【R1年9月】

問5　不動産所得のみを有する青色申告者は、その事業の規模にかかわらず、最高65万円の青色申告特別控除の適用を受けることができる。【R3年1月】

問6　所得税において、青色申告者に損益通算してもなお控除しきれない損失の金額（純損失の金額）が生じた場合、その損失の金額を翌年以後最長で5年間繰り越して、翌年以後の所得金額から控除することができる。【R4年9月】

解答

| 1 | 2 | 2 | × | 3 | 1 | 4 | ○ | 5 | × | 6 | × |

6 個人住民税

本 節 で 学 ぶ こ と

- **個人住民税**
  均等割、所得割といった用語を理解しておきましょう。

1 個人住民税

個人住民税には道府県民税と市町村民税があります。一般的に、これらを総じて住民税といいます。

①納税義務者

その年の**1月1日**現在の住所地の個人の、**前年の所得**に対して課税されます。例えば、2022年分の所得に対して、2023年度分の住民税として課税されます。

②税額計算

住民税の税額は、均等割と所得割に分けて算出します。

住民税の税額計算	
均等割	所得金額にかかわらず**原則、定額**で課税される
所得割	前年の所得金額をもとに計算され、**一律10%課税される**

③納付

　住民税は申告納税方式ではなく、市区町村からの税額の通知があってから納税する賦課課税方式です。また、住民税の納付方法には、普通徴収と特別徴収があります。

普通徴収と特別徴収

普通徴収	・納税者本人が納税通知書により直接納付する方法 ・税額を年4回に分けて納付する（一括納付も可能）
特別徴収	会社が給料から天引きして納付する方法

 住民税は1月1日に住所がある地域で、前年の所得に対して課税されます。

1章 ライフプランニングと資金計画

2章 リスク管理

3章 金融資産運用

4章 タックスプランニング

5章 不動産

6章 相続・事業承継

タックスプランニングの実技試験では金財およびFP協会ともに総所得金額を計算する問題が頻繁に出題されています。その他に源泉徴収票を用いた問題や総所得金額を計算する問題も多く出題されています。

●総所得金額の計算 　共通

総所得金額を計算する問題は、金財の実技試験では毎回、FP協会では定期的に出題されています。

〈Aさんとその家族に関する資料〉

Aさん（49歳）　　：会社員

妻Bさん（48歳）　：○○年中に、パートタイマーとして給与収入70万円を得ている。

長男Cさん（19歳）：大学生。○○年中の収入はない。

〈Aさんの○○年分の収入等に関する資料〉

（1）給与収入の金額　　：700万円

（2）不動産所得の金額：15万円

（3）上場株式の譲渡損失の金額（証券会社を通じて譲渡したもの）：30万円

○○年分の所得税における総所得金額はいくらか。

〈資料〉給与所得控除額

給与収入金額		給与所得控除額
万円超	万円以下	
	～　180	収入金額×40％−10万円（55万円に満たない場合は、55万円）
180　～	360	収入金額×30％＋8万円
360　～	660	収入金額×20％＋44万円
660　～	850	収入金額×10％＋110万円
850　～		195万円

●総所得金額の計算（解答・解説）

《総合課税の対象となる所得》

　総所得金額は、総合課税の対象となる所得を合計し、損益通算した後の金額です。したがって、分離課税の対象となる所得や非課税所得は含めません。

　Aさんの収入には給与収入（700万円）、不動産所得（15万円）、証券会社を通じて売却した上場株式の譲渡損失（30万円）があります。

　このうち、給与収入と不動産所得は総合課税の対象ですが、上場株式の譲渡損失（30万円）は、申告分離課税の対象になるので、総所得金額には含めません。

《総所得金額》

　給与所得は給与収入金額から給与所得控除額を差し引いた金額です。

　Aさんの給与収入は700万円なので、

　給与所得控除額＝700万円×10％＋110万円＝180万円

　給与所得＝700万円－180万円＝520万円

　不動産所得は15万円になっています。

　以上より、

　総所得金額＝520万円＋15万円＝535万円

総所得金額を計算する場合の注意点

- ・分離課税の対象となる所得（退職所得や株式の譲渡所得、土地の譲渡損失など）は、総所得金額に含めない
- ・公的年金は、雑所得になり総所得金額に含めるが、公的年金の総額から公的年金等控除額を差し引いた金額が総所得金額に含まれる
- ・一時所得がプラスになった場合、その金額の2分の1を総所得金額に含める。一時所得がマイナスになった場合、一時所得は無かったことになり、総所得金額に合算できない

Aさん（33歳）は、妻Bさん（30歳）、子Cさん（7歳）との3人家族である。Aさんは、勤務先における年末調整の結果、以下の令和4年分の「給与所得の源泉徴収票」を受け取っている。なお、この源泉徴収票において、問題の性質上、明らかにできない部分は□□□で示してある。

源泉徴収票の《ア》及び《イ》に入る金額はいくらか。

令和4年分　**給与所得の源泉徴収票**

支払を受ける者	住所又は居所	東京都世田谷区×××			

（受給者番号）	
個人番号	××××××××××××
（役職名）	
氏名（フリガナ）	A

種別	支払金額	給与所得控除後の金額	所得控除の額の合計額	源泉徴収税額
給与・賞与	内 4 200 000	《ア》 千	《イ》 円 内	円

（源）控除対象配偶者の有無等		配偶者（特別）控除の額	控除対象扶養親族の数（配偶者を除く。）			16歳未満扶養親族の数	障害者の数（本人を除く。）		非居住者である親族の数
有	従有		特定	老人	その他		特別	その他	
		380 000	人 従人	内 人 従人	人 従人	1 人	内 人	人	人

社会保険料等の金額	生命保険料の控除額	地震保険料の控除額	住宅借入金等特別控除の額
内 465 390	50 000	千 円	千 円

（摘要）

生命保険料の金額の内訳	新生命保険料の金額 円	旧生命保険料の金額 160,000 円	介護医療保険料の金額 円	新個人年金保険料の金額 円	旧個人年金保険料の金額 円

住宅借入金等特別控除の額の内訳	住宅借入金等特別控除適用数	居住開始年月日（1回目） 年 月 日	住宅借入金等特別控除区分（1回目）	住宅借入金等年末残高（1回目） 円
	住宅借入金等特別控除可能額 円	居住開始年月日（2回目） 年 月 日	住宅借入金等特別控除区分（2回目）	住宅借入金等年末残高（2回目） 円

（源泉・特別）控除対象配偶者	（フリガナ）氏名 妻 B	区分	配偶者の合計所得	国民年金保険料等の金額	旧長期損害保険料の金額
	個人番号 ××××××××××××		円	円	円

控除対象扶養親族	1	（フリガナ）氏名	区分	16歳未満の扶養親族	1	（フリガナ）氏名 子 C	区分	（備考）
		個人番号	区分		2	（フリガナ）氏名	区分	
	2	（フリガナ）氏名	区分		3	（フリガナ）氏名	区分	
		個人番号	区分					
	3	（フリガナ）氏名	区分		4	（フリガナ）氏名	区分	
		個人番号	区分					
	4	（フリガナ）氏名	区分					
		個人番号						

未成年者	外国人	死亡退職	災害者欄	乙欄	本人が障害者		寡婦		寡夫	勤労学生	中途就・退職					受給者生年月日				
					特別	その他	一般	特別			就職	退職	年	月	日	明 大 昭 平	年	月	日	

支払者	個人番号又は法人番号	（右詰で記載してください。）	
	住所（居所）又は所在地		
	氏名又は名称	（電話）	

（税務署提出用）

整理欄

●**源泉徴収票（解答・解説）**

《ア》の給与所得控除後の金額

これは、給与の支払い金額（給与収入金額）から給与所得控除額を差引いた給与所得額のことです。Aさんの給与収入は420万円なので、

給与所得控除額＝420万円×20％＋44万円＝128万円

給与所得額＝420万円－128万円＝**292万円**

なお、Aさんの給与総額は420万円で、850万円を超えていないので、所得金額調整控除は適用されません。

《イ》の所得控除額の合計額

源泉徴収票より、Aさんの給与所得より所得控除されるのは、社会保険料全額（46万5,390円）、配偶者控除または配偶者特別控除のどちらか（38万円）、旧生命保険料控除（16万円保険料を支払っているので、上限の5万円）、その他に基礎控除（48万円）です。

※Aさんの合計所得金額は2,400万円以下なので、基礎控除額は48万円

所得控除額の合計＝46万5,390円＋38万円＋5万円＋48万円

＝**137万5,390円**

※子Cさんは16歳未満なので、扶養控除の対象外

解答：《ア》**292万円** 《イ》**137万5,390円**

※給与所得控除額については298ページ、基礎控除額については327ページを参照してください

1章 ライフプランニングと資金計画

2章 リスク管理

3章 金融資産運用

4章 タックスプランニング

5章 不動産

6章 相続・事業承継

● **損益通算** 共通

損益通算に関する問題は、実技試験でも学科試験でも出題されます。主な実技試験の出題パターンを見ておきましょう。

会社員のＡさんの○○年分の所得等が下記〈資料〉のとおりである場合、Ａさんが○○年分の所得税の確定申告をする際に、給与所得と損益通算できる損失の金額はいくらか。

〈資料〉
○給与所得：800万円
勤務先からの給与であり、年末調整を行っている

○不動産所得：▲200万円
収入金額：200万円
必要経費：400万円
※必要経費の中には、土地等の取得に要した借入金の利子が50万円ある

○雑所得：▲10万円

● **損益通算（解答・解説）**

10種類の所得の中で、所得が損失（マイナス）になった場合に、給与所得や一時所得などと損益通算できる所得は、不動産所得、事業所得、山林所得、譲渡所得（株式等の譲渡損失などの申告分離課税の対象となるものは除く）です。

ただし、不動産所得の損失のうち、土地を取得するための借金の利子（負債の利子）は、他の所得と損益通算できません。なお、建物を取得するための負債利子は損益通算できます。

したがって、不動産所得の損失200万円のうち、土地等の取得に要した借入金の利子の50万円は損益通算の対象にならないので、損益通算の対象になるのは150万円です。

　次に雑所得の損失（▲10万円）は、不動産所得、事業所得、山林所得、譲渡所得ではありませんので、他の所得と損益通算できず、雑所得は無かったものとされます。

　以上より、給与所得と損益通算できる損失の金額は、▲150万円になります。

損益通算する場合の注意点

・一時所得や雑所得がマイナスになった場合、給与所得等と損益通算できない
・不動産所得の損失のうち、土地を所得するための負債利子は損益通算できない
・生活に必要のない一定の資産（1個または1組の価格が30万円を超える絵画や貴金属およびゴルフ会員権や別荘）の譲渡損失は損益通算の対象にならない

1章 ライフプランニングと資金計画
2章 リスク管理
3章 金融資産運用
4章 タックスプランニング
5章 不動産
6章 相続・事業承継

5章

不動産

 学科試験

・ 不動産の価格や鑑定評価方法、登記記録の記載内容、宅地建物取引業や売買契約に関する問題が中心
・ 都市計画法（用途地域や開発許可など）や建築基準法（建蔽率_{べい}や容積率など）も毎回出題
・ 不動産を取得・保有・譲渡した場合の税制面も重要
・ 不動産の純利回り（NOI利回り）や表面利回りの計算もできるように

実技試験

・ 建蔽率や容積率の計算、居住用財産を譲渡した場合等の税制について問われる
・ 登記事項証明書などの図表の見方が出題されることも

本 節 で 学 ぶ こ と

- **不動産とは**

  まずは用語に慣れましょう。

- **不動産の調査**

  資料の設置場所の違いが問われます。

- **不動産の広告に関するルール**

  壁芯面積と内法面積の違いが重要です。

- **土地の価格**

  土地には4つの価格があります。発表機関や基準日など、非常に重要です。

- **不動産の鑑定評価方法**

  3つの方法の違いを覚えておきましょう。

- **不動産登記制度**

  登記記録の権利部の甲区と乙区に何が表示されているかがポイントです。

1章 ライフプランニングと資金計画

2章 リスク管理

3章 金融資産運用

4章 タックスプランニング

5章 不動産

6章 相続・事業承継

1 不動産とは

不動産とは、土地や建物のことです。土地と建物は、それぞれ別の不動産と見なされます。また、土地はその地域の用途によって宅地、農地、林地などに分けられます。

土地の種類と権利及び登記に関する用語

更地 （さらち）	建物がなく利用されていない状態の土地
建付地 （たてつけち）	建物の敷地になっている土地で、建物と土地の所有者が同じもの
借地権 （しゃくちけん）	建物の所有を目的に、地主から土地を借りて使用する権利
地上権 （ちじょうけん）	建物等を所有する目的で他人の土地を使用する権利（借地権の1つ）
賃借権（借家権） （ちんしゃくけん　しゃっかけん）	住宅や店舗などの建物を借りる権利
所有権保存登記	その不動産について、はじめて登記がされるときに、誰が所有者なのかを登記すること
所有権移転登記	不動産の売買、相続、贈与などで所有者が変わったときに行なう登記のこと
抵当権	抵当権とは、住宅ローンなどでお金を借りたときに、借りた人がお金を返済できない場合に備えて、銀行等が土地や建物を担保とする権利のこと

2 不動産の調査

　不動産の取引を行う場合、登記記録に記載されている内容が実際の土地の状況と異なる場合もあるので、実際に現地で周囲の環境や交通事情などを調査する必要があります。

　不動産を調査するための資料には次のようなものがあります。

不動産関係の調査資料と設置場所

資料	設置場所
登記事項証明書・地図・公図・地積測量図	法務局（登記所）
固定資産課税台帳・都市計画図	市区町村役場

 間違えやすいポイント　問題文に「登記記録に記載されている内容が実際の土地の状況と異なる」という一文がよく登場します。

🖊 **ここも大事**

公図：おおまかな土地の場所や形状が確認できる地図のことで、一般の地図と比べて**精度が低い**

地積測量図：土地の地積（面積）等を記載したもの

固定資産課税台帳：固定資産の所有者やその価格を明らかにするために市区町村長が作成する帳簿のこと

1章 ライフプランニングと資金計画

2章 リスク管理

3章 金融資産運用

4章 タックスプランニング

5章 不動産

6章 相続・事業承継

3 不動産の広告に関するルール

不動産の広告には以下のようなルールがあります。

①最寄り駅からの時間

最寄り駅からの時間は、道路距離80mを徒歩1分に換算して表示します。80m未満の端数が出た場合は切り上げて1分とします。

> **ケース**
>
> 「最寄り駅より徒歩3分」となっている場合は、駅からの距離は160mから240mまでの間と考えられます（80m×3分＝240mが最長）。

 実技試験で「最寄り駅から徒歩○分」と書かれた不動産の広告イメージをもとに、駅からの距離を読み取る問題が出題されることがあります。

②床面積

マンション等の区分建物の場合、パンフレットに記載されている床面積（建物を真上から見た面積＝水平投影面積）は、その部屋の壁の厚さの中心までを測った**壁芯面積**で表示されています。

一方、登記記録の面積は壁の内側で測った**内法面積**で表示されています。したがって登記記録の面積よりパンフレットに記載されている面積の方が広くなります。区分建物以外（一戸建ての建物）の床面積は、登記記録では壁芯面積で表示されています。

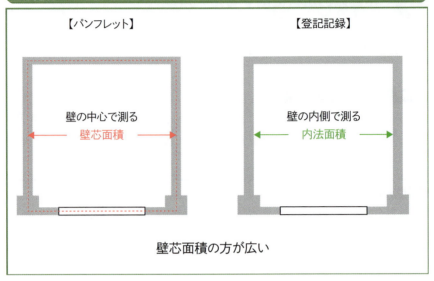

区分建物の床面積（部屋を天井から見たときの面積）

【パンフレット】 【登記記録】

壁の中心で測る
壁芯面積

壁の内側で測る
内法面積

壁芯面積の方が広い

4 土地の価格

　土地の価格には、通常取引されている実勢価格（時価ともいう）以外に、公示価格、基準地標準価格、相続税評価額（路線価）、固定資産税評価額の4つの代表的な価格があります。

4つの土地の価格 👁ここが出る

	公示価格	基準地標準価格	相続税評価額（路線価）	固定資産税評価額
発表機関	国土交通省	都道府県	国税庁	市区町村
利用目的	一般の土地取引の指標	公示価格の補完的価格	相続税、贈与税の算出基準	固定資産税、不動産取得税、都市計画税などの算出基準
評価の基準日	毎年の1月1日	毎年の7月1日	毎年の1月1日	1月1日（3年ごとに見直し）
発表時期	3月下旬	9月下旬	7月上旬	4月上旬
評価水準	ー	公示価格と同じ（100％）	公示価格の80％程度	公示価格の70％程度

間違えやすいポイント 基準日（価格を決める基準となる日）は基準地標準価格のみ7月1日です。また、固定資産税評価額は、毎年ではなく、3年ごとの1月1日が基準日となり、評価額が見直されます。

間違えやすいポイント 固定資産税は税金が高いと毎年支払うのが大変なので、相続税評価額に比べて評価水準が低い、と覚えましょう。

不動産の価格を判断する際、正常な価格であるかどうかの判断が難しいため、不動産鑑定士に評価を依頼します。

不動産鑑定士が行う鑑定評価方法は、原価法、取引事例比較法、収益還元法の3種類あり、複数の鑑定評価方法を用いて評価します。

不動産の鑑定評価方法 👁ここが出る

原価法	その時点で新しく購入した場合の価格（再調達原価）を計算し、古くなることによるマイナス分（築年数のこと）を差し引いて（減価修正という）現在の不動産価格を計算する方法
取引事例比較法	評価する不動産と条件の近い物件の取引事例（取引価格）との比較によって不動産価格を評価する方法。売り急いだ物件などは価格を補正して算出し、投機的な物件（短期的な値上り目的のみで買われた物件）は除外して算出する
収益還元法	不動産が将来生み出す賃貸収入などの収益を現在価値に還元（現在の価値で評価）し、総合計して不動産価格を求める方法（将来の純収益の現在価値の合計） ※収益還元法には直接還元法とDCF法の2種類がある
①直接還元法	一定期間の純収益を還元利回り（一定の利回り）によって割り戻して（現在評価したらいくらの価値になるのか）収益を求める方法で、以下の式で計算する 直接還元法による収益価格 ＝（総収入−必要経費）÷還元利回り
②DCF法	不動産から将来にわたって生まれる各期の純収益（賃貸収益）と保有期間終了後のその不動産の売却価格を求め、現在価値に割り戻した金額（現在評価したらいくらの価値になるのかを計算した額）を合計する方法

●直接還元法による評価額の計算

〈例題〉

直接還元法による次の不動産の評価額はいくらか。

・不動産からの年間総収入　　1,000万円

・必要経費（年間）　　　　　500万円

・還元利回り　　　　　　　　5％

〈解答〉

（1,000万円－500万円）÷5％＝1億円

●DCF法の計算例

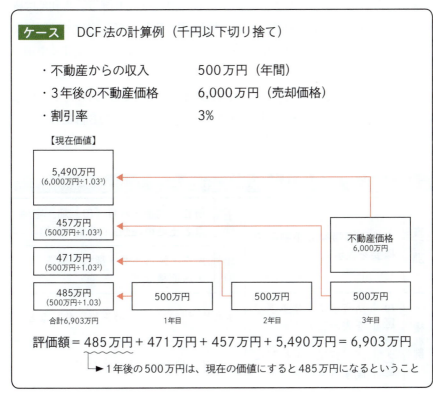

ケース　DCF法の計算例（千円以下切り捨て）

・不動産からの収入　　　　500万円（年間）

・3年後の不動産価格　　　6,000万円（売却価格）

・割引率　　　　　　　　　3%

【現在価値】

5,490万円
（6,000万円÷1.03³）

457万円
（500万円÷1.03³）

471万円
（500万円÷1.03²）

485万円
（500万円÷1.03）

合計6,903万円　　1年目　　2年目　　3年目

500万円　　500万円　　500万円

不動産価格
6,000万円

評価額＝485万円＋471万円＋457万円＋5,490万円＝6,903万円

→1年後の500万円は、現在の価値にすると485万円になるということ

1章 ライフプランニングと資金計画
2章 リスク管理
3章 金融資産運用
4章 タックスプランニング
5章 不動産
6章 相続・事業承継

　不動産の登記とは、法務局（登記所）にある不動産登記記録（登記簿）に、不動産に関する権利関係や現況（現在の状況）を記載し、公示することです。

①不動産登記 ◉ここが出る

　登記記録は**一筆の土地**（一区切りの田畑や宅地のこと）**または1個の建物**ごとに作成されています。

　不動産の登記記録には、**表題部になされる登記（表示登記）**と**権利部になされる登記（権利に関する登記）**があります。

　表題部は土地・建物に関する現在の状況が記載されています。権利部は権利に関する状況が記載されています。権利部は甲区と乙区に分かれており、甲区には**所有権**に関する事項が、乙区には**所有権以外の権利**に関する事項が記載されています。

　表題部については**登記義務があり**、所有権を取得してから**1か月以内**に取得者が申請しなければなりません。権利部については登記義務はありませんので、登記されている名義と実際の所有者が一致しないこともあります。

不動産登記記録（登記簿）の概要 ◉ここが出る

表題部	土地・建物など不動産の概要を表示	土地	所在・地番・地目（田、畑、宅地など土地の種類）・地積（面積）
		建物	所在・家屋番号・種類・構造・床面積など
権利部	甲区	**所有権に関する事項**を表示	**所有権保存登記・所有権移転登記**など
	乙区	**所有権以外の権利**に関する事項を表示	**抵当権**、地上権、**賃借権**など

※表題部の地目は、土地の現在の状況と一致しているとは限りません

②本登記と仮登記

権利部に行われる登記には、本登記と仮登記があります。

権利部に行われる登記

本登記	対抗力という効力を発生させる登記（所有権保存登記など）
仮登記	・本登記を行うのに必要な手続き上の要件が整っていない場合などに行う ・将来行う本登記のために登記簿上の順位を保全しておくことを目的に行う予備的な登記 ・将来、本登記するときの順位は仮登記の順位による

③不動産登記の効力

登記を行うことで対抗力が発生しますが、公信力はありません。

不動産登記の効立

	概要	注意点
対抗力	対抗力とは、自分の正当な権利（不動産の所有者であることなど）を第三者に主張すること。登記することで対抗力が発生する	仮登記では第三者に所有権などを主張できない。所有者がAとBの2人に同じ不動産を売却した場合（二重譲渡）、先に本登記した方が優先して所有権を取得する
公信力 ◉ここが出る	公信力とは、事実と異なる権利関係が表示されている場合に、その内容を信じて取引した者が保護されること	不動産登記には公信力がなく、登記記録を正しいものと信用し、本当の所有者でない者と取引した者は法的に保護されない

1章 ライフプランニングと資金計画
2章 リスク管理
3章 金融資産運用
4章 タックスプランニング
5章 不動産
6章 相続・事業承継

・権利部の甲区には、所有権に関する事項が表示され、乙区には、所有権以外の権利に関する事項が表示される

・仮登記では、順位保全の効力しかなく、所有権などを第三者に対抗できない（本登記する順番を決めるのが仮登記）

・登記には公信力がなく、事実と異なる権利が公示されている場合に、それを信じて取引した善意の第三者であっても法的には保護されない

間違えやすいポイント

不動産登記に公信力があるかどうかの問題は、出題頻度の高い問題です。登記には公信力はないことを覚えておきましょう。

④登記記録の閲覧と申請 ◎ここが出る

　法務局（登記所）の登記事務は電子化されているので、以前のように登記簿を書面として閲覧できません。その代わりに登記事項要約書（登記内容のポイントをまとめたもの）が交付されます。また、従来の登記簿謄本（とうほん）や抄本（しょう）（ほん）の代わりに登記事項証明書（登記されている内容を証明するもの＝登記記録）が交付されます。

　なお、登記事項証明書は、法務局（登記所）で申請書に記入し、手数料を払えば誰でも自由に請求できます。また、オンライン請求（インターネットでの請求）も可能ですが、ダウンロードはできないため、法務局の窓口あるいは郵送で受け取ることになります。

間違えやすいポイント

登記事項証明書は、その不動産の所有者でなくても、手数料を支払って申請すれば誰でも取得できます。

問1 相続税路線価は、国税局長が毎年1月1日を価格判定の基準日として評価するもので、当該価格は地価公示の公示価格の70%を評価水準の目安として設定されている。【H28年1月】

問2 土地の固定資産税の課税標準となる価格の評価替えは、原則として、（　　　）に1度行われる。【H27年1月】
1. 1年　　2. 2年　　3. 3年

問3 不動産の価格を求める鑑定評価の手法のうち、（　　　）は、価格時点における対象不動産の再調達原価を求め、この再調達原価について減価修正を行って対象不動産の試算価格を求める手法である。【H27年10月】
1. 原価法　　2. 収益還元法　　3. 取引事例比較法

問4 不動産の登記記録の権利部乙区には、抵当権や賃借権など、所有権以外の権利に関する登記事項が記録される。【H27年5月】

問5 登記の記載を信頼して不動産を取得した者は、記載されていた登記名義人が真実の権利者ではなかった場合でも、原則として、その不動産に対する権利が認められる。【H27年9月】

問6 不動産の登記事項証明書の交付を請求することができる者は、当該不動産の所有者に限られる。【R3年1月】

問7 不動産登記には公信力が認められていないため、登記記録上の権利者が真実の権利者と異なっている場合に登記記録を信頼して取引をしても、原則として法的に保護されない。【H31年1月】

解答
1　×　　2　3　　3　1　　4　○　　5　×　　6　×
7　○

2 不動産の取引

重要度 ★

本節で学ぶこと

- **宅地建物取引業**

  いわゆる「宅建」の入門的な部分を学びます。3つの媒介契約がポイントです。

- **売買契約に関する留意事項**

  手付金や契約不適合責任など、間違えやすい事項が多いです。

1 宅地建物取引業

①宅地建物取引業の基本

　宅地建物取引業とは、自らが土地・建物の売買・交換を行う場合や、他人の土地・建物の売買・交換・貸借の媒介（仲介）などの取引を不特定多数のものに対して、反復継続して行うことをいいます。

②宅地建物取引業者（不動産業者）

　不動産の取引を業として行う者を宅地建物取引業者といい、宅地建物取引業の免許が必要です。

　また、宅地建物取引業を営むためには、事務所には5人に1人の割合で宅地建物取引士証の交付を受けた宅地建物取引士を置かなければなりません。

間違えやすいポイント 自身が所有する建物（マンションやアパートなど）を貸す場合（家主として借主と賃貸契約を結ぶ場合）は、宅地建物取引業にはあたりませんので、宅建業の免許は不要です。

> **宅地建物取引士の3つの業務**
>
> ・原則、宅地建物取引士証を提示したうえで、不動産取引に関する「重要事項説明書」を契約前に交付し説明する
> ・「重要事項説明書」へ記名・押印する（電子文書で交付する場合、押印は不要）
> ・契約締結後、遅滞なく契約内容記載書に記名・押印する

③媒介契約
ばいかい

　宅地建物取引業者に仲介を依頼する場合は、媒介契約を結ぶ必要があります。媒介契約には3種類あり、いずれも書面で契約を行います。

　一般媒介契約の場合、複数の業者に仲介を依頼することも、自ら取引の相手方を見つけること（自己発見という）も可能です。専任媒介契約では複数の業者に仲介を依頼することはできませんが、自ら取引の相手方を見つけることは可能です。専属専任媒介契約の場合は依頼した業者が見つけた相手との取引のみとなり、複数の業者に仲介を依頼することも、自己発見もできません。

媒介契約の種類と概要　👁ここが出る

		一般媒介契約	専任媒介契約	専属専任媒介契約
依頼方法	業者	複数の業者に仲介依頼が可能	複数の業者に仲介依頼不可	
	自己発見（自ら取引相手を見つけること）	可能		不可
契約期間（有効期間）		特になし（自由）	3か月以内	

依頼者への報告義務	なし	**2週間に1回**以上	**1週間に1回**以上
指定流通機構※への物件情報の登録	登録義務はなし	媒介契約の締結日の翌日から7日以内	媒介契約の締結日の翌日から5日以内

※指定流通機構とは、不動産の売買が正確かつ迅速に行われることを目的とした不動産の流通機構で、国土交通大臣の指定を受けたものをいう

 間違えやすいポイント

「専任」とつくと、依頼した業者以外に仲介の依頼ができません。

　なお、専任媒介契約、専属専任媒介契約では契約期間は3か月以内であり、**3か月**を超える契約を結んだ場合、契約の有効期間は**3か月**になります。契約が**無効**になるわけではありません。

④報酬の限度額

　宅地建物取引業者が、不動産物件の売買や交換などの媒介・代理を行う場合、受け取ることができる報酬の限度額が定められています。例えば、物件の賃貸借の仲介（媒介）の場合、**家主と借主**から受け取ることができる金額の合計は、家賃の**1か月分**＋消費税以内となっています。

2　売買契約に関する留意事項

①手付金

　手付金とは、売主と買主の間で契約が成立したことを確認するために、買主から売主に支払われるお金のことです。申込金などとは違い、代金の一部に相当するお金です。

1章 ライフプランニングと資金計画

2章 リスク管理

3章 金融資産運用

4章 タックスプランニング

5章 不動産

6章 相続・事業承継

手付金のポイント 👁**ここが出る**

・相手方が契約の履行に着手（売主は物件の引渡しを行うこと、買主は代金の支払いを行うこと）するまでであれば、買主は手付金を放棄することで、売主は手付金の倍額を買主に払う（返還する）ことで、契約を解除できる

・宅建業者が売主で、宅建業者以外の者が買主の場合、宅建業者は売買代金の20%を超える手付金を受け取ることができない

間違えやすいポイント　相手方が契約の履行をする前であれば売主も買主も契約を解除できます。相手方が契約の履行に着手した後は、買主は手付金を放棄しても、売主はその倍額を買主に払っても、契約を解除できません。

②契約不適合責任（瑕疵担保責任）

　契約不適合責任（瑕疵担保責任）とは、不動産に雨もりしているなどの契約内容に適合しないもの（瑕疵）があった場合に、売主が買主に対して負う責任のことです。

　売主は欠陥があったことについて、過失があったかどうかに関係なく、契約不適合責任を負うとされています。

契約不適合責任（瑕疵担保責任）のポイント 👁**ここが出る**

・買主は不動産の種類や品質に関して契約内容に適合しない箇所（瑕疵）があった場合に、契約不適合のあることを知った日から1年以内に売主に対してその旨を通知することで、売主の責任を追及することが可能になる。ただし、売主が契約内容に不適合があることを事前に知っていた場合や重大な過失により知らなかった場合は、買主は通知不要である

・なお、契約内容に不適合があった場合、買主には以下の権利が生じる

追完請求権	物件の補修や契約内容に合った物件（代替物）を要求することができる
代金減額請求権	補修や代替物の引渡しがなされない場合、代金の減額を請求できる
契約解除権	契約を解除することができる
損害賠償請求権	売主に原因がある場合、損害賠償請求できる

買主が契約を解除したり、損害賠償を請求できるのは、原則、**不動産の種類や品質に関して、契約内容に不適合があることを知った日から1年以内**です。建物の引渡しを受けてから1年以内ではありません。

③危険負担

売買契約をしてから物件の引渡しを受けるまでの間に、買主と売主のどちらの責任でもない事由、例えば地震などの天災により、建物などの一部または全部が壊れたときに、損害の負担をどうするかについて決めることを危険負担といいます。

天災などで建物が壊れた場合、以前は、売主の責任ではないので、特約がない場合、買主は代金を支払わなければなりませんでした。

民法改正により、売主に責任がない場合であっても、買主が目的を達成できない場合には、特約がなくても買主は債務の履行（代金の支払い）を拒否でき、契約を解除できます。

天災が原因で建物が壊れたときなど、売主には責任がない場合であっても、買主がそれにより目的を達成できなくなる場合には、特約がなくても買主は契約を解除できます。

問1 アパートやマンションの所有者が、当該建物の賃貸を自ら業として行う場合には、宅地建物取引業の免許を取得する必要がある。【R2年1月】

 問2 宅地建物取引業法の規定によれば、不動産取引について依頼者が宅地建物取引業者と結ぶ媒介契約のうち、専任媒介契約の有効期間は最長で（　　　）である。【H27年9月】
　1．3カ月　　2．6カ月　　3．1年

 問3 宅地建物取引業者は、自らが売主となる宅地または建物の売買契約の締結に際して、取引の相手方が宅地建物取引業者でない場合、代金の額の10分の1を超える額の手付を受領することができない。【H29年9月】

 問4 不動産取引において、買主が売主に解約手付を交付したときは、相手方が契約の履行に着手するまでは、買主はその手付を放棄することで、売主はその（　　　）を償還することで、それぞれ契約を解除することができる。【H29年1月】
　1．半額　　2．同額　　3．倍額

 問5 宅地または建物の売買または交換の媒介契約のうち、（　①　）では、依頼者は他の宅地建物取引業者に重ねて媒介の依頼をすることが禁じられているが、（　②　）では、依頼者は他の宅地建物取引業者に重ねて媒介の依頼をすることができる。【R2年9月】
　1．①専任媒介契約　②一般媒介契約
　2．①一般媒介契約　②専任媒介契約
　3．①専任媒介契約　②専属専任媒介契約

解答
1　×　　2　1　　3　×　　4　3　　5　1

1章 ライフプランニングと資金計画
2章 リスク管理
3章 金融資産運用
4章 タックスプランニング
5章 不動産
6章 相続・事業承継

3 不動産に関する法律

本節で学ぶこと

- **借地借家法**
  借地権、借家権ともに頻出の項目です。
- **都市計画法**
  市街化区域と市街化調整区域の違いを理解しましょう。
- **建築基準法**
  建蔽率や容積率は、計算できるようにしておきましょう。
- **農地法**
  許可権者は誰なのか? という点がよく問われます。
- **区分所有法**
  特別決議と普通決議の違いについて学びます。

1 借地借家法

① 借地権

借地権とは、建物の所有を目的として、他人の土地を借りて使用する権利のことです。借地権は普通借地権と定期借地権に分類されます。

●普通借地権(普通借地契約)

普通借地権では、土地の所有者(地主)に**正当な事由**がない限り、借地人(借主)が望めば契約が更新されます。

なお、**借地上の建物（借りている土地に建てている建物）の登記**を行うことで、借地権を登記していない場合でも第三者（新しい地主など）に対して借地権を主張（**対抗力**を与えられる）でき、建物を明け渡さなくて済むようになります。

普通借地権の概要 ◉ここが出る

契約方式	**書面**の必要なし（自由）
存続期間	最短**30年**（期間の定めのない場合や30年より短い期間を定めた場合、契約は有効で、存続期間は**30年**となる）
利用目的	建物の用途は制限なし
契約の更新※	・期間満了時に建物がある場合、同一条件で更新される（建物がなければ更新しない） ・最初の更新期間は**20年**以上、2回目以後は**10年**以上の単位で更新
特徴	・借地人（借主）は、契約を更新しない場合には地主（賃貸人）に対して建物の買取を請求する権利（**建物買取請求権**）がある ※**建物買取請求権**とは、契約の更新がない場合に、借地人（借主）が地主に対して自分が建てた建物の買取を求める権利のこと ・地主（賃貸人）が借地契約の満了時に更新を拒絶する場合は、**正当な事由**が必要

契約の更新のイメージ

当初の存続期間 （最短30年）	1回目の更新 （最短20年）	2回目の更新 （最短10年）	3回目の更新 （最短10年）

間違えやすいポイント 普通借地契約では、存続期間を定めなかった場合や30年よりも短い期間を定めた場合、契約は無効にはならず、存続期間は**30年**となります。

● **定期借地権（定期借地契約）** 👁 ここが出る

定期借地権とは、定められた契約期間で借地契約が終了し、その後は**契約の更新がない**借地権のことです。期間が終了すると必ず借地人（借主）から地主に土地が返還されます。

定期借地権には、**一般定期借地権**、**建物譲渡特約付借地権**、**事業用定期借地権**の3種類があります。

定期借地権の概要 👁 ここが出る

名称	一般定期借地権	建物譲渡特約付借地権	事業用定期借地権※
契約方式	公正証書などの書面	定めなし（書面の必要なし）	必ず公正証書
存続期間	50年以上	30年以上	10年以上50年未満
利用目的	制限なし	制限なし	事業用に限定（居住用は不可）
返還方法	原則、更地で返還	建物を譲渡し、土地を地主に返還	更地で返還

※事業用定期借地権には10年以上30年未満（事業用借地権）と30年以上50年未満（事業用定期借地権）の2種類がある

一般定期借地権は、借地の契約期間を**50年以上**とする契約で、原則として契約の更新や期間延長はできず、期間終了時には建物を取り壊し、更地にして地主に返還することになります。

建物譲渡特約付借地権は、借地権契約を締結してから**30年以上**が経過した時点で、借地上に建物がある場合、建物を時価で地主が買取ることを定め

1章 ライフプランニングと資金計画

2章 リスク管理

3章 金融資産運用

4章 タックスプランニング

5章 不動産

6章 相続・事業承継

た契約です。契約は書面による必要はありません。

　事業用定期借地権は、事業用の建物の所有を目的とするもので、居住用の家や社宅などは対象外です。必ず公正証書で契約する必要があります。

 一般定期借地権は公正証書などの書面で契約しますが、事業用定期借地権は**必ず公正証書**で契約しなければなりません。

 定期借地契約では、借地人（借主）が契約の更新を望んでも、契約期間が終了すると契約は更新しません。

② 借家権

　借家権とは、他人の建物を借りる権利のことで、**普通借家権**と**定期借家権**があります。

●普通借家権（普通借家契約）

　普通借家権とは、居住するための建物を借りる権利（賃借権）を家主と契約することです。借りた建物の利用目的は、限定されていません。

普通借家権の概要　👁ここが出る

契約方式	**口頭**でも**書面**でも契約可能
存続期間	**1年以上**（1年未満の期間を定めた場合、**期間の定めのない契約**になる）
契約の更新と終了	・契約期間が終了しても、賃貸人（家主）が正当な事由で拒絶しなければ、同一条件で自動更新される ・**賃貸人**（家主）が契約を解約する場合、**期間満了の1年前から6か月前**までに**正当な拒絶事由**をもって通知しなければならない

- 賃貸人（家主）の同意を得て賃借人（借主）が建物に取り付けた造作物（エアコン、インターネット機器やたたみなど）については、期間満了時に賃貸人（家主）に時価で買い取るように請求できる。これを造作買取請 求 権という
- 賃貸人（家主）は、契約時に賃借人（借主）に造作買取請求権を放棄させる旨の特約をつけることができる

間違えやすいポイント

契約時に、賃貸人（家主）が造作買取請求権を破棄させる特約をつけることは可能です。違法ではありませんので注意しましょう。

●定期借家権（定期借家契約）

　定期借家権とは、契約期間の満了時に更新がなく、一定期間で契約が終了する建物の賃貸借契約です。したがって、賃貸人（家主）に正当な事由がなくても、期限がくれば契約は更新せず終了します。なお、契約終了後に再契約することはできます。

定期借家権の概要 👁 ここが出る

契約方式	公正証書などの書面で行う（公正証書でなくてもよい）
存続期間	・契約期間の制限はなく自由で、1年未満も可能 ・賃貸人（家主）は賃借人（借主）に対し、あらかじめ、契約の更新がなく期間満了により賃貸借が終了することを、書面を交付して説明しなければならない
利用目的	特に制限はなく、居住用でも事業用でも可能
契約の更新と終了	・契約の更新はない ・賃貸人（家主）は、契約期間が1年以上の場合は、期間満了の1年から6か月前までに賃借人（借主）に「賃貸借契約が終了する」旨を通知する必要がある

1章 ライフプランニングと資金計画

2章 リスク管理

3章 金融資産運用

4章 タックスプランニング

5章 不動産

6章 相続・事業承継

2 都市計画法

　都市計画法とは、健全で秩序ある都市として総合的に都市計画を行うための基本的な法律です。

①都市計画区域

　都市計画区域とは、都市として総合的に整備や開発などを行う必要がある区域のことです。**都道府県知事**が指定する区域と**国土交通大臣**が指定する区域があります。都市計画区域の中には、線引き区域と非線引き区域があり、線引き区域は更に、**市街化区域**と**市街化調整区域**に区分されています。

都市計画区域の整理

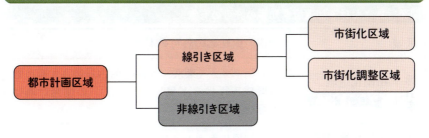

市街化区域と市街化調整区域の概要　👁ここが出る	
市街化区域	すでに市街地になっている区域や**10年以内**に優先的に市街化を図るべき区域のこと （住居系・商業系・工業系地域がある）
市街化調整区域	市街地になるのを**抑制する**区域のことで、自然環境などを残していく場所のこと （開発行為や建築物の建築が制限される）

②用途地域

　建築できる建物の種類が制限される地域のことで、住居系、商業系、工業系用途地域があり、13種類に分かれています。

　なお、市街化区域には用途地域が定めてあり、市街化調整区域では原則、用途地域が定められていません。

③開発許可制度

　都市計画区域内などで一定規模以上の建築物を建てるなどの開発行為を行う場合、事前に都道府県知事などの開発許可が必要です。ここでいう開発行為とは、主に建築物の建築、または特定工作物（ゴルフコース、野球場、動物園など）を建設する目的で土地の造成などを行う区画形質の変更（土地の形状を変えること）をいいます。

開発行為における都道府県知事の許可の有無	
区域	都道府県知事の許可の有無
線引き区域　市街化区域　●ここが出る	1,000㎡以上（東京、大阪、名古屋の3大都市圏の既成市街地などは500㎡以上）の開発行為は許可が必要
線引き区域　市街化調整区域	開発規模にかかわらず許可が必要
非線引き区域	3,000㎡以上の開発行為は許可が必要

　なお、市街化区域以外において農業・林業・漁業用の施設（畜舎、堆肥舎、サイロなど）や、農林漁業を営む者の住居を建築するための開発行為は許可が不要です。

開発許可制度のその他のポイント　●ここが出る
・開発工事（土地の造成）が完了した公告（工事終了の宣言）があるまでは、建築物を建てることはできない
・開発許可を受けた土地であっても、建築物を建てる場合は、建築基準法上の建蔽率等の規制の確認は必要である

1章 ライフプランニングと資金計画
2章 リスク管理
3章 金融資産運用
4章 タックスプランニング
5章 不動産
6章 相続・事業承継

3 建築基準法

建築基準法とは、建物の敷地や構造、用途など、建物を建築するうえでの基本的な事項を定めた法律です。

①用途制限

建築基準法では、市街化区域に建築できる建物は次のように制限されています。

用途地域の制限の例　　　　　　　　　　○建築可能、×建築不可

建物の用途＼用途地域	住居系								商業系		工業系		
	第一種低層住居専用地域	第二種低層住居専用地域	田園住居地域	第一種中高層住居専用地域	第二種中高層住居専用地域	第一種住居地域	第二種住居地域	準住居地域	近隣商業地域	商業地域	準工業地域	工業地域	工業専用地域
神社・教会・寺院・診療所・公衆浴場・保育所	○	○	○	○	○	○	○	○	○	○	○	○	○
住宅・老人ホーム・図書館	○	○	○	○	○	○	○	○	○	○	○	○	×
幼稚園・小学校・中学校・高等学校	○	○	○	○	○	○	○	○	○	○	○	×	×
大学・病院	×	×	×	○	○	○	○	○	○	○	○	×	×
カラオケボックス・パチンコ店	×	×	×	×	○	×	○	○	○	○	○	○	○

用途制限のポイント 👁**ここが出る**

2つ以上の用途地域にまたがって建物を建築する場合は、**面積が過半を占める**（面積が大きい方）用途地域の制限が適用される

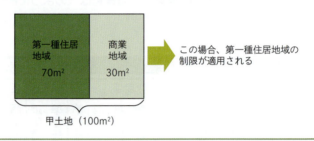

第一種住居地域 70m²　商業地域 30m²

甲土地（100m²）

この場合、第一種住居地域の制限が適用される

②道路の定義と接道義務

　建築基準法では、幅員（道路の幅）が**4m以上**ある道を、道路と定義しています。例外として、2項道路があります。

●2項道路 👁**ここが出る**

　建築基準法が適用された際にすでに建築物が立ち並んでいた、幅員が**4m未満**の道路の中で、特定行政庁が指定したものを**2項道路**といいます。

　この場合、原則として道路の中心線から水平距離で**2m**ずつ両側に後退した線が道路と宅地の境界線と見なされます。この後退部分は**セットバック**といい、建築物の敷地としては利用できず、建物を再建築する場合は建築面積や延べ床面積の計算においても敷地面積に含みません。

●接道義務 👁**ここが出る**

　建築物の敷地は、原則、幅員**4m以上**の道路に**2m以上**接していなければなりません。**2m以上接していない場合、建物を建築できません。**

2項道路のセットバックの例

　幅員が3mの2項道路に接する場合の敷地と道路の境界線は、道路の中心から水平距離で2mのところに引かれます。建物を再建築する場合のA宅地の敷地面積は、セットバック部分の0.5mを除いた面積の、15m×（30.5m－0.5m）＝450㎡になります。

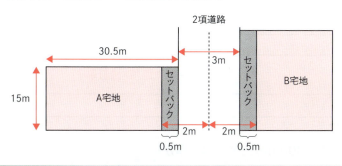

片側がセットバックできない場合

　4m未満の道路の片側が河川やがけでセットバックできない場合は、河川等の境界線から敷地側に**4m**までセットバックしたところを道路の境界線と見なすことになっています。

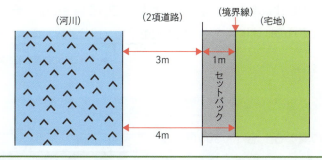

建蔽率や容積率の計算をする際、セットバックした部分は道路とみなされ、対象面積には含まれません。

③建蔽率 計算 ⦿ここが出る

建蔽率とは、敷地面積に対する建築面積の割合のことで、用途地域ごとに上限が定められています。つまり、敷地面積のうち、最大でどのぐらいまで建物を建てることができるのかの割合のことです。

$$建蔽率（\%）= \frac{建築面積}{敷地面積} \times 100$$

$$最大建築面積 = 敷地面積 \times 建蔽率$$

ケース

敷地面積が300㎡の土地の建蔽率が70％の場合、
70％＝建築面積÷300㎡。したがって、建築面積は、210㎡（300㎡×0.7＝210㎡）までになります。

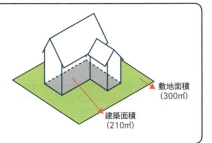

敷地面積
（300㎡）

建築面積
（210㎡）

●敷地が建蔽率の異なる地域にわたる場合 重要 計算

建物の敷地が建蔽率の異なる地域にわたっている場合には、それぞれの建蔽率とそれぞれの地域に属する面積の加重平均（按分計算）により求めます。

└→土地ごとに計算して合計する

〈例題〉

建蔽率の異なる土地（Ⓐ300㎡・建蔽率60％とⒷ200㎡・建蔽率50％）にわたって建物を建築する場合の建築面積と建蔽率はいくらか。

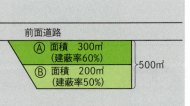

前面道路

Ⓐ 面積 300㎡
（建蔽率60%）

Ⓑ 面積 200㎡
（建蔽率50%）

500㎡

| 1章 ライフプランニングと資金計画 |
| 2章 リスク管理 |
| 3章 金融資産運用 |
| 4章 タックスプランニング |
| 5章 不動産 |
| 6章 相続・事業承継 |

〈解答〉

建蔽率60%の土地Aの建築面積　　300㎡×60%＝180㎡……①

建蔽率50%の土地Bの建築面積　　200㎡×50%＝100㎡……②

最大建築面積（①＋②）　180㎡＋100㎡＝280㎡

以上より、建蔽率＝$\dfrac{建築面積}{敷地面積（Ⓐ と Ⓑ の合計）}$ なので

建蔽率　　　280㎡÷（300㎡＋200㎡）×100＝56%

● 建蔽率の上限と緩和　🔵 ここが出る

　建蔽率は、用途地域ごとに上限が定められていますが、次の場合は上限が緩和され建築できる面積が増えます。

建蔽率が10%または20%加算される場合

・特定行政庁が指定する角地にある建築物の場合……………10%加算

・防火地域内で耐火建築物を建てる場合、または準防火地域内で耐火建築物・準耐火建築物を建てる場合……………………10%加算

・建蔽率が80％以外の地域で上記の両方に該当する場合

……………………………………20%加算

建蔽率の制限がなくなる（建蔽率が100%になる）場合

建蔽率が80％の地域（近隣商業地域または商業地域内など）の防火地域内で耐火建築物を建てる場合………………………………100%

　なお、防火地域とは、市街地における火災の延焼を防止するために、建築物の構造などに一定の規制がある地域のことです。耐火建築物とは、耐火構造（鉄筋コンクリート造り等）になっていて、防火に関する基準（延焼と倒壊の防止）を満たしている建物のことです。

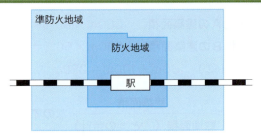

④容積率 計算 ◉ここが出る

　容積率とは、敷地面積に対する建築物の延べ（床）面積の割合のことで、用途地域ごとに上限が定められています。

$$容積率（\%）=\frac{建築物の延べ（床）面積}{敷地面積}×100$$

$$最大延べ（床）面積＝敷地面積×容積率$$

ケース　敷地面積が300㎡の土地の容積率が200％の場合、200％＝延べ（床）面積÷300㎡となり、300㎡×200％で最大600㎡の延べ面積の建物を建築することができます。

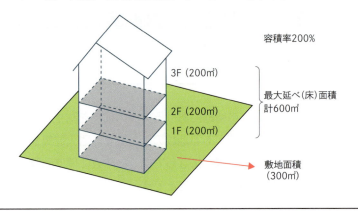

●前面道路の幅員による容積率の考え方 [計算] ◉ここが出る

　敷地が接する前面道路の幅員が**12ｍ未満**の場合、用途地域ごとに定められている容積率（指定容積率という）と、次の計算で求められる容積率の**少ない方**を用います。前面道路の幅員が12ｍ以上ある場合は指定容積率を用います。

> ・住居系用途地域の場合………前面道路の幅員×**10分の4**
>
> ・住居系用途地域以外の場合…前面道路の幅員×**10分の6**

〈例題〉

前面道路の幅員が10ｍで、住居系用途地域（指定容積率は300％とする）に建物を建てる場合の最大延べ（床）面積はいくらか。

前面道路

10m

敷地
（200㎡）

第二種住居地域で
指定容積率300％
敷地面積　200㎡

〈解答〉

前面道路の幅が10ｍなので、10ｍに住居系用途地域の計算に用いる10分の4を掛けます。**10ｍ×10分の4×100＝400％**なので、**指定容積率の300％の方が少ないため300％が適用されます。**
したがって、最大延べ（床）面積は200㎡×300％＝600㎡です。

間違えやすいポイント　建蔽率と容積率の引っかけ問題が出題されます。建蔽率は緩和されることがありますが、容積率は緩和されません。

1章　ライフプランニングと資金計画

2章　リスク管理

3章　金融資産運用

4章　タックスプランニング

5章　不動産

6章　相続・事業承継

●敷地が容積率の異なる地域にわたる場合 計算 ◉ここが出る

建物の敷地が容積率の異なる地域にわたっている場合には、それぞれの地域ごとの容積率を加重平均（按分計算：地域ごとに計算し合算）して求めます。

〈例題〉
異なる容積率（100％と200％）の用途地域にわたる土地に建物を建築する場合の最大延べ（床）面積はいくらか。

前面道路10m		
面積　60㎡（準住居地域）	指定容積率　100％
面積　100㎡（近隣商業地域）	指定容積率　200％

〈解答〉

【準住居地域】

指定容積率が100％の土地は住居系用途地域なので、容積率は、前面道路の幅員10m×10分の4×100＝400％と比較して少ない方の100％（指定容積率）が適用されます。

60㎡×100％＝60㎡……①

【近隣商業地域】

指定容積率が200％の土地は商業系地域（住居系用途地域以外）なので、前面道路の幅員10m×10分の6×100＝600％と比較して少ない方の200％（指定容積率）が適用されます。

100㎡×200％＝200㎡……②

したがって、

最大延べ（床）面積（①＋②）＝60㎡＋200㎡＝260㎡

ちなみに、容積率は260㎡÷（60㎡＋100㎡）×100＝162.5％

面積の合計

1章 ライフプランニングと資金計画

2章 リスク管理

3章 金融資産運用

4章 タックスプランニング

5章 不動産

6章 相続・事業承継

規制等が異なる地域で建物を建築する場合のポイント ◉ここが出る

① 2つ以上の用途地域にわたる場合、面積が過半を占める用途地域の制限を受ける

② 建蔽率、容積率が異なる地域にわたる場合、加重平均して合計する

③ 防火地域と準防火地域にわたる場合、建築できる建物の制限等について厳しい方の規制（防火地域の規制）が適用される

④ 特定行政庁が指定する角地にある建物や、防火地域内の耐火建築物、準防火地域内の耐火建築物・準耐火建築物に該当する場合、建蔽率は緩和されるが、容積率は緩和されない

その他の規制

① 第一種低層住居専用地域、第二種低層住居専用地域および田園住居地域では、原則として10mまたは12mのうち都市計画で定められた高さを超える建物を建てることはできない（高さ制限）

② 中高層の建物による日影を一定時間内に抑え、周辺地域の住居環境（日照時間）を保護する規制が住居系地域、近隣商業地域、準工業地域に設けられている（日影規制）

● **角地など2つの道路に面している場合の前面道路**

敷地が2つの道路に面している場合、広い方が前面道路になります。

ケース

右図の場合、前面道路は10mの道路になる。なお、この宅地が特定行政庁の指定する角地にある場合、建蔽率が10％加算（緩和）される。

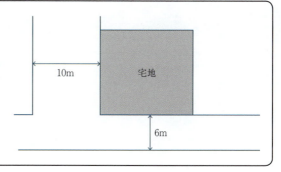

10m　宅地　6m

4 農地法

　農地法とは、自由に農地を処分することを規制するための法律です。
　農地法では、農地や採草放牧地（いわゆる牧場）などの売買や転用を行う
場合、農業委員会や都道府県知事の許可や届出が必要です。

　農地または採草放牧地をそのまま売買する場合を権利の移動、農地を宅地
など農地以外の土地にする場合を転用、農地を宅地など農地以外の土地にす
るために売買することを転用目的での権利の移動といいます。
　なお、市街化区域内の農地については、転用や転用目的での権利の移動を
行う場合、事前に農業委員会に届け出ることで都道府県知事の許可が不要に
なる特例があります。

農地に関する許可権者と市街化区域内での特例

規制の対象	許可権者	市街化区域内での特例
権利の移動	農業委員会	特になし
転用	都道府県知事	事前に農業委員会に届け出れば知事の許可は不要
転用目的での権利の移動		

1章 ライフプランニングと資金計画
2章 リスク管理
3章 金融資産運用
4章 タックスプランニング
5章 不動産
6章 相続・事業承継

5 区分所有法

①区分所有法とは

　区分所有法とは、1棟のマンションやアパートなどの各部屋の所有者（区分所有者）に対する建物の使用や管理に関して定めた法律です。

　1棟の建物のうち、構造上区分されており、独立して住居、店舗などに使用する目的の建物を区分所有建物（分譲マンションなど）といいます。

　区分所有建物は**専有部分**（住居、店舗、事務所など）と**共用部分**（廊下、階段、エレベーターなど）からなっています。

　区分所有者（マンションなどの所有者）の共用部分についての権利の割合（持分）は、所有している**専有部分**の**床面積の割合**によって決まります。

②敷地利用権（**分離処分の禁止**）

　敷地利用権とは、専有部分（住居、店舗、事務所など）を所有するために、建物の敷地を利用する権利のことです。

　区分所有者は原則として、専有部分とその敷地利用権（土地のこと）を、**切り離して**、別々に**処分する**（売却する）ことはできません。

区分所有建物のイメージ

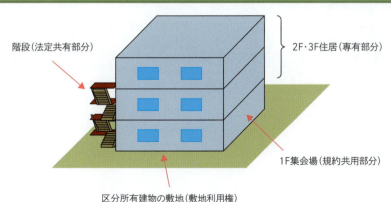

階段（法定共有部分）

2F・3F住居（専有部分）

1F集会場（規約共用部分）

区分所有建物の敷地（敷地利用権）

③区分所有者の集会による決議

　マンションの区分所有者によってつくられるマンション管理組合では、各区分所有者は集会の決議によって意思決定を行います。集会の決議は、区分所有者の定数と専有部分の床面積の保有割合から算出する議決権に基づきます。決議には、普通決議と特別決議があります。なお、区分所有建物の管理者は、少なくとも年1回以上は集会を召集しなければなりません。

区分所有者数と議決権の割合

普通決議	区分所有者数と議決権の過半数で決定する	
特別決議 ここが出る	・規約（ルール）の設定や変更・廃止をする場合	4分の3以上の賛成で決定
	・建替えの場合	5分の4以上の賛成で決定

間違えやすいポイント

マンションなどの建替えは非常に重大なことなので、区分所有者数と議決権の5分の4以上の賛成が必要です。

過去問に挑戦！

問1
借地借家法の規定によれば、借地権は、その登記がなくても、土地の上に借地権者が登記されている建物を所有するときは、これをもって第三者に対抗することができる。【H28年9月】

問2
借地借家法の規定では、定期建物賃貸借契約（定期借家契約）において、貸主に正当の事由があると認められる場合でなければ、貸主は、借主からの契約の更新の請求を拒むことができないとされている。【R2年9月】

問3
賃貸借期間を1年未満とする定期建物賃貸借契約（定期借家契約）は、期間の定めがない賃貸借契約とみなされる。【H27年5月】

問4
都市計画法の規定によれば、市街化調整区域は、（　　　）とされている。【H28年5月】
1. すでに市街地を形成している区域
2. 市街化を抑制すべき区域
3. 優先的かつ計画的に市街化を図るべき区域

問5
建築基準法の規定によれば、住宅は、工業専用地域内および工業地域内では建築することができない。【H27年5月】

問6
建築基準法では、建築物の敷地が2つの異なる用途地域にまたがる場合、原則として、その建築物またはその敷地の全部について敷地の過半の属する地域の建築物に関する規定が適用される。【H27年9月】

問7
都市計画区域内にある幅員4m未満の道で、特定行政庁の指定により建築基準法上の道路とみなされるもの（いわゆる2項道路）については、原則として、その中心線からの水平距離で（　　　）後退した線がその道路の境界線とみなされる。【H29年1月】
1. 1.5m　　2. 2.0m　　3. 2.5m

問8
建築基準法の規定によれば、特定行政庁の指定する角地にある敷地に建築物を建築する場合、その敷地の（　　　）の上限は、都市計画で定められた値に10%が加算される。【H27年1月】
1. 高さ制限　　2. 建ぺい率　　3. 容積率

問9 都市計画区域内の防火地域内に耐火建築物を建築する場合、建築基準法による建ぺい率と容積率の双方の制限について緩和を受けることができる。【H28年9月】

問10 建物の区分所有等に関する法律（区分所有法）の規定によれば、集会において、区分所有者および議決権の各5分の4以上の多数により、建替え決議をすることができる。【H29年1月】

問11 借地借家法上、定期借地権等のうち、（　　　）の設定を目的とする契約は、公正証書によって締結しなければならないと規定されている。【H30年1月】
　　1．一般定期借地権　　2．事業用定期借地権
　　3．建物譲渡特約付借地権

問12 建築物が防火地域および準防火地域にわたる場合においては、原則として、その全部について（　　　）内の建築物に関する規定が適用される。【H30年9月】
　　1．防火地域　　2．準防火地域
　　3．敷地の過半が属する地域

問13 建築基準法の規定によれば、第1種低層住居専用地域内における建築物の高さは、原則として10mまたは20mのうち、当該地域に関する都市計画において定められた建築物の高さの限度を超えてはならない。【H31年1月】

問14 建築基準法の規定では、都市計画区域および準都市計画区域内の建築物の敷地は、原則として、幅員（　1　）以上の道路に（　2　）以上接しなければならない。【R1年9月】
　　1．(1) 2m　(2) 1.5m　　2．(1) 4m　(2) 2m
　　3．(1) 4m　(2) 1.5m

解答

1	○	2	×	3	×	4	2	5	×	6	○
7	2	8	2	9	×	10	○	11	2	12	1
13	×	14	2								

1章 ライフプランニングと資金計画

2章 リスク管理

3章 金融資産運用

4章 タックスプランニング

5章 不動産

6章 相続・事業承継

4 不動産の税金

重要度 ★★★

本節で学ぶこと

- **不動産取得時の税金**

  何に税金がかかり、誰が納めるのか、正しく理解しましょう。

- **不動産保有時の税金**

  土地の大きさによって数字が変わってきます。

- **不動産譲渡時の税金**

  所有期間が5年を超えるか超えないかで、数字が変わってきます。

1 不動産取得時の税金

①不動産取得税

不動産取得税とは、土地・建物を取得した者に対して不動産がある都道府県が課税する地方税です。

●納税義務者

不動産を取得した個人や法人が納税義務者です。不動産を購入・交換・贈与・新築・増改築した場合に課税されます。登記したかどうかや有償か無償かは問いません。

贈与により取得した場合	不動産取得税がかかる
相続や遺贈により取得した場合	不動産取得税がかからない

●課税標準（何に対して税金がかかるのか）

　固定資産税評価額に課税されます。ただし、宅地（建物を建てるための土地）を取得した場合は、固定資産税評価額は2分の1になります。

●税率

　原則、4%です。ただし、土地や住宅を取得した場合は3%、住宅以外の建物（店舗・事務所など）を取得した場合は4%となっています。

$$\text{（例）宅地の不動産取得税} = \text{固定資産税評価額} \times \frac{1}{2} \times 3\%$$

●課税標準の特例

　一定の条件を満たす新築住宅や中古住宅を取得した場合、固定資産税評価額から一定額が差し引かれる特例があります。

新築住宅と中古住宅の課税標準の特例（軽減措置）		
新築住宅 （自宅・貸家ともに可） ● ここが出る	控除額	最高で1,200万円を控除 （例）不動産取得税＝（固定資産税評価額－1,200万円）×3%
	要件	床面積が、50㎡以上240㎡以下の住宅
中古住宅 （自己の居住用のみで、貸家の場合は不可）	控除額	築年数に応じて100万円～1,200万円控除できる
	要件	床面積が50㎡以上240㎡以下の中古住宅

②登録免許税

　登録免許税は、土地・建物を取得して登記所（法務局）で登記するときに個人や法人に課税される国税です。なお、相続や贈与により取得した場合も課税されます。

●納税義務者

　登記をする者が納税義務者です。所有者が代わったときに行う所有権移転登記の場合、登記権利者（買主）と登記義務者（売主）の両方が、納税義務者になります（一般的には、買主が負担します）。

●課税標準（何に対して税金がかかるのか）

　固定資産税評価額に課税されますが、抵当権設定登記の場合は通常、債権金額（銀行などからの借入額）が課税標準です。

●税率

住宅用家屋の場合（床面積が50㎡以上の場合）

登記事項	本則	軽減税率（住宅）
所有権保存登記（新しく購入した場合）	0.4％	0.15％
所有権移転登記（売買した場合）	2.0％	0.3％
抵当権設定登記（抵当権を設定した場合）	0.4％	0.1％

不動産取得税は相続により取得した場合、課税されませんが、登録免許税は課税されます。

③印紙税

　印紙税とは、**不動産売買契約書**などの課税文書に収入印紙を貼って消印することで国に納める税金（国税）のことです。

　印紙税を納付しなかったり、消印がない場合には、**過怠税**（<ruby>過怠税<rt>か たいぜい</rt></ruby>）が課されますが、契約書の内容や効果についての影響はなく、**有効**です。

●納税義務者

　印紙税の納税義務者は、課税文書の作成者です。契約書を売主と買主の両方が所持する場合は、両者とも印紙税を納付する（収入印紙を貼る）必要があります。

●印紙税が課税されないもの

　建物の賃貸借契約書、**不動産の媒介契約書**、国や地方公共団体などが作成した文書には、印紙税は課税されません。

④消費税

　個人の行う不動産取引は、消費税がかかるものとかからないものに分かれます。

不動産取引に対する消費税 　◉ ここが出る		
	課税される場合	**課税されない場合（非課税）**
土地	1か月未満の短期貸付	譲渡（売買）や貸付
建物	・不動産会社からの住居の購入 ・事業用建物の譲渡（売買）や貸付	・自宅の譲渡（売却） ・自宅の貸付により受け取った家賃

間違えやすいポイント　建物を譲渡した場合、消費税がかかりますが、個人の居住用の建物の譲渡については非課税です。また、土地については売買（譲渡）した場合も貸し付けた場合も、原則、非課税です。

1章 ライフプランニングと資金計画

2章 リスク管理

3章 金融資産運用

4章 タックスプランニング

5章 不動産

6章 相続・事業承継

2 不動産保有時の税金

①固定資産税

　固定資産税は、土地・建物を所有している場合に、取得した**翌年**から市町村が課税する**地方税**で、都市計画税とあわせて納付します。

固定資産税の概要 ⊙ここが出る

納税義務者	毎年の**1月1日**現在の所有者（**固定資産課税台帳**に登録されている者） ※ただし、所有者が変わった場合などは売主と買主の間で所有期間に応じて按分して負担するのが一般的
課税標準 （何に対して税金がかかるのか）	**固定資産税評価額**（**3年**ごとに評価額は見直される）
税率	標準税率は**1.4%** ※各市町村は条例で税率を変えることができる
納期	**都市計画税**とあわせて**年4回**に**分割**して納付

　なお、住宅用地（住宅や賃貸アパートの敷地）については、課税標準の特例措置があります。

住宅用地の固定資産税の課税標準の特例 ⊙ここが出る

小規模住宅用地 （**200㎡以下**の部分）	固定資産税評価額が**6分の1**に軽減される
一般住宅用地 （**200㎡超**の部分）	固定資産税評価額が**3分の1**に軽減される

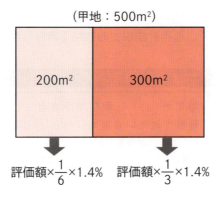

ケース　500㎡の住宅用地の場合、200㎡までは固定資産税評価額が6分の1に、残り300㎡については3分の1に軽減され、それぞれの金額に固定資産税（1.4%）がかかります。

（甲地：500m²）

200m²　　300m²

評価額×$\frac{1}{6}$×1.4%　　評価額×$\frac{1}{3}$×1.4%

　また、新築住宅で一定の条件に該当する場合、固定資産税が**2分の1**に軽減されます。

新築住宅の固定資産税の軽減措置

新築住宅	床面積**120㎡以下**の部分について、新築後の**3年間**の固定資産税が**2分の1**に軽減（新築中高層耐火住宅、長期優良住宅は**5年間**）

不動産取得時・保有時の重要な税金まとめ

名称	課税されるタイミング	税の分類
不動産取得税	家を買ったとき	地方税
登録免許税	家を自分の名義にするとき	国税
固定資産税	家の持ち主に毎年課税	地方税

②都市計画税

都市計画税とは、公園や道路などの計画事業などの費用にあてるため市区町村が課税する地方税で、固定資産税とあわせて納付します。

都市計画税の概要	
納税義務者	市街化区域内の土地や建物の所有者 （毎年1月1日に、固定資産課税台帳に登録されている者）
課税標準（何に対して税金がかかるのか）	固定資産税評価額
税率 ◉ここが出る	0.3% が上限 ※各市町村は条例で税率を変えることができる

固定資産税同様、都市計画税についても課税標準の特例措置があります。

住宅用地の都市計画税の課税標準の特例 ◉ここが出る	
小規模住宅用地 （200㎡以下の部分）	固定資産税評価額が3分の1に軽減
一般住宅用地 （200㎡超の部分）	固定資産税評価額が3分の2に軽減

※たとえば500㎡の住宅用地の場合、200㎡までは固定資産税評価額が3分の1に、残り300㎡については3分の2に軽減され、その金額に都市計画税がかかります

間違えやすいポイント　都市計画税の税率は0.3%が上限です。0.3%以下であれば各市区町村の条例で自由に決められます。

1章 ライフプランニングと資金計画
2章 リスク管理
3章 金融資産運用
4章 タックスプランニング
5章 不動産
6章 相続・事業承継

3 不動産を譲渡した時の税金

①譲渡所得

　個人が土地、建物などを譲渡した場合の所得は譲渡所得として扱われ、所得税や住民税が課されます。この場合、他の所得とは区分して税金が計算される（申告）**分離課税**になります。

②長期譲渡所得と短期譲渡所得

　不動産の譲渡所得は、所有期間により長期譲渡所得と短期譲渡所得に分かれ、税率が異なります。

長期譲渡所得と短期譲渡所得 ◉ここが出る

譲渡した年の**1月1日**時点において

　所有期間が**5年超**の場合……長期譲渡所得

　所有期間が**5年以下**の場合…短期譲渡所得

ケース

2018年の1月7日に取得した不動産を、2023年10月24日に譲渡した場合の所得は（実際の保有期間は5年を超えていますが、2023年の1月1日時点では5年未満となるので）短期譲渡所得になります。

長期譲渡所得と短期譲渡所得の税率

・長期譲渡所得の税額

　＝課税長期譲渡所得金額×**20.315%**（**所得税15.315%・住民税5%**）

・短期譲渡所得の税額

　＝課税短期譲渡所得金額×**39.63%**（**所得税30.63%・住民税9%**）

間違えやすいポイント 長期譲渡所得と短期譲渡所得は、不動産を譲渡した年の**1月1日時点**の所有期間で分かれます。譲渡した日時点で分かれるわけではありません。

③譲渡所得の計算

●譲渡所得の基本的な計算 ◉ここが出る

譲渡所得の金額は以下の計算式で算出します。

$$譲渡所得の金額 = \underset{売却代金}{譲渡収入金額} - (\underset{①}{取得費} + \underset{②}{譲渡費用}) - 特別控除$$

譲渡所得のポイント

①取得費は、取得金額に購入時の**仲介手数料**、**印紙税**、**登録免許税**、**不動産取得税**などを加えて、その金額から**減価償却費**等を差し引いたもの

②譲渡費用は、売却する際に支払った**仲介手数料**や印紙税、登記費用、**賃借人への立退料**、**建物の取壊し費用**、売却のための**広告料**など

※譲渡した不動産の**固定資産税**は譲渡費用や取得費に含まれない

●概算取得費 ◉ここが出る

取得費が不明な場合や、実際の取得費が譲渡収入金額（売却代金）の5%より少ない場合は、概算取得費として**譲渡収入金額×5%**を取得費とすることができます。

ケース

家を売却した場合の代金が3,000万円で、購入価格がわからない場合、（3,000万円×5％）＝150万円を取得費とします。

1章 ライフプランニングと資金計画
2章 リスク管理
3章 金融資産運用
4章 タックスプランニング
5章 不動産
6章 相続・事業承継

④居住用財産を譲渡した場合の3,000万円の特別控除の特例

　個人が居住していた一定の居住用財産を譲渡した場合には、所有期間にかかわらずその譲渡益から最高3,000万円を控除できます。

居住用財産を譲渡した場合の3,000万円の特別控除のポイント 　👁ここが出る

・短期譲渡でも長期譲渡でも適用される（所有期間や居住期間に制限はない）
・居住しなくなってから3年を経過した年の12月31日までの譲渡であること
・居住用財産の譲渡であること。店舗併用住宅の場合は居住用部分のみが控除の対象となる。ただし、居住用部分の割合が90%以上あれば全体が居住用とみなされ控除の対象となる
・住宅と宅地が夫婦の共有名義になっているような場合、共有者それぞれが最高3,000万円まで控除を受けることができる（合計6,000万円まで控除できる）
・この居住用財産の譲渡特例の適用を受けることで、譲渡所得がゼロになる場合でも、確定申告は必要

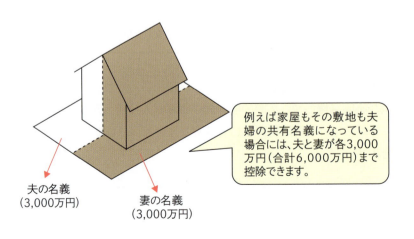

夫の名義
（3,000万円）

妻の名義
（3,000万円）

例えば家屋もその敷地も夫婦の共有名義になっている場合には、夫と妻が各3,000万円（合計6,000万円）まで控除できます。

1章 ライフプランニングと資金計画

2章 リスク管理

3章 金融資産運用

4章 タックスプランニング

5章 不動産

6章 相続・事業承継

3,000万円の特別控除が適用されない場合 ◎ここが出る

・**特別関係者**（配偶者、子、親、生計を一にする親族等）への譲渡の場合
・前年、前々年にこの特例の適用を受けている場合（この特例は**3年に1回**しか適用できない）
・前年、前々年に**特定居住用財産の買換え特例**を受けている場合

3,000万円の特別控除を受ける際に、居住用財産の所有期間や譲渡した者の所得金額に関する要件があるかどうかの出題が多くなっています。この特例には所有期間や所得金額に関する要件はありません。

⑤居住用財産の譲渡による軽減税率の特例（長期譲渡の特例）

◎ここが出る

　個人が居住していた一定の居住用財産を譲渡した場合で、その所有期間が譲渡した年の1月1日に**10年**を超えているときには、**3,000万円の特別控除後の金額**に**軽減税率**の適用をあわせて受けることができます。

居住用財産の譲渡による軽減税率の特例

課税長期譲渡所得	軽減税率
6,000万円以下の部分	所得税10％、住民税4％（計14.21％） 復興税込みで10.21％
6,000万円超の部分	所得税15％、住民税5％（計20.315％） 復興税込みで15.315％

ケース

譲渡所得が8,000万円の場合、6,000万円以下の所得について、6,000万円×14.21％、残りの2,000万円に対して、2,000万円×20.315％が課税されます。

・譲渡した年の**1月1日**における所有期間が**10年**を超えていること
・特別関係者（配偶者、子、親、生計を一にする親族）への譲渡でないこと
・特例を受けることで課税所得がゼロになる場合でも**確定申告**が必要

〈例題〉
1999年5月10日に取得した居住用マンションを2023年3月6日に譲渡し、3,000万円の特別控除の適用を受けた場合の課税譲渡所得はいくらか。※復興特別所得税は考慮しない
・取得費　　　　不明
・譲渡価額　　　5,000万円
・譲渡費用　　　100万円

〈解答〉
取得費が不明の場合は、譲渡収入金額（5,000万円）の5%を概算取得費として計算できるので、概算取得費は250万円です。また、居住用マンションを譲渡しているので、特別控除額は3,000万円です。

課税譲渡所得＝譲渡収入金額−（取得費＋譲渡費用）−特別控除
以上より、
課税譲渡所得＝5,000万円−（250万円＋100万円）−3,000万円
　　　　　　＝1,650万円

なお、譲渡した年の1月1日で所有期間が10年を超えているので、課税長期譲渡所得にあたり、1,650万円に所得税10.21%、住民税4%（前ページの税率を参照）の軽減税率が適用されます。

1章 ライフプランニングと資金計画

2章 リスク管理

3章 金融資産運用

4章 タックスプランニング

5章 不動産

6章 相続・事業承継

⑥空き家を譲渡した場合の3,000万円の特別控除

　相続や遺贈で取得した一定の耐震性のある居住用家屋（空き家）やその敷地を、相続開始日から3年後の12月31日までに、譲渡し、譲渡価額が1億円以下の場合、譲渡所得から最高3,000万円が控除されます。

　対象となる家屋は、1981年5月31日以前に建築されたもので、マンションなどの区分所有建物は対象になりません。

⑦特定居住用財産の買換え特例

　所有期間が10年を超える居住用財産を個人が譲渡して、新しく居住用財産（居住用の建物）を購入する場合、一定要件のもと、譲渡益に対する課税を将来に繰り延べることができます。

　譲渡した財産の価額よりも取得した居住用財産の取得価額の方が高い場合には譲渡益がなかったものとされ、また、取得した居住用財産の取得価額の方が低い場合には、その差額分が譲渡益とされ課税されます。

譲渡資産の譲渡価額≦買換え資産の取得価額

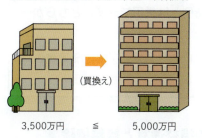

3,500万円　≦　5,000万円

※譲渡はなかったとみなされ、
　課税は繰り延べられます

譲渡資産の譲渡価額＞買換え資産の取得価額

5,000万円　＞　3,500万円

※差額分（1,500万円）が譲渡益とみなされ
　課税されます

〈譲渡する居住用財産の要件〉

・所有期間が10年（譲渡した年の1月1日で）を超えていること

・譲渡者の居住期間が合計で10年以上であること

・譲渡資産の譲渡価額（売却代金）が1億円以下であること

・特別関係者（配偶者、親、子など）への譲渡でないこと

・2023年12月末までの譲渡であること

〈取得する居住用財産の要件〉

・居住用の床面積が50㎡以上で敷地面積が500㎡以下であること

・譲渡した年の前年から譲渡した年の翌年までの3年間に居住用の建物を取得し、翌年末までに居住すること

その他のポイント

・居住用財産（居住用の建物）を譲渡した場合の3,000万円の特別控除とは併用できず、どちらか一方を選択する

・居住用財産の譲渡による軽減税率の特例とは併用できず、どちらか一方を選択する

・この特例を受けることで譲渡所得がゼロとなる場合でも、確定申告は必要

⑧居住用財産の買換えの譲渡損失の損益通算と繰越控除

所有期間が5年（譲渡した年の1月1日時点で）を超える居住用財産を個人が譲渡して、買換えを行い、取得日から翌年末までに居住するときに、譲渡した居住用財産に損失が生じているときには、一定の条件を満たしていればその他の所得と損益通算を行うことができます。損益通算しても控除しきれなかった損失は翌年以後3年間にわたって繰越控除できます。

居住用財産の買換えの譲渡損失の損益通算と繰越控除のポイント

・譲渡した年の1月1日における所有期間が5年を超えていること

・2023年12月末までの譲渡であること

・特別関係者（配偶者、親、子など）への譲渡でないこと

・取得日の翌年12月31日までに居住するか、または居住する見込みであること

・取得した居住用財産に控除を受ける年の年末時点で10年以上の住宅ローンがあること

・控除対象者の繰越控除をする年の合計所得金額が3,000万円以下であること

・損益通算および繰越控除を受ける場合は確定申告が必要

1章 ライフプランニングと資金計画

2章 リスク管理

3章 金融資産運用

4章 タックスプランニング

5章 不動産

6章 相続・事業承継

問1 　不動産取得税は、生前贈与により不動産を取得したときには課されない。【H30年9月】

問2 　相続による不動産の取得に起因して所有権移転登記を行う場合は、登録免許税は課されない。【H28年5月】

問3 　固定資産税における小規模住宅用地（住宅用地で住宅1戸当たり200㎡以下の部分）の課税標準については、当該住宅用地に係る固定資産税の課税標準となるべき価格の4分の1の額とする特例がある。【H29年9月】

問4 　都市計画税は、都市計画区域のうち、原則として、市街化区域内に所在する土地・家屋の所有者に対して課される。【H26年5月】

問5 　土地・建物等を譲渡した場合の譲渡所得に係る税額の計算において、（　　　）現在における譲渡資産の所有期間が5年を超えるものは、長期譲渡所得に区分される。【H27年5月】
　1. 譲渡の年の1月1日　　2. 譲渡契約の締結日
　3. 譲渡の年の12月31日

問6 　居住用財産を譲渡した場合の長期譲渡所得の課税の特例（軽減税率の特例）は、譲渡した日の属する年の（　1　）において、土地等または建物等の所有期間が（　2　）を超えていなければ適用を受けることができない。【H28年5月】
　1.（1）1月1日　（2）10年　　2.（1）1月1日　（2）5年
　3.（1）3月15日　（2）5年

問7 　土地・建物を譲渡したことによる譲渡所得の金額の計算において、譲渡した土地・建物の取得費が不明である場合には、譲渡収入金額の（　　　）相当額を取得費とすることができる。
【H28年9月】
　1. 3%　　2. 5%　　3. 10%

問8 「居住用財産の譲渡所得の特別控除（居住用財産を譲渡した場合の3,000万円の特別控除）」は、居住用財産を居住の用に供さなくなった日から3年を経過する日の属する年の12月31日までに譲渡しなければ、適用を受けることができない。【H28年1月】

問9 「居住用財産を譲渡した場合の3,000万円の特別控除の特例」の適用を受けるためには、適用を受けようとする者のその年分の合計所得金額が3,000万円以下でなければならない。【H27年5月】

問10 「特定の居住用財産の買換えの場合の長期譲渡所得の課税の特例」の適用を受けるためには、譲渡資産の譲渡対価の額が（　　　）以下でなければならない。【H27年5月】
　　1. 6,000万円　　2. 1億円　　3. 1億5,000万円

問11 土地・家屋に係る固定資産税の課税標準となる価格は、原則として、（　　　）ごとの基準年度において評価替えが行われる。【H30年9月】
　　1. 2年　　2. 3年　　3. 5年

問12 「居住用財産を譲渡した場合の3,000万円の特別控除」は、自己が居住していた家屋を配偶者や子に譲渡した場合には、適用を受けることができない。【H31年1月】

問13 新築の戸建て住宅の取得に対する不動産取得税の課税標準の算定上、「不動産取得税の課税標準の特例」の適用を受けることにより、固定資産税評価額から最高で1,500万円を控除することができる。【R1年5月】

問14 「被相続人の居住用財産（空き家）に係る譲渡所得の特別控除の特例」の適用を受けるためには、譲渡の対価の額が5,000万円以下でなければならない。【R2年9月】

解答

1	×	2	×	3	×	4	○	5	1	6	1
7	2	8	○	9	×	10	2	11	2	12	○
13	×	14	×								

5 不動産の有効活用と投資判断指標

重要度 ★★★

本節で学ぶこと

- **事業方式による不動産の有効活用**
  6つの事業方式の違いを理解しましょう。
- **不動産の有効活用**
  いわゆる「大家さん」をイメージすると、学びやすい項目です。
- **不動産の投資判断指標**
  3つの計算式を理解し、計算できるようにしておきましょう。

1 事業方式による不動産の有効活用

①自己建設方式 ●ここが出る

　土地所有者が自分の土地を保有したまま、自らが有効活用の企画や資金調達、建築、運営管理を行い、賃貸事業などを行う方法です。

　ノウハウが必要で、リスクが高くなります。

　なお、自己建設方式では自身が所有する建物を家主として他人に貸すので、宅地建物取引業にあたらず、宅地建物取引業の免許は不要です。

②事業受託方式 ●ここが出る

　土地所有者が自分の土地を保有したまま、デベロッパー（不動産開発業者）に企画立案・建物の設計など一括して委託し、賃貸事業などを行う方法です。

　土地所有者は専門知識がなくても土地の有効活用ができますが、資金負担が必要になります。

③土地信託方式 ◉ここが出る

　土地所有者が土地を信託銀行に預けて、信託銀行が企画立案、資金の調達から建築・テナント募集・建物の管理などを行う方法です。

　信託期間中の土地や建物は信託銀行の名義になっていますが、信託終了後は所有者に戻ります。

④等価交換方式 ◉ここが出る

　土地所有者が土地の全部または一部を出資し、その土地の上にデベロッパーの資金で建物を建て、建物費用と土地代の出資割合に応じて土地所有者とデベロッパーが土地と建物を所有する方式です。

　土地の全部を譲渡する全部譲渡方式と一部のみ譲渡する部分譲渡方式があります。土地の全部または一部を売却して建物を所有できるので、土地所有者は自己資金や借入金が不要です。

⑤定期借地権方式 ◉ここが出る

　定期借地権を設定した土地を他人に貸すことで土地を有効活用する方式です。期間満了時に借地人は建物を取り壊し、土地は更地で返還する必要があります。開発事業は主にデベロッパーが行います。

　土地所有者にとっては資金負担がなく、安定的な収益が見込めます。

⑥建設協力金方式 ◉ここが出る

　土地所有者が、建物等の借主（テナント）から建設資金の全部または一部を借りて建物を建築し、建築した建物をテナントに貸し出します。したがって、建物はテナントのニーズにあわせて建てられます。また、建物は土地所有者が建てるので、テナントは契約期間満了時に土地を更地で返還する必要はありません。郊外のロードサイド店舗に多く見受けられます。

1章 ライフプランニングと資金計画
2章 リスク管理
3章 金融資産運用
4章 タックスプランニング
5章 不動産
6章 相続・事業承継

2　不動産の有効活用

①アパートやマンションの経営

　アパートやマンションの経営は、駅に近いなどの立地条件に大きく左右されます。一般に、ファミリータイプのマンションと比べて、**ワンルームマンション**は1㎡あたりの賃料単価（家賃）が**割高**になります。

②オフィスビルの経営

　対象が法人となるため、景気の変動や立地条件にも影響されます。通常、賃貸マンションより**収益性**が高い反面、初期費用は多くかかります。

③駐車場経営

　駐車場の経営を行う場合、借地権や借家権などの問題が起きないといったメリットがあります。一方、固定資産税の減税措置がなく、相続税評価額も高くなります。

3　不動産の投資判断指標

　不動産事業の採算性をみる指標には、表面利回り、純利回り、キャッシュ・オン・キャッシュ（自己資金に対する収益力）などがあります。

●表面利回り

　表面利回り（単純利回り）とは、不動産の購入価格に対する年間の家賃収入の割合です。

$$表面利回り（単純利回り）（\%）＝\frac{年間総収入（家賃収入）}{投資金額（物件価格）}×100$$

● 純利回り（NOI利回り）

　純利回り（NOI利回り）とは、不動産の購入価格に対する年間の純収入（家賃収入から経費を引いた金額）の割合です。

$$純利回り（NOI利回り）（\%）=\frac{年間純収入}{投資金額}\times 100$$

$$=\frac{年間総収入－諸経費}{投資金額}\times 100$$

◉ ここが出る

● キャッシュ・オン・キャッシュ

　キャッシュ・オン・キャッシュとは、自己資金と借入金で物件を購入していた場合、自己資金に対する手取り額（手取り額）の割合です。手取り額は家賃収入から借入金の返済額を差し引いた額です。

$$キャッシュ・オン・キャッシュ（自己資金に対する収益性）（\%）$$

$$=\frac{手取り額（収入－支出）}{自己資金}\times 100$$

借入金の返済額

1章 ライフプランニングと資金計画
2章 リスク管理
3章 金融資産運用
4章 タックスプランニング
5章 不動産
6章 相続・事業承継

取得した不動産価額5,000万円、賃貸収入（年）500万円、年間経費100万円、自己資金2,000万円、銀行借入3,000万円（年間返済額200万円）の場合の表面利回り、正味利回り、キャッシュ・オン・キャッシュはいくらか。

・表面利回り（単純利回り）

$$=\frac{500万円}{5,000万円}\times100=10\%$$

・純利回り（NOI利回り）

$$=\frac{500万円-100万円}{5,000万円}\times100=8\%$$

・キャッシュ・オン・キャッシュ

$$=\frac{500万円-100万円-200万円}{2,000万円}\times100=10\%$$

●**事業方式による不動産の有効活用**

　金財の実技試験では事業方式による不動産の有効活用に関する問題が頻繁に出題されています。

　通常、正誤問題方式で出題されていますので、自己建設方式、事業受託方式、土地信託方式、等価交換方式、定期借地権方式、建設協力金方式のポイントや違いを確認しておきましょう。

1章 ライフプランニングと資金計画

2章 リスク管理

3章 金融資産運用

4章 タックスプランニング

5章 不動産

6章 相続・事業承継

章末 実技試験対策

金財の実技試験では、建築面積の上限、延べ（床）面積の上限といった建蔽率と容積率に関する計算問題がほぼ毎回出題されています。その他、不動産の有効活用に関する問題も出題頻度が高くなっています。FP協会の実技試験でも、建築面積、延べ（床）面積の上限を求める計算問題は出題頻度が高くなっています。

● 建蔽率と容積率の計算　共通

建築基準法に基づき、下記〈資料〉の土地に建築物（耐火建築物）を建築する場合、この土地に対する建築物の建築面積の最高限度と延べ（床）面積の上限はいくらか。なお、記載のない条件については一切考慮しないこととする。

〈資料〉

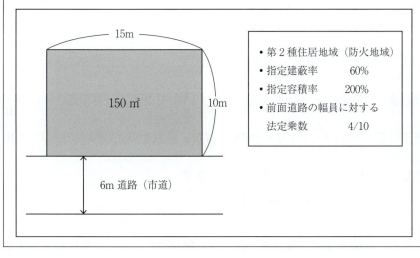

- 第2種住居地域（防火地域）
- 指定建蔽率　　　60%
- 指定容積率　　　200%
- 前面道路の幅員に対する
  法定乗数　　　4/10

●建蔽率と容積率の計算（解答・解説）

建蔽率とは、敷地面積に対する建築面積の割合のことです。

$$建蔽率＝\frac{建築面積}{敷地面積}×100$$

したがって、建築物を建築できる面積＝**敷地面積×建蔽率**　です。

この建物は耐火建築物で、防火地域内にあるので、建蔽率は10%緩和され、70%になります。以上より、建築面積の上限＝150㎡×70%＝**105㎡**

容積率とは、敷地面積に対する建築物の延べ（床）面積の割合のことです。

$$容積率＝\frac{建築物の延べ（床）面積}{敷地面積}×100$$

したがって、建築できる延べ（床）面積＝**敷地面積×容積率**　になります。ただし、前面道路の幅が**12m**未満の場合、用途地域によって容積率は制限（法定乗数）されます。

・住居系用途地域の場合……前面道路幅$×\frac{4}{10}$

・その他の用途地域の場合…前面道路幅$×\frac{6}{10}$

これらの計算の結果と指定容積率を比べて、小さい方の容積率を用いて計算します。このケースでは前道路の幅が6m、住居系地域なので、6mに$\frac{4}{10}$を掛けて、$6m×\frac{4}{10}×100＝240\%$になり、これを指定容積率の200%と比較して小さい方の200%が容積率となります。

以上より、延べ（床）面積の上限
＝150㎡×200%＝**300㎡**

なお、容積率は防火地域内で耐火建築物を建てる場合でも緩和されません。

1章
ライフプランニング
と資金計画

2章
リスク管理

3章
金融資産運用

4章
タックス
プランニング

5章
不動産

6章
相続・事業承継

●前面道路の幅員が4m未満の場合の建蔽率

前面道路の幅員が4m未満の場合の建蔽率の計算問題も出題される可能性があります。前面道路の幅員が2mの2項道路の場合を考えてみましょう。

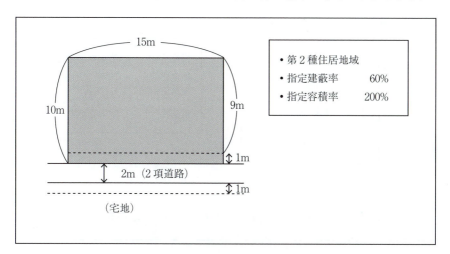

2項道路の場合、道路と敷地の境界線は道路の中心線から2mのところになります。したがって、このケースでは敷地側に1mセットバックされ、敷地の面積は135㎡（9m×15m）になります。

以上より、この敷地の建築面積の上限は、135㎡×60%（指定建蔽率）＝81㎡となります。

《参考》

容積率の計算の場合も注意が必要です。前面道路の幅が12m未満の場合、指定容積率と前面道路の幅に用途地域ごとの数値（住居系地域の場合は10分の4）を乗じた数値の少ない方を用いますが、このケースの場合、前面道路の幅がセットバックされて4mになっています。したがって、4m×10分の4（160%）と指定容積率（200%）の少ない数値を用いて、延べ床面積を算出します。

・最大延べ（床）面積……135㎡×160%＝216㎡

●**敷地が特定行政庁の指定する角地などにある場合の建蔽率**

下記の甲土地に耐火建築物を建てる場合の建蔽率を考えてみましょう。

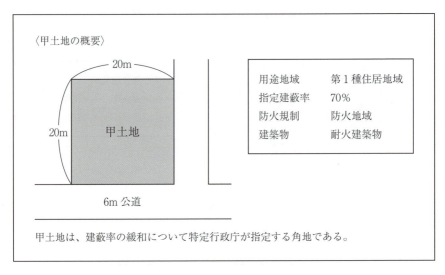

〈甲土地の概要〉

用途地域	第1種住居地域
指定建蔽率	70%
防火規制	防火地域
建築物	耐火建築物

20m
20m
甲土地
6m 公道

甲土地は、建蔽率の緩和について特定行政庁が指定する角地である。

特定行政庁の指定する角地に建築物を建てる場合、建蔽率は10%加算されます。さらに、防火地域内に耐火建築物を建てる場合も、建蔽率が10%加算されます。合計で20%加算され、建蔽率は90%になります。

建築面積の上限＝敷地面積×建蔽率

＝400㎡×90%＝ 360㎡

建蔽率が加算される場合のまとめ

・特定行政庁が指定する角地にある建築物の場合……………10%加算

・防火地域内で耐火建築物を建てる場合、または準防火地域内で
　耐火建築物・準耐火建築物を建てる場合…………………………10%加算

・建蔽率が80％の地域の防火地域内で耐火建築物を建てる場合

　………………………建蔽率100%になる

※容積率が緩和されることはない

6章

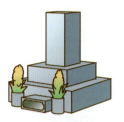

相続・事業承継

🎓 学科試験

- 贈与の種類（特に暦年課税）、贈与税額の計算、贈与税の配偶者控除の特例の内容を押さえよう
- 出題が増えている相続時精算課税についても要注意
- 法定相続人と法定相続分および遺産分割の方法、遺言も重要
- 土地の相続税評価額の計算式や小規模宅地等の特例を覚えておくように

🧮 実技試験

- 親族関係図を用いた相続税の基礎控除額や相続分の計算問題は毎回出題
- 相続の放棄や代襲相続があった場合の相続分は特に重要
- 相続時精算課税や贈与税の配偶者控除の特例および配偶者に対する相続税の税額軽減に関しても、よく問われる

1 贈与税

本節で学ぶこと

- **贈与の種類**

  定期贈与・負担付贈与・死因贈与・単純贈与それぞれの違いを理解しましょう。特に負担付贈与と死因贈与がポイントです。

- **課税財産の種類**

  香典やお見舞い金や離婚の慰謝料には贈与税が課されません。

- **贈与税の計算**

  110万円の基礎控除を忘れないようにしましょう。

- **贈与税の申告と納付期限**

  提出期限と納付期限は翌年の2月1日から3月15日まで。

- **贈与税の配偶者控除の特例**

  婚姻期間が20年以上ある夫婦間では、特別な贈与が可能です。

- **相続時精算課税**

  2,500万円と20%という数字が重要です。

- **教育資金の一括贈与に係る贈与税の非課税措置**
- **結婚・子育て資金の一括贈与に係る贈与税の非課税措置**
- **住宅取得資金の贈与に対する非課税措置**

  これらの非課税措置を受けるには、さまざまな条件があります。

贈与・相続の基礎用語

贈与者と受贈者	贈与者は贈与する側、受贈者は贈与される側
みなし相続財産	民法上は相続で取得したものではないけれど、相続税法上では相続財産とされる財産のこと（親が亡くなったときの死亡保険金など）
遺贈 （いぞう）	遺言によって財産を無償で譲ること（相続税の対象になる）
使用貸借	例えば、不動産の所有者が第三者が無償でその不動産を使用することを認めること
直系尊属 （ちょっけいそんぞく）	自分の父母や祖父母などの前の世代のこと
被相続人と相続人	被相続人は亡くなった人、相続人は亡くなった人の遺産を相続する人
血族 （けつぞく）	自分の親族のこと
姻族 （いんぞく）	配偶者側の親族のこと
3親等	親や子は1親等、祖父母や孫は2親等、曾祖父母や曾孫が3親等
嫡出子と非嫡出子	嫡出子は婚姻中の夫婦の間に生まれた子 非嫡出子は婚姻関係のない男女の間に生まれた子
指定相続分	遺言によって決められた相続する割合のこと
法定相続分	民法によって定められた相続できる割合のこと
特別養子縁組	実の父母との親子関係がなくなり、養子に入った親（養親）のみが親となる（原則、15歳未満の者が対象）
普通養子縁組	実の父母との親子関係を残したまま、養親との間でも親子関係を結ぶ（両親が4人いることになる）
準確定申告	亡くなった人に収入があった場合、亡くなった人の所得税を申告すること

1章 ライフプランニングと資金計画

2章 リスク管理

3章 金融資産運用

4章 タックスプランニング

5章 不動産

6章 相続・事業承継

1 贈与とは

　贈与とは、自分の財産を無償で相手に与える契約のことです。相手がこれに**合意する**ことによって成立します。贈与する方を贈与者、贈与を受ける方を受贈者といいます。

　贈与には**口頭による贈与**（書面によらない贈与）と**書面による贈与**があります。口頭による贈与は、どちらからでも取り消すことは可能ですが、すでに履行が終わった部分（財産を引き渡した部分）は取消しできません。また、書面による贈与は原則として取消しできません。ただし、死因贈与の取消しは、贈与者からいつでもできます。

2 贈与の種類

贈与の種類

種類	概要
定期贈与	定期的に行う贈与 ケース 「毎年50万円ずつ、10年間贈与する」といった場合 ※贈与者または受贈者が死亡した場合、契約は終了する
負担付贈与 ◉ここが出る	受贈者に一定の負担（債務）を負わせる贈与 ケース 「3,000万円のマンションを贈与する代わりに2,000万円のローンを支払わせる」といった場合
死因贈与 ◉ここが出る	贈与者が死亡することによって効力を生ずる贈与 ケース 「私が死んだらこの国債を贈与します」など生前の意思表示に、**受贈者も合意**している場合 ※死因贈与により受け取った財産は、贈与税ではなく、**相続税**の対象になる
単純贈与	贈与のたびに贈与契約を結ぶ場合

3 贈与税の納税義務者

　贈与税を支払うのは、贈与によって財産を取得した個人です。**国内に住所がある者**は、贈与により取得した**国内外すべての財産**に課税されます。

4 課税財産の種類

①贈与税の課税財産

　贈与税が課税される財産は、2種類に分けられます。

贈与税が課税される財産	
本来の贈与財産	実際に贈与により取得した経済的価値のある財産 **具体例** 現金、預金、有価証券、土地・建物、貴金属など
みなし贈与財産	実質的に贈与とみなされて課税される財産。 **具体例** ・個人間で時価よりも著しく低い価額で譲渡した場合、時価との差額がみなし贈与財産として贈与税の課税対象になる ・保険料を負担した者以外が受け取った満期保険金など

●みなし贈与財産のイメージ

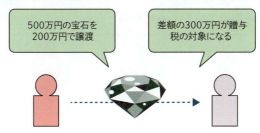

500万円の宝石を200万円で譲渡

差額の300万円が贈与税の対象になる

● **相続発生時の贈与のイメージ**

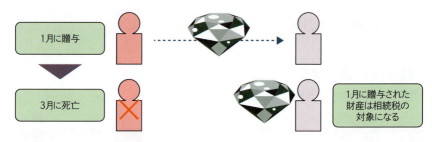

1月に贈与

3月に死亡

1月に贈与された財産は相続税の対象になる

②贈与税が非課税となる場合

以下の場合は贈与税が課されません。

贈与税が課税されないケース

・扶養義務者間（親子間など）における**通常必要な範囲**での**生活費・教育費**の援助

・社会通念上必要と認められる**香典**、**祝物**、**お見舞金**など

・離婚にともない、**慰謝料**や財産分与を受けた場合

・親が子に土地を無償で貸した場合（**使用貸借**という）

・法人が個人（従業員）への贈与した場合（従業員の**給与所得**とみなされ、所得税の対象となる）。なお、法人と個人の間に雇用関係がない場合は、給与所得ではなく一時所得となる

---

5 **暦年課税と基礎控除**

1章 ライフプランニングと資金計画
2章 リスク管理
3章 金融資産運用
4章 タックスプランニング
5章 不動産

　贈与税は、**受贈者（贈与された者）**ごとに、**1月1日から12月31日**の1年間に受け取った贈与財産に対して課されます。これを暦年（れきねん）課税といいます。

　暦年課税には**110万円**の基礎控除額があり、受け取った財産の価額が110万円以下であれば贈与税は課税されず、贈与税の**申告**は**不要**です。

　なお、父母の両方から別々に贈与を受けた場合でも、受贈者の基礎控除額は110万円が上限です（倍の220万円にはなりません）。

●**贈与税の計算式**

◉**ここが出る**

贈与税額＝（贈与税の課税価格 − **110万円**）×税率※

※贈与税は、直系尊属（父母や祖父母）からの贈与（**特例贈与**）の場合と、その他の者からの贈与（**一般贈与**）の場合で、税率が異なります。特例贈与では、特例税率が適用され、一般贈与（一般税率）よりも税額が軽減されます

贈与税率表

一般贈与（一般税率）			特例贈与（特例税率）		
課税価格 （基礎控除後）	税率	控除額	課税価格 （基礎控除後）	特例 税率	控除額
200万円以下	10%	—	200万円以下	10%	—
300万円以下	15%	10万円	400万円以下	15%	10万円
400万円以下	20%	25万円	600万円以下	20%	30万円
600万円以下	30%	65万円	1,000万円以下	30%	90万円
1,000万円以下	40%	125万円	1,500万円以下	40%	190万円
1,500万円以下	45%	175万円	3,000万円以下	45%	265万円
3,000万円以下	50%	250万円	4,500万円以下	50%	415万円
3,000万円超	55%	400万円	4,500万円超	55%	640万円

※贈与税は贈与財産が多くなるほど税率が高くなる累進税率となっています
※直系尊属から贈与を受けた場合に特例税率が適用されるのは、贈与を受けた年の1月1日
　現在18歳以上の者です

〈例題〉

子（18歳以上）が父から年1,000万円の贈与を受け、暦年課税を適用
した場合の贈与税額はいくらか。

〈解答〉

（1,000万円－110万円）×30％－90万円＝177万円

基礎控除　　　　特例贈与の税率

1章 ライフプランニングと資金計画
2章 リスク管理
3章 金融資産運用
4章 タックスプランニング
5章 不動産
6章 相続・事業承継

6 贈与税の申告と納付期限

①申告期限 ◉ここが出る

　贈与税の申告書の提出期限は、翌年の**2月1日から3月15日**までとなっています。申告書の提出先は、**受贈者**の居住地を管轄する税務署です。

②納付期限

　贈与税は申告書の提出期限である3月15日までに、金銭で一括納付します。贈与税の額が**10万円**以上あり、納付期限までに金銭で一括納付できない場合は、税務署長宛てに延納申請書を提出して、**延納**（分割して納付すること）できます。延納期間は最長**5年**です。

　贈与税では**物納**（金銭の代わりに、贈与された財産を納付すること）は認められていません。◉ここが出る

7 贈与税の配偶者控除の特例 ◉ここが出る

　婚姻期間が**20年以上**の夫婦間で、**国内にある**居住用不動産やその敷地または**居住用不動産の購入資金**の贈与があった場合、最高**2,000万円**を課税価格から控除できます。

　基礎控除の110万円とは別枠なので、夫婦間の居住用不動産の贈与では合計**2,110万円**までの贈与については課税されないことになります。

●贈与税の配偶者控除の特例の計算式

> 贈与税額＝（課税価格−110万円−2,000万円）×税率
>
> 　　　　　　　　　　　　↑基礎控除　　↑配偶者控除の特例

〈例題〉婚姻期間が20年以上ある夫婦間で夫から配偶者へ居住用不動産（評価額3,000万円）の贈与があり、贈与税の配偶者控除の特例を適用した場合の贈与税額はいくらか。※贈与税率表を参照

〈解答〉

（3,000万円－110万円－2,000万円）×40%－125万円＝231万円

一般贈与の税率

この場合、110万円の基礎控除と2,000万円の配偶者控除後の課税価格（890万円）に対する税率が適用されます。また、夫婦間の贈与なので、一般贈与の税率が適用されます。

8 相続時精算課税制度

相続時精算課税制度とは、相続税と贈与税を一体化した制度です。1組の贈与者と受贈者につき、累計2,500万円（特別控除額）までの贈与であれば非課税となり、2,500万円を超える部分には20%贈与税が課されます。

贈与者	贈与のあった年の**1月1日**現在、**60歳以上の父母・祖父母**
受贈者	贈与のあった年の**1月1日**現在、**18歳以上の子**である**推定相続人**（相続人となるはずの者のことで、代襲相続人も含む）および18歳以上の孫
手続きなど	贈与を受けた翌年2月1日から3月15日までに、相続時精算課税届出書を提出する（一度選択すると**暦年課税制度への変更や取消しは不可**）
対象財産	贈与財産の種類や金額、贈与回数に制限なし
税金の計算	**2,500万円**（累計額）を超える金額に、一律**20％**贈与税がかかる **ケース** 3,000万円の贈与があった場合は、（3,000万円－2,500万円）×20％＝100万円の贈与税の支払いが必要
相続発生時の対応	・適用を受けた者は、贈与財産と相続財産を合算して算出した相続税額から、すでに納付した贈与税額を控除する（相続財産と合算する贈与財産の価額は、**贈与されたときの価額**） ・すでに支払った贈与税額の方が多い場合は、**控除しきれない額は還付**される

　なお、1人の贈与者に対して、相続時精算課税制度と暦年課税の基礎控除をあわせて適用することはできません。

相続時精算課税制度は、贈与額が2,500万円を超えた場合に、超えた金額に対して**20％**の贈与税が課税される点、相続が発生したときに、相続財産と合算する贈与財産の価額は**贈与時の価額**である点がよく出題されます。

1章 ライフプランニングと資金計画

2章 リスク管理

3章 金融資産運用

4章 タックスプランニング

5章 不動産

6章 相続・事業承継

9　教育資金の贈与税の非課税措置

　子や孫に対して、直系尊属（父母や祖父母など）が教育資金を贈与し、金融機関に預けるなどした場合に、贈与した金銭のうち、一定額までが非課税になります。この制度を「教育資金の一括贈与に係る贈与税非課税措置」といいます。

　この制度の適用を受けるためには、支払った教育費の領収書などを金融機関に提出する必要があります。

教育資金の一括贈与に係る贈与税非課税措置

贈与者	父母や祖父母などの直系尊属
受贈者	前年の合計所得金額が**1,000万円以下**の**30歳未満**の子や孫
非課税金額（最大）	・学校に支払われる場合、**1,500万円** ・学校以外の塾等に支払われる場合、**500万円**
適用期間	2026年3月31日までの贈与が対象

※贈与された者が30歳になった時点で残っている資金は、原則、贈与税の対象になります
※贈与した者が贈与後に死亡した場合、その時点での残額は相続税の対象になります。ただし、受贈者が23歳未満の場合、相続税は課税されません

10 結婚・子育て資金の贈与税の非課税措置

　直系尊属（父母や祖父母など）が子や孫に対して、契約した信託銀行などの口座に子育て資金や結婚資金を一括贈与した場合、一定額までが非課税になります。この制度を「直系尊属から結婚・子育て資金の一括贈与を受けた場合の非課税措置」といいます。

　なお、この非課税制度は暦年贈与（年110万円までの贈与税の非課税制度）、直系尊属からの住宅取得等資金贈与の非課税措置、直系尊属からの教育資金の贈与の非課税措置などと同時に適用を受けることができます。

結婚・子育て資金の一括贈与に係る贈与税の非課税措置

贈与者	父母や祖父母などの直系尊属
受贈者	前年の合計所得金額が1,000万円以下である18歳以上50歳未満の子や孫
非課税金額（最大）	・子育てに使用する場合、1人あたり1,000万円 ・結婚資金に使用する場合、1人あたり300万円
適用期間	2025年3月31日までの贈与が対象

※贈与された子や孫が50歳になった時点で残っている資金は、贈与税の対象になります
※贈与した者が贈与後に死亡した場合、その時点での残額は相続税の対象になります

11 住宅取得等資金の贈与税の非課税措置

　父母や祖父母などの直系尊属から住宅購入資金の贈与を受けた場合、一定額までが非課税になります。この制度を「直系尊属から住宅取得等資金の贈与を受けた場合の非課税」といいます。贈与を受けた翌年の3月15日までに住宅を購入していることが要件です。

　なお、この制度は、贈与税の暦年課税の基礎控除や相続時精算課税制度、結婚子育て資金の贈与と同時に適用を受けることができます。

住宅取得等資金の贈与に関する非課税措置

贈与者	父母や祖父母などの直系尊属	
受贈者	贈与を受けた年の1月1日現在で18歳以上の者（ただし、その年の合計所得金額が2,000万円以下の場合）	
住宅の要件と所得制限（贈与された者の合計所得金額）	1,000万円以下	床面積40㎡以上240㎡以下
	1,000万円超2,000万円以下	床面積50㎡以上240㎡以下
適用期間	2023年12月31日までに住宅を取得した場合	
非課税限度額	一般住宅	500万円
	耐震・省エネ等の住宅	1,000万円

問1 　贈与の効力は、当事者の一方が自己の財産を無償で相手に与える意思を表示することにより生じ、相手方がこれを受諾する必要はない。【H30年1月】

問2 　贈与者の死亡によって効力を生ずる死因贈与によって取得した財産は、相続税の課税対象となる。【H28年5月】

問3 　贈与税について、受贈者は、原則として、贈与を受けた年の翌年の2月1日から3月15日までに贈与税の申告書をその者の住所地の所轄税務署長に提出し、その申告書の提出期限までに申告書に記載した贈与税額に相当する贈与税を納付しなければならない。【H27年10月】

問4 　相続または遺贈により財産を取得した者が、相続開始の年において被相続人から贈与によって取得した財産については、原則として、相続税の課税価格に算入されるので、贈与税の課税価格には算入されない。【H29年1月】

問5 　暦年課税による贈与税の計算において、同年中に父と母からそれぞれ贈与を受けた場合の基礎控除額は、220万円（110万円×2人）である。【H27年1月】

問6 　贈与税の配偶者控除の特例は、婚姻期間が（　①　）以上である配偶者から居住用不動産の贈与または居住用不動産を取得するための金銭の贈与を受け、一定の要件を満たす場合、贈与税の課税価格から贈与税の基礎控除額とは別に（　②　）を限度として控除できるものである。【H29年1月】
　　1．①　10年　②　1,000万円
　　2．①　20年　②　1,000万円
　　3．①　20年　②　2,000万円

問7 　父から贈与を受け相続時精算課税の適用を受けた場合、以後、父からの贈与について暦年課税に変更することはできない。【H27年5月】

問8 相続時精算課税の適用を受けた場合、特定贈与者ごとに特別控除額として累計（ 1 ）までの贈与には贈与税が課されず、それを超えた贈与額に対しては一律（ 2 ）の税率で贈与税が課される。【H31年1月】

    1.（1）2,000万円　（2）10%
    2.（1）2,000万円　（2）20%
    3.（1）2,500万円　（2）20%

問9 相続時精算課税制度の適用を受けた財産は、贈与者の相続に係る相続税の計算において、贈与時の価額によって相続税の課税価格に加算する。【H26年1月】

問10 子が父の所有する土地を無償で借り受け、その土地の上に建物を建築した場合には、父から子へ借地権の贈与があったものとして贈与税の課税対象となる。【H29年5月】

問11 個人が法人からの贈与により取得した財産については、原則として贈与税の課税対象となり、所得税は課されない。【R2年9月】

問12 贈与税の納付については、納期限までに金銭で納付することを困難とする事由があるなど、所定の要件を満たせば、延納または物納によることが認められている。【H31年1月】

問13 書面によらない贈与契約は、既に履行が終わった部分を除き、各当事者が解除をすることができる。【R3年1月】

問14 「直系尊属から結婚・子育て資金の一括贈与を受けた場合の贈与税の非課税」の適用を受けた場合、受贈者1人につき（ 　 ）までは贈与税が非課税となる。【R3年5月】

    1. 1,000万円　　2. 1,200万円　　3. 1,500万円

解答

1	×	2	○	3	○	4	○	5	×	6	3
7	○	8	3	9	○	10	×	11	×	12	×
13	○	14	1								

2 相続の基礎

1章 ライフプランニングと資金計画
2章 リスク管理
3章 金融資産運用
4章 タックスプランニング
5章 不動産
6章 相続・事業承継

重要度 ★★★

本節で学ぶこと

- **法定相続人と相続順位**

  相続できる順位は非常に重要です。なお、配偶者は常に相続人になります。

- **法定相続分の計算**

  いろいろなパターンを、イメージ図で覚えましょう。

- **成年後見制度**

  法定後見制度と任意後見制度の違いを理解しましょう。

- **寄与分と特別寄与制度**

  相続人ではない親族が金銭を請求できます。

- **遺産分割**

  相続の放棄と代償分割がポイントです。

- **遺言と遺留分**

  遺留分は、遺産の一定割合を保証する制度です。

1 相続の開始

①相続とは

　相続とは、死亡した人（被相続人）が死亡したときに持っていたすべての財産（権利と義務）を一定範囲の親族（相続人）が引き継ぐことです。なお、民法上の親族とは、6親等内の血族、配偶者および3親等内の姻族のことをいいます。

②相続税の納税義務者

　相続発生時に国内に住所がある者は、相続や遺贈により取得した国内外すべての財産に課税されます。

2　法定相続人と相続順位

①相続人の範囲と順位

　民法で定める相続人は法定相続人と呼ばれ、次の者が該当します。

法定相続人のポイント

- 配偶者は常に相続人となる（ただし、正式な婚姻関係にない内縁の妻や前妻は対象外）
- 配偶者以外には、相続の優先順位があり、順位が上の者が相続した場合、下位の者は相続できない（第1順位の子がいる場合、第2順位の父母や第3順位の兄弟姉妹は相続できない）

相続の順位　● ここが出る

配偶者	常に相続人となる
第1順位	子 （養子、非嫡出子〔婚姻関係がない男女間に生まれた子〕を含む） ・実子と養子の相続分（相続する割合）は同じ ・非嫡出子と嫡出子（実子）の相続分は同じ
第2順位	直系尊属 ・第1順位の子がいない場合には、直系尊属である父母や祖父母が相続人となる
第3順位	兄弟姉妹 ・第1順位の子も第2順位の父母などもいない場合に相続人となる

※非嫡出子は認知されていない場合、相続できません

436

②相続人になれない場合

法定相続人であっても、次のような場合は、相続できません。

> **相続できない場合**
>
> ・相続欠格にあたる場合（被相続人を殺害したり、脅迫や詐欺により遺言を書かせた場合）
> ・相続廃除にあたる場合（被相続人を虐待・侮辱していた場合）
> ・相続を放棄した場合

③代襲相続

相続人となるべき子が、相続開始時に親より先に亡くなっている場合や、相続欠格や廃除になっている場合、その者の子（被相続人の孫）が相続人（代襲相続人）になります。これを代襲相続といいます。

なお、代襲相続では、本来の相続人の地位をそのまますべて引き継ぐことになるので、相続分は本来の相続人と全く同じになります。

●代襲相続の例

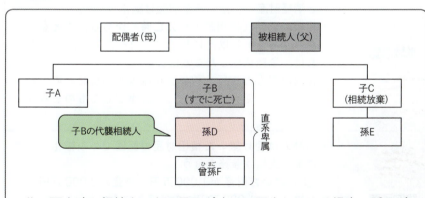

父の死亡時に相続人である子Bがすでに死亡している場合、孫Dが代襲相続人になり、子Bが相続する予定だった財産を相続します。この場合、孫Dと子Aの相続分は同じです。なお、孫Dもその時点で死亡していた場合は、曾孫Fが代襲相続人になります。

④相続の承認と放棄

　相続人は、被相続人の財産上の権利・義務を相続するか、しないかを自由
に決めることができます。その方法には、「**相続の承認**」と「**相続の放棄**」
があります。

相続の承認

単純承認	・被相続人の積極財産〔現預金や株など金銭的価値のある財産〕と消極財産（借金）を全部受け継ぐ ・相続の開始（被相続人の死亡時）があったことを知った日から**3か月**以内に相続の放棄や限定承認をしなければ、単純承認したことになる ・相続放棄などを行う前に、相続人が**相続財産の全部または一部を処分した**場合は単純承認したものとみなされる
限定承認 👁**ここが出る**	・相続人は受け継いだ積極財産の範囲でのみ被相続人の借金を支払う義務を負う 　（受け継いだ財産が1,000万円、借金が2,000万円あった場合に、1,000万円のみ返済義務を負う） ・相続の開始を知った日から**3か月以内**に、**相続人が全員**で共同して**家庭裁判所**へ限定承認申述書を提出することが必要

相続の放棄 👁 ここが出る	・相続人が相続を拒否すること ・相続の開始があったことを知った日から **3か月以内** に **家庭裁判所** へ申述書を提出しなければならない ・全相続人が共同で行う必要はなく、**単独** でも放棄できる

● 限定承認と相続の放棄の手続きの違い

（共同相続人） 共同相続人全員で行う／限定承認の申請 （家庭裁判所）

（共同相続人） 1人でも可能／相続の放棄の申請 （家庭裁判所）

 相続を放棄した場合、放棄した者の子は代襲相続できませんが、相続欠格あるいは廃除にあたる者の子は代襲相続できます。

③ 法定相続分の計算

①指定相続分と法定相続分

指定相続分とは、遺言（いごん）による相続分（相続する割合）のことをいい、法定相続分より優先されます。

法定相続分とは、民法で定められた割合のことをいいます。

1章 ライフプランニングと資金計画
2章 リスク管理
3章 金融資産運用
4章 タックスプランニング
5章 不動産
6章 相続・事業承継

パターン	配偶者の相続割合	他の相続人の相続割合		
A.	2分の1	第1順位	子	2分の1
B.	3分の2	第2順位	直系尊属（父・母）	3分の1
C.	4分の3	第3順位	兄弟姉妹	4分の1

パターンA. 配偶者と子のみが相続人の場合、相続分は配偶者が2分の1、子が2分の1

パターンB. 配偶者と直系尊属である父母が相続人の場合、相続分は配偶者が3分の2、父母が3分の1

パターンC. 配偶者と兄弟姉妹が相続人の場合、相続分は配偶者が4分の3、兄弟姉妹が4分の1

【その他の相続分】
・配偶者がおらず子と直系尊属のみが相続人の場合は、子が全部相続
【同順位の者が複数いる場合】
・等分して相続分を計算する

法定相続分のポイント 👁ここが出る

・配偶者は常に相続人となる（正式な婚姻関係にある者のみ。元妻は対象外）
・実子と養子および非嫡出子の相続分は同じ
・相続放棄した場合は、民法では最初から相続人でなかったことになり、その者の子は代襲相続はできない

②法定相続分の計算 ●ここが出る 計算

●配偶者と子2人の場合

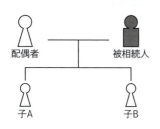

相続人は配偶者、子A、子B
配偶者と第1順位の子が相続人なので、
・配偶者　2分の1
残り2分の1を子Aと子Bが相続するので
・子A　2分の1×2分の1＝4分の1
・子B　2分の1×2分の1＝4分の1

●配偶者と直系尊属（父母）の場合

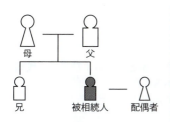

相続人は配偶者と父母
・配偶者　3分の2
残りの3分の1を父母が相続するので、
・父　3分の1×2分の1＝6分の1
・母　3分の1×2分の1＝6分の1
※第2順位の父母がいるので、第3順位の兄
　には相続分はありません

●配偶者と兄弟姉妹の場合

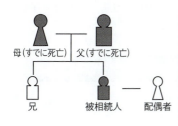

相続人は配偶者と兄
配偶者と兄弟姉妹が相続人なので、
・配偶者　4分の3
・兄　　　4分の1
※第1順位の子がなく、
　第2順位の父母も亡くなっているので
　第3順位の兄が相続します

1章 ライフプランニングと資金計画
2章 リスク管理
3章 金融資産運用
4章 タックスプランニング
5章 不動産
6章 相続・事業承継

●放棄者がいる場合

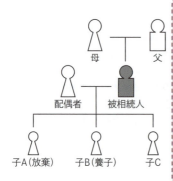

相続人は配偶者と子C、養子B

・第1順位の子がいるので父母には相続分はない

・配偶者と子が相続人なので配偶者は2分の1

・子Aは相続放棄しており、相続分なし

・子Bは養子だが実子Cと相続分は同じなので、

子B 2分の1×2分の1＝4分の1
子C 2分の1×2分の1＝4分の1

●代襲相続の場合

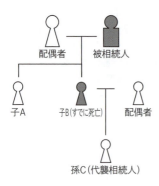

相続人は配偶者と子Aおよび子Bの代襲相続人である孫C

配偶者と子が相続人なので、

・配偶者 2分の1

残りの2分の1を子Aと孫Cが相続するので、

・子A 2分の1×2分の1＝4分の1

・孫Cは子Bの代襲相続人となり、子Bと同じ相続分となるので、

2分の1×2分の1＝4分の1

※子Bの配偶者には相続分はない

●親等の数え方

　血族の親等は、本人を「0」として、親や子供の世代を経るごとに1つずつ増えていきます。姻族の親等は、本人の配偶者を「0」として、親や子供の世代を経るごとに親等が1つ増えていきます。

　本人からみて、配偶者の親は1親等、配偶者の祖父母や兄弟姉妹は2親等になります。民法上の親族とは、**6親等**内の**血族**、**配偶者**および**3親等**内の**姻族**のことをいいます。

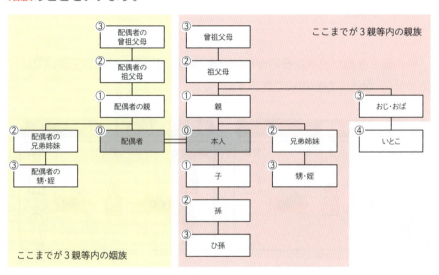

1章 ライフプランニングと資金計画

2章 リスク管理

3章 金融資産運用

4章 タックスプランニング

5章 不動産

6章 相続・事業承継

③養子の種類 ⊙ここが出る

養子には、特別養子縁組と普通養子縁組があります。

養子の種類 ⊙ここが出る

・特別養子縁組とは、実の父母との親族関係が終了し、養親（育ての親）のみが父母となる制度
・普通養子縁組は、実の父母と養親である父母との両方の親子関係が継続する制度

特別養子縁組が養親からのみ相続できるのに対して、普通養子縁組では両方の父母（4人）から相続できます。

特別養子縁組の相続

実の父母　　子　　養親

相続

相続

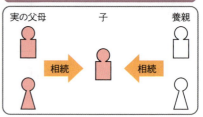

普通養子縁組の相続

実の父母　　子　　養親

相続　　相続

普通養子縁組と特別養子縁組の違い

・普通養子縁組は、養親と養子の同意があれば成立するため、実親の同意は不要。特別養子縁組では、原則として実の父母の同意が必要
・養親となることができるのは、普通養子縁組では原則20歳以上の者、特別養子縁組では原則25歳以上の者

1章 ライフプランニングと資金計画

2章 リスク管理

3章 金融資産運用

4章 タックスプランニング

5章 不動産

6章 相続・事業承継

④ 嫡出子と非嫡出子

　嫡出子とは、正式な婚姻関係にある夫婦間に生まれた子のことで、非嫡出子とは法律上の婚姻関係がない男女間に生まれた子のことです。

　非嫡出子が相続する場合は、認知が必要です。

　嫡出子と非嫡出子の相続順位は同順位となり、相続できる割合（法定相続分）も同じです。

4　成年後見制度

　成年後見制度とは、認知症などで十分な判断能力を欠いた高齢者や精神的な障害を持った者が財産管理や相続等において不利にならないように、これらの人たちの権利を保護するための制度です。

　成年後見制度には、すでに判断能力が落ちている場合などに、法律に基づき後見、保佐、補助を行う法定後見制度と、判断能力が十分ある間に、将来、判断能力が不十分になった場合に備えて、財産管理などについて任意後見人と公正証書で契約を結ぶ任意後見制度の2種類があります。

成年後見制度の種類

法定後見制度 ここが出る	・すでに判断能力等が不十分な場合の制度 ・支援内容は対象者の判断能力程度により「後見」・「保佐」・「補助」から選択する
任意後見制度	・まだ判断能力がある場合の制度 ・将来に備えて任意後見人と契約を結ぶ ・FPを含め、誰でも任意後見人になれる ・任意後見人になるために資格などは不要

5　寄与分と特別寄与料制度

①寄与分

　寄与分とは、相続人が被相続人の介護などで貢献した場合に、遺産分割のときに本来の相続分に上乗せして受け取れる財産のことをいいます。

②特別寄与料制度

　寄与分は、相続人にのみ認められており、相続人ではない親族（例えば、相続人である長男の妻）が被相続人の介護などをしても、相続発生時に寄与分の対象ではありませんでした。

　特別寄与料制度とは、被相続人に対して無償で介護などを行い、特別の貢献があった相続人ではない親族（特別寄与者という）が、相続人に対して金銭（特別寄与料）を請求できる制度のことです。

　特別寄与料を受け取った場合、遺贈があったとみなされ、相続税の対象になります。

特別寄与料の請求期限と相続税の申告期限	
請求期限	・相続の開始を知ってから6か月以内 ・相続があったことを知らなかった場合は相続開始から1年以内
相続税の申告期限	・特別寄与料の金額が決定した日の翌日から10か月以内

6 配偶者居住権

　配偶者居住権とは、被相続人の持家に住んでいる配偶者が、被相続人の死亡後も原則として**一生涯**、その家に無償で居住することができる権利のことです。配偶者居住権と配偶者短期居住権の2種類があります。

配偶者居住権の種類

配偶者居住権	・配偶者居住権を利用すれば、配偶者は家を相続せず、配偶者居住権を相続することで、その家に住み続けることが可能（配偶者居住権は、登記しないと権利を主張できない） ・被相続人からの遺言や遺産分割協議により配偶者が取得できる ・配偶者居住権を取得した場合、相続税の対象になる
配偶者短期居住権	・相続開始時に被相続人の持家に住んでいた配偶者が、遺産分割が終了するまで（最低6か月間）、その家に無償で住むことができる権利 ・相続の開始とともに配偶者に自動的に権利が発生する ・配偶者が配偶者居住権を取得したときは、配偶者短期居住権は消滅する

●配偶者居住権が設定された住宅の相続税評価額

　配偶者居住権の設定された住宅を他の相続人が相続した場合、相続税評価額から配偶者居住権の評価額を差し引いた額が、相続税評価額になります。

　なお、居住権を取得した配偶者が亡くなった場合、配偶者居住権は消滅するので、相続税の対象になりません。

●配偶者居住権のイメージ

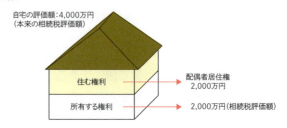

自宅の評価額：4,000万円
（本来の相続税評価額）

住む権利　→　配偶者居住権
2,000万円

所有する権利　→　2,000万円（相続税評価額）

7　遺産分割

①遺産分割の種類

　遺産分割には、指定分割と協議分割があります。協議が整わない場合は、法定相続分どおりに分割する方法や、家庭裁判所の調停あるいは審判による方法もあります。

遺産分割の種類	
指定分割	・遺言により分割する方法。遺産の全部または一部について行うことが可能
協議分割　◉ここが出る	・遺言がない場合などに相続人全員の合意により分割する方法 ・指定分割が優先されるが、相続人全員の合意があれば遺言内容や法定相続分と異なる分割が可能 ・協議成立後、相続人全員の署名・押印により遺産分割協議書を作成する

②遺産分割の方法

1章 ライフプランニングと資金計画

2章 リスク管理

3章 金融資産運用

4章 タックスプランニング

5章 不動産

6章 相続・事業承継

遺産分割の方法	
現物分割	個別の財産ごとに取得する者を決めて分割する方法 **ケース** 土地と自宅を長男、預金を長女に分割する
換価分割	相続財産の全部を売却して、その代金を分割する方法
代償分割 👁 ここが出る	特定の相続人が財産を取得して、代わりに自分の現金などの**固有財産**（代償財産）を他の相続人に支払う方法。代償分割したときの代償財産は、贈与税の対象ではなく、**相続税**の対象 **ケース** 長男がすべての遺産（1億円相当）を相続する代わりに、長男が自分の財産から次男に5,000万円を支払う

● **代償分割のイメージ**

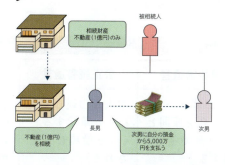

③夫婦間で贈与された居住用不動産の遺産分割時の特例

　婚姻期間が20年以上の夫婦間で、居住用の不動産の贈与や遺贈があった場合、その不動産については、原則、遺産分割の対象から除外できるようになりました。

> **ケース**
>
> 居住用不動産（3,000万円）、預貯金（2,000万円）を配偶者と子1人が相続するケースを考えます。遺言によって配偶者に住居が遺贈される場合、住居は遺産分割の対象外となり、預貯金の2,000万円を配偶者と子で分割することになります。

①遺言とは

遺言とは、遺言者の死亡と同時に効力が発生する**法律行為**です。遺言は**満15歳以上**で意思能力を有する者であれば誰でも可能です（未成年であっても親などの法定代理人の同意は**不要**）。

遺言のポイント

・遺言は自由に撤回や書き直しができる（最も日付が新しいものが有効）
・遺言は単独で行う行為（夫婦共同の遺言などは認められない）

②遺言の種類 ◉ここが出る

一般的な遺言は3種類あります。

遺言の種類

種類	自筆証書遺言	公正証書遺言	秘密証書遺言
作成方法	本人が本文・日付・氏名を原則として自分で書き、押印する	本人が口述して**公証人**が筆記する（公証役場に保管される）	本人が作成し署名押印して封印し、公証人の前で本人が住所氏名を記入、公証人が日付を記入する
証人	**不要**	**証人2人**以上の立会いが必要	
検認	原則、**必要**	**不要**	**必要**

※秘密証書遺言はパソコンなどで作成できますが、自筆証書遺言（本文）はパソコンやテープレコーダーなどでの作成は認められません
※公正証書遺言などの証人には、相続人（推定相続人）や相続の利害関係者および未成年者以外であれば、誰でもなることができます

1章 ライフプランニングと資金計画

2章 リスク管理

3章 金融資産運用

4章 タックスプランニング

5章 不動産

6章 相続・事業承継

③自筆証書遺言の書式

自筆証書遺言の本文は自書しなければなりません。ただし、財産目録を別紙として添付する場合、**財産目録**については、パソコン等での作成も可能です。

④検認 ●ここが出る

検認とは、**家庭裁判所**が相続人に遺言書があることや、遺言書を開封してその内容を知らせる行為です。これにより、遺言書の偽造や変造を防止することができます。遺言の有効・無効を判断する手続きではありません。

> **検認のポイント**
>
> ・**公正証書遺言**は**公証役場**に遺言書が保管されており、偽造や変造のリスクなどがないため、検認は不要
> ・自筆証書遺言（法務局以外で保管している場合）や秘密証書遺言は検認の申立により、相続人の立会いのもと家庭裁判所で開封する。ただし、検認を受ける前に遺族が遺言書を開封した場合でも、遺言書は**無効**にはならない

例外

自筆証書遺言を**法務局**で保管している場合、家庭裁判所での**検認は不要**です。

⑤遺言の撤回

遺言の撤回はいつでも可能です。また、撤回する場合、遺言書を作成したときと同じ方式で撤回する必要はなく、公正証書遺言を自筆証書遺言で撤回することも可能です。

間違えやすいポイント　自筆証書遺言、公正証書遺言、秘密証書遺言の違いが出題されます。特に検認が必要かどうかがポイントです。

⑥遺留分とは

「親族以外の第三者に全財産を取得させる」といった遺言を作成されると、残された遺族にとってあまりにも不合理と考えられます。

こうした、あまりにも相続人に不利益な事態を防ぐため、民法では、遺産の一定割合を相続人に保障する制度が規定されています。この制度のことを遺留分といいます。

遺留分を有する者を遺留分権利者といい、次の者が該当します。

> **遺留分権利者の範囲 ◉ここが出る**
>
> 配偶者、子（代襲相続人を含む）、直系尊属（父・母など）

> **間違えやすいポイント** 兄弟姉妹には遺留分の権利はないので、注意しましょう。

⑦遺留分の割合 ◉ここが出る

主張できる遺留分の割合は以下のようになっています。相続人が複数いる場合、遺留分割合に各自の法定相続分を掛けた割合の財産を相続できます。

> **遺留分割合**
>
> ・直系尊属（父または母）だけが相続人である場合……財産の**3分の1**
> ・上記以外……………………………………財産の**2分の1**

> **遺留分のポイント**
>
> ・遺留分権利者は、被相続人の生前に家庭裁判所の許可を得ることで、遺留分を放棄することができる
> ・相続人の遺留分を侵害する遺言であっても、遺言の効力は有効

⑧遺留分侵害額請求権

遺言などにより遺留分が侵害された場合に遺留分を主張する権利を、**遺留分侵害額請求権**といい、侵害された金額を**金銭**で支払うよう請求できます。侵害額を請求しないと、遺言通りに相続することになります。

1章 ライフプランニングと資金計画
2章 リスク管理
3章 金融資産運用
4章 タックスプランニング
5章 不動産
6章 相続・事業承継

遺留分割合の計算例（遺留分の対象財産が9,000万円の場合）　◉ここが出る

法定相続人のパターン		各人の遺留分
配偶者のみ		9,000万円×2分の1（遺留分割合） ＝4,500万円
子のみ		9,000万円×2分の1（遺留分割合） ＝4,500万円
配偶者と子	配偶者	9,000万円×2分の1（遺留分割合） ×2分の1（法定相続分）＝2,250万円
	子 （3人）	9,000万円×2分の1（遺留分割合） ×6分の1（法定相続分） ＝750万円（子1人あたり）
父または母のみ		9,000万円×3分の1（遺留分割合） ＝3,000万円
配偶者と兄弟姉妹	配偶者	9,000万円×2分の1（遺留分割合） ＝4,500万円
	兄弟姉妹	なし
兄弟姉妹のみ		なし

間違えやすいポイント　上記の、配偶者と子3人が相続人のケースでは、子1人あたりの遺留分は750万円です。遺言により子Aが1,000万円、子Cが500万円相続することになっていた場合、子Cは遺留分を侵害されているので、子Aに対して侵害された250万円を遺留分侵害請求できます。

遺留分侵害額請求権には時効があり、相続の開始と遺留分が侵されたことを知った日から原則として1年以内、または、相続開始から10年を経過した場合、時効によりその権利は消滅します（相続開始の10年より前に贈与された財産は、遺留分の対象にはなりません）。

⑨遺贈（い ぞう）と死因贈与

遺贈とは、被相続人の遺言により一方的に財産を特定の者（相続人または相続人以外の第三者）に与えることです。財産を取得した者を受遺者（じゅ い しゃ）といいます。遺贈された財産は相続税の課税対象になります。

死因贈与とは、被相続人の死亡により効力を発生する贈与（あらかじめ受贈者が合意している贈与契約）で、遺贈と同じく相続税の対象となります。

●死因贈与のイメージ

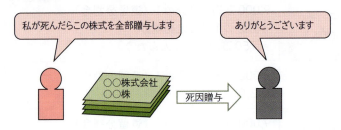

間違えやすいポイント　遺贈による財産も死因贈与により受け取った財産も、相続税の対象になります。

過 去 問 に 挑 戦 ！

1章 ライフプランニングと資金計画
2章 リスク管理
3章 金融資産運用
4章 タックスプランニング
5章 不動産
6章 相続・事業承継

問1
　相続の放棄をしようとする者は、原則として、自己のために相続の開始があったことを知った時から（　１　）以内に、その旨を（　２　）に申述しなければならない。【H28年9月】
　　1.（1）3か月　　（2）所轄税務署長
　　2.（1）3か月　　（2）家庭裁判所
　　3.（1）4か月　　（2）所轄税務署長

問2
　下記の〈親族関係図〉において、Aさんの相続における子Cさんの法定相続分は、（　　　　）である。なお、AさんとBさんは、Aさんの相続開始前に離婚している。【H29年1月】

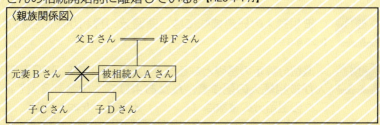

〈親族関係図〉
　　　　　　　　父Eさん ━━━ 母Fさん
　元妻Bさん ━╳━ 被相続人Aさん
　　　　子Cさん　　子Dさん

　　1. 2分の1　　2. 4分の1　　3. 3分の1

問3
　下記の〈親族関係図〉において、Aさんの相続における孫Fさんの法定相続分は、（　　　　）である。なお、長男Dさんは、Aさんの相続開始前に死亡している。【H28年5月】

〈親族関係図〉
　被相続人Aさん ━━━ 妻Bさん
　　長女Cさん　　長男Dさん ━━━ Dさんの妻Eさん
　　　　　　　　　（すでに死亡）
　　　　　　　　　　　　孫Fさん

　　1. 4分の1　　2. 8分の1　　3. 0（なし）

問4
　養子縁組（特別養子縁組ではない）によって養子となった者は、養親の嫡出子として扱われ、養子縁組の成立と同時に、実方の父母との法律上の親族関係は終了する。【H28年1月】

問5 成年後見制度には法定後見制度と任意後見制度があり、法定後見制度の種類には後見・保護・補助がある。【H26年1月】

問6 協議分割による遺産の分割は、共同相続人全員の協議により分割する方法であり、その分割については、必ずしも法定相続分に従う必要はない。【H28年9月】

問7 公正証書遺言は、証人（ 1 ）以上の立会いのもと、遺言者が遺言の趣旨を公証人に口授し、公証人がそれを筆記して作成される遺言であり、相続開始後に家庭裁判所における検認手続が（ 2 ）である。【H29年9月】
　　1.（1）1人　（2）不要　　2.（1）2人　（2）必要
　　3.（1）2人　（2）不要

問8 被相続人の兄弟姉妹には、遺留分の権利が認められていない。【H26年9月】

問9 遺留分算定の基礎となる財産の価額が1億8,000万円で、相続人が被相続人の配偶者、長女および二女の合計3人である場合、二女の遺留分の金額は（　　　　）となる。【H29年1月】
　　1.　1,500万円　　2.　2,250万円　　3.　4,500万円

問10 相続において、実子と養子または嫡出子と嫡出でない子の区別によって、相続人の順位に違いはない。【H30年9月】

問11 自筆証書遺言を作成する場合において、自筆証書に添付する財産目録については、自書によらずにパソコンで作成しても差し支えない。【R2年1月】

問12 特別養子縁組によって養子となった者については、原則として、養子縁組の成立と同時に、実方の父母との法律上の親族関係が終了する。【R1年9月】

解答

1	2	2	1	3	1	4	×	5	×	6	○
7	3	8	○	9	2	10	○	11	○	12	○

3 相続税の仕組み

重要度 ★★★

本節で学ぶこと

- **相続税の課税財産**

  相続開始前3年以内に贈与された贈与財産は、原則、相続財産に加えます。

- **相続税の非課税財産**

  課税されるもの、されないものの違いを正しく理解しましょう。

- **相続税の債務控除と葬儀費用**

  控除できないものがよく問われます。

- **相続税の計算手順・ポイント**

  全体の流れをざっと理解したうえで、各ポイントを押さえましょう。

- **相続税の申告と納付**

  延納・物納の要件がそれぞれ異なります。

1 相続税の課税財産

①相続税の課税財産の種類

　相続税が課税される財産には、本来の相続財産とみなし相続財産があります。

1章 ライフプランニングと資金計画
2章 リスク管理
3章 金融資産運用
4章 タックスプランニング
5章 不動産
6章 相続・事業承継

相続税が課税される財産	
本来の相続財産	相続や遺贈により取得した財産で、経済的な価値のある資産（預貯金や株式、債券、不動産など）
みなし相続財産	被相続人が生前から持っていた財産ではないが、実質的に相続財産とみなして課税対象としているもの

みなし相続財産の具体例	
生命保険金	契約者（保険料負担者）と被保険者が被相続人で、その保険金の受取人が相続人である場合の死亡保険金
死亡退職金	被相続人の退職金等のうち、被相続人の死亡後3年以内に支給が確定したもの

②相続開始前3年以内の被相続人からの贈与財産（生前贈与加算）

　相続により財産を受け取った者が、相続の開始前3年以内（被相続人が亡くなる前の3年間）に被相続人から贈与された財産（生前贈与財産）については、相続時に相続税の課税財産に贈与時の価額で加算されます。なお、相続税を算出する段階で、すでに支払った贈与税額は控除されます。

　なお、以下の場合は相続開始前3年以内の贈与であっても、相続財産に加算されません。

> ・「贈与税の配偶者控除の特例」の適用を受けた財産（上限2,000万円まで）
> ・「直系尊属からの住宅取得資金の贈与税の非課税措置」の適用を受けた金額　等

相続開始の年（被相続人が亡くなった年）に被相続人から贈与を受けている場合は、贈与税ではなく、当初から相続税の課税対象となります。出題されやすい点ですから注意しましょう。

※2024年1月以後の贈与については、原則として相続開始前7年以内の贈与財産が相続財産に加算されることになる予定です。

③預貯金の遺産分割前の払戻し

遺産分割が終了する前であっても、被相続人の預貯金を、一定額まで引出し、葬儀費用等に充てることができるようになりました。引き出せるのは、1金融機関あたり150万円を上限として、預金額の3分の1×各相続人の法定相続分の額までです。

ケース

配偶者と子2人（AとB）が相続人で、1金融機関に預金額が1,200万円ある場合、子Aが引き出せる預金額は、子Aの法定相続分は4分の1なので、

1,200万円 × 3分の1 × 4分の1 = 100万円

2　相続税の非課税財産

①仏壇など

墓地、仏壇、仏具などを相続しても、非課税です。

②生命保険金の非課税制度

相続人が被相続人の死亡により取得した生命保険の死亡保険金のうち、次の額が、非課税になります。これは契約者（保険料を支払った者）および被保険者（保険をかけられている者）が被相続人（亡くなった者）で、死亡保険金を法定相続人が受け取る場合です。

1章 ライフプランニングと資金計画

2章 リスク管理

3章 金融資産運用

4章 タックスプランニング

5章 不動産

6章 相続・事業承継

死亡保険金の非課税金額＝500万円×法定相続人の数

法定相続人の数の考え方 ◉ここが出る

〈相続の放棄〉

・相続を放棄した者がいても、**放棄はなかったもの**として法定相続人として数に加える

〈養子の数〉 ※**特別養子縁組**の場合は実子として扱う

・実子と養子がいる場合………養子**1人**まで法定相続人とする

・実子がいない場合……………養子**2人**まで法定相続人とする

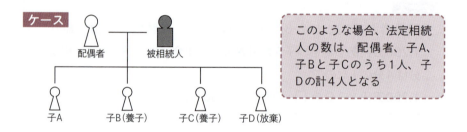

ケース

このような場合、法定相続人の数は、配偶者、子A、子Bと子Cのうち1人、子Dの計4人となる

間違えやすいポイント

死亡保険金の非課税金額を求める際は、500万円×法定相続人の数で計算します。この法定相続人には、**相続放棄している者も含める**ので、注意しましょう。

なお、相続を放棄した者も生命保険金は受け取れますが、生命保険の非課税の適用を受けることはできません。

③死亡退職金の一部

死亡退職金（死亡後3年以内に支給が確定した場合）は、生命保険金と同じ額が非課税になります。

1章 ライフプランニング と資金計画

2章 リスク管理

3章 金融資産運用

4章 タックス プランニング

5章 不動産

6章 相続・事業承継

死亡退職金の非課税額 = 500万円 × 法定相続人の数

④ 弔慰金の一部

被相続人の勤務先から亡くなった者への弔いのため相続人に支払われる弔慰金についても、一定額が非課税です。

弔慰金の非課税額　👁ここが出る

・業務上の死亡の場合…死亡時の給与（賞与を除く）× 36か月（3年）
・業務外の死亡の場合…死亡時の給与（賞与を除く）× 6か月

間違えやすいポイント　弔慰金を受け取った場合、業務上の死亡の場合と業務外の死亡の場合で、非課税額が異なりますので注意しましょう。

3 相続税の債務控除と葬儀費用

相続や遺贈により財産を取得した者が、被相続人の債務（借金）や葬儀費用等を支払った場合には、相続財産の価額から控除することができます。

控除できる債務の範囲

控除できるもの	控除できないもの （こちらを覚えましょう）
・借入金 ・不動産等の購入代金の未払金 ・未払い医療費 ・所得税・住民税等の未払いの税金	・被相続人が生前購入した墓石や仏壇の購入代金の未払金 ・遺言執行費用 ・相続税申告費用　　など

控除できる葬儀費用等の範囲 ●ここが出る

控除できるもの	控除できないもの （こちらを覚えましょう）
・通夜、仮葬儀、本葬儀費用、埋葬、火葬、納骨等に要した費用 ・お寺へのお布施、戒名料	・香典返しの費用 ・法要費用（初七日、四十九日等）

間違え
やすい
ポイント

通夜や仮葬儀、本葬儀の費用は相続財産から控除されますが、初七日や四十九日といった法要費用は控除されません。

4 相続税の計算手順

相続は複数の相続人で行われるのが一般的で、その場合の相続税を算出する流れは、大きく分けて以下のような3ステップになっています。

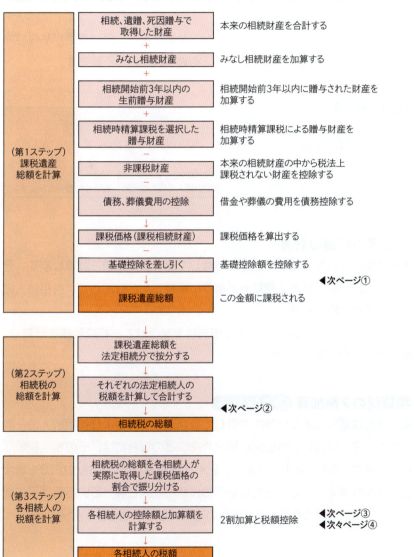

（第1ステップ） 課税遺産 総額を計算	相続、遺贈、死因贈与で 取得した財産	本来の相続財産を合計する
	＋	
	みなし相続財産	みなし相続財産を加算する
	＋	
	相続開始前3年以内の 生前贈与財産	相続開始前3年以内に贈与された財産を 加算する
	＋	
	相続時精算課税を選択した 贈与財産	相続時精算課税による贈与財産を 加算する
	－	
	非課税財産	本来の相続財産の中から税法上 課税されない財産を控除する
	－	
	債務、葬儀費用の控除	借金や葬儀の費用を債務控除する
	↓	
	課税価格（課税相続財産）	課税価格を算出する
	－	
	基礎控除を差し引く	基礎控除額を控除する
		◀次ページ①
	課税遺産総額	この金額に課税される

（第2ステップ） 相続税の 総額を計算	課税遺産総額を 法定相続分で按分する	
	↓	
	それぞれの法定相続人の 税額を計算して合計する	◀次ページ②
	相続税の総額	

（第3ステップ） 各相続人の 税額を計算	相続税の総額を各相続人が 実際に取得した課税価格の 割合で振り分ける	
	各相続人の控除額と加算額を 計算する	2割加算と税額控除 ◀次ページ③ ◀次々ページ④
	各相続人の税額	

5 相続税の計算

①相続税の基礎控除額 📊計算

　相続税の課税価格から一定額を差し引くことができます。この額のことを基礎控除額といいます。

　相続税の基礎控除額は法定相続人の数で決まります。課税価格が基礎控除額以下である場合は相続税はかからず、相続税の申告は不要です。

> **👁 ここが出る**
>
> 相続税の基礎控除額＝3,000万円＋（600万円×法定相続人の数）
>
> 「死亡保険金の非課税金額」と同じ。
> 法定相続人の数には相続を放棄した者も含みます。

②相続税の総額の計算

　課税価格の総額から基礎控除額を控除して課税遺産総額を計算します。その金額を法定相続人が法定相続分どおりに相続したと仮定して、各相続人の課税対象額を計算します。

　各相続人の課税対象額に対応する相続税率を掛けて、相続税額を計算し、相続人全員の相続税を合計します。

③相続税の2割加算 👁ここが出る

　相続または遺贈により**財産を取得した者**が、**配偶者**および被相続人の**一親等の血族**（子・父母）以外の**兄弟姉妹や孫**などの場合には、その相続税額に**20%相当額**を加算します。つまり、兄弟姉妹や孫などは相続税が20%増えることになります。なお、死亡した子の**代襲相続人**となっている孫は子の地位をそのまま引き継ぐので、2割加算の対象になりません。

1章 ライフプランニングと資金計画

2章 リスク管理

3章 金融資産運用

4章 タックスプランニング

5章 不動産

6章 相続・事業承継

④相続税の税額控除

相続税の税額控除とは、各相続人の相続税額から直接、一定額を控除することができる制度のことです。

●贈与税額控除〈相続税の税額控除①〉

相続・遺贈により財産を取得した者が、相続開始前**3年以内**に被相続人より贈与を受けていた場合に、すでに支払った贈与税額、および**相続時精算課税**により支払った贈与税額を、相続税額から控除することができます。

●配偶者に対する相続税額の軽減〈相続税の税額控除②〉 ◉ここが出る

被相続人の配偶者が取得した財産が**1億6,000万円**までか、それを超えても**法定相続分相当額**までであれば、相続税は課税されません。

> **ケース** 配偶者と子が相続人の場合
> ・課税対象額が10億円であった場合、配偶者の法定相続分である2分の1（5億円）までは、配偶者は相続税がかからない
> ・課税対象額が3億円であった場合、2分の1の1億5,000万円までではなく、1億6,000万円までは配偶者には相続税がかからない
> ※相続人が配偶者1人の場合、相続税はかからない

配偶者に対する相続税額軽減が適用される要件 ◉ここが出る

・法律上の婚姻関係があること（**婚姻期間**にかかわらず適用できる）
・原則、申告期限までに遺産分割が決まり、配偶者の相続財産が確定していること。ただし、期限までに遺産分割が確定していなくても、期限後3年以内に遺産分割が行われれば適用できる
なお、適用を受けることで納付税額が算出されない（ゼロになる）場合でも、**相続税の申告**は必要

間違えやすいポイント 配偶者に対する相続税額の軽減は、婚姻期間の長短に関係なく適用されます。「婚姻期間〇〇年以上の場合に適用される」といったひっかけ問題に注意しましょう。

● 未成年者控除〈相続税の税額控除③〉

相続・遺贈により財産を取得した法定相続人が18歳未満である場合は、その者の税額からその者が18歳になるまでの年数×1年につき10万円が控除されます。

> 未成年者控除額 ＝（18歳 － 相続開始時の年齢）× 10万円

※相続開始時の年齢に端数がある場合は1年として計算します

民法が改正され、成人年齢が18歳に引き下げられました。これにともない、婚姻可能な年齢も男女とも18歳に統一されました。また、親の同意がなくても、不動産契約、クレジットカード申込み、ローン契約、保険契約や証券口座の開設などが18歳で可能になりました。

● 障害者控除〈相続税の税額控除④〉

相続・遺贈により財産を取得した法定相続人が障害者である場合は、その者の税額からその者が85歳になるまでの年数×1年につき10万円（特別障害者は20万円）が控除されます。

> 障害者控除額 ＝（85歳 － 相続開始時の年齢）× 10万円
> （特別障害者の場合20万円）

※相続開始時の年齢に端数がある場合は1年として計算します

● 相次相続控除〈相続税の税額控除⑤〉

10年以内に2回以上相続が発生し、2回とも相続税が課された場合には、2回目の相続において一定額を相続税から控除できます。

● 外国税額控除〈相続税の税額控除⑥〉

相続・遺贈により外国の財産を取得した場合で、その外国で相続税に相当する税金を課されている場合は、二重課税の防止のため、その税額相当額を日本での相続税額から控除できます。

⑤相続税の計算例

1章 ライフプランニング と資金計画

2章 リスク管理

3章 金融資産運用

4章 タックス プランニング

5章 不動産

6章 相続・事業承継

相続税の速算表　※税率を覚える必要はありません

課税対象額	税率	控除額
1,000万円以下	10%	―
1,000万円超　3,000万円以下	15%	50万円
3,000万円超　5,000万円以下	20%	200万円
5,000万円超　1億円以下	30%	700万円
1億円超　　　2億円以下	40%	1,700万円
2億円超　　　3億円以下	45%	2,700万円
3億円超　　　6億円以下	50%	4,200万円
6億円超	55%	7,200万円

〈例題〉 計算

以下の条件で、各相続人に対する相続税はいくらか。

・相続人が配偶者および子A、子Bの場合
・課税相続財産の額　　1億2,000万円
・配偶者の相続額　　　　8,000万円
・子A、子Bの相続額　各2,000万円

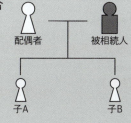

〈解答〉

①まず、相続税の基礎控除額を計算し、課税相続財産の額から差し引き、課税遺産総額を計算します。法定相続人は、配偶者、子A、子Bの3人です。

基礎控除額＝3,000万円＋600万円×3人（法定相続人の数）

　　　　　　　＝4,800万円

課税遺産総額＝1億2,000万円－4,800万円＝7,200万円

　　　　　　　　　　　　　　　　　　　課税される金額

②各自が法定相続分で相続する場合の各自の課税遺産額を計算します。配偶者と子が相続人なので、配偶者2分の1、残り2分の1をAとBで均等に相続するので各4分の1です。

【配偶者】　　　　7,200万円×2分の1＝3,600万円

【子A・子B】　　7,200万円×4分の1＝各1,800万円

③各自の課税遺産額に相続税率を乗じて相続税額を計算し合計します。

※相続税の速算表より

【配偶者】　　　　3,600万円×20％－200万円＝520万円

【子A・子B】　　1,800万円×15％－50万円＝各220万円

【相続税の合計】　520万円＋220万円＋220万円＝960万円

④各相続人が実際に取得した相続分に応じて、③の相続税額を按分します。

各相続人の税額＝相続税の総額×$\dfrac{\text{各相続人の相続額}}{\text{課税相続財産の合計額}}$より

【配偶者】　　　　960万円×$\dfrac{8,000\text{万円}}{1\text{億}2,000\text{万円}}$＝640万円

【子A・子B】　　960万円×$\dfrac{2,000\text{万円}}{1\text{億}2,000\text{万円}}$＝各160万円

　したがって、相続税は配偶者が640万円、子Aが160万円、子Bが160万円です。なお、この場合、配偶者が「配偶者に対する相続税額の軽減」を受けることで、最終的な納税額はゼロになります。

6 相続税の申告

①相続税の申告期限 ここが出る

　相続税の申告書は、**相続の開始があったことを知った日の翌日**から**10か月以内**に**被相続人**の死亡時の住所地を管轄する税務署に提出します。

　納付税額がゼロの場合、申告は不要ですが、以下の場合は、**納付税額がゼロ**でも申告書の提出が必要です。

> **申告書の提出が必要な場合**
>
> ・配偶者の相続税額軽減の適用（1億6,000万円または法定相続分までは非課税）を受ける場合
> ・小規模宅地等の相続税の評価減の特例の適用を受ける場合　など

> **間違えやすいポイント**　相続税の申告は、亡くなった被相続人の住所地の税務署、贈与税の申告は贈与された人（受贈者）の住所地の税務署に行います。

②準確定申告 ここが出る

　亡くなった年に、亡くなった者（被相続人）に所得があった場合、相続人は相続の開始があったことを知った日の翌日から**4か月以内**に亡くなった者の所得税を申告しなければなりません。これを**準確定申告**といいます。

> **ケース**　2023年2月1日に亡くなった場合は、2023年6月1日までに準確定申告する

7 相続税の納付方法

　一般的に相続税の納付は、相続税の申告期限までに金銭で一括して行うのが原則ですが、それが困難な場合には、**延納**や**物納**による方法が認められています。

①延納

　金銭で一括して納付することが困難な場合には、一定条件を満たせば不足額を延納（分割で納付）できます。延納期間は**5年から20年**で、延納期間中は一定の**利子税**がかかり、税額が増えます。

　また、延納が困難になった場合、申告期限から**10年以内**に限り延納から**物納**に変更が可能です。

延納の要件

- **金銭**で一括して納付することが困難であること
- 相続税額が**10万円**を超えること
- 担保を提供すること（ただし、延納税額が**100万円**未満で、かつ、延納期間が**3年**以下の場合は不要）
- 申告期限までに延納申請書を提出し、税務署長の許可を得ること

間違えやすいポイント

相続税を納める場合、延納と物納は選択制ではありません。延納ができない場合に限り物納が認められます。

②物納

　物納とは、相続によって取得した財産によって納税する方法で、延納を行った上で、それでも金銭での納付が困難な場合にのみ認められます。

物納の要件

- ・延納しても金銭で納付できない事由があること
- ・原則として、物納適格財産であること
- ・申告期限までに物納申請書を提出し、税務署長の許可を得ること

●物納財産（物納適格財産）

　物納できる財産は、相続または遺贈により取得した相続財産で国内にあるものに限られます。第1順位のものから優先して順次物納します。

物納財産の順位

- ・第1順位…国債、地方債、不動産、船舶および上場している株式・社債・証券投資信託
- ・第2順位…非上場の社債・株式・証券投資信託
- ・第3順位…動産

物納できない財産

- ・複数の相続人が保有する共有財産については、原則物納できない
- ・質権、抵当権などの担保の目的になっているものは物納できない

間違えやすいポイント　相続開始前3年以内に被相続人から贈与を受けた生前贈与財産は物納できる財産に含まれますが、相続時精算課税制度を適用した生前贈与財産は物納財産から除かれます。注意しましょう。

1章 ライフプランニングと資金計画
2章 リスク管理
3章 金融資産運用
4章 タックスプランニング
5章 不動産
6章 相続・事業承継

問1 相続または遺贈により財産を取得した者が、相続開始前（　1　）以内に被相続人から贈与により財産を取得している場合、原則として、その財産の（　2　）における価額を相続税の課税価格に加算する。【H26年9月】
1.（1）3年　（2）贈与時
2.（1）3年　（2）相続時
3.（1）5年　（2）相続時

問2 相続税の計算において、生命保険金の非課税限度額は、「（　1　）×法定相続人の数」の算式により算出するが、相続人に相続の放棄をした者がいた場合、当該法定相続人の数は、（　2　）ものとしたときの相続人の数とされる。【H27年9月】
1.（1）500万円　（2）その放棄がなかった
2.（1）500万円　（2）初めから相続人とならなかった
3.（1）600万円　（2）初めから相続人とならなかった

問3 相続税の基礎控除額の計算上、法定相続人の数に含める被相続人の養子の数は、被相続人に実子がいる場合、2人までである。【H28年5月】

問4 相続税の課税価格の計算上、相続人が負担した葬式の際の香典返戻費用は、相続財産の価額から控除することができる。【H30年9月】

問5 相続税における遺産に係る基礎控除額は、「3,000万円＋600万円×法定相続人の数」の算式により算出される。【H28年9月】

問6 被相続人の兄弟姉妹や孫（代襲相続人ではない）が遺贈により不動産を取得した場合、その孫は、相続税額の2割加算の対象者となる。【H28年1月】

問7 「配偶者に対する相続税額の軽減」の規定の適用を受けることにより、納付すべき相続税額が0（ゼロ）になる場合、相続税の申告書の提出は不要である。【H25年9月】

1章 ライフプランニングと資金計画

2章 リスク管理

3章 金融資産運用

4章 タックスプランニング

5章 不動産

6章 相続・事業承継

問8　「配偶者に対する相続税額の軽減」の規定の適用を受けた場合、配偶者の取得する財産の価額が、相続税の課税価格の合計額に対する配偶者の法定相続分相当額、あるいは（　　　）までのいずれか多い金額までであれば、原則として、配偶者の納付すべき相続税額はないものとされる。【H28年9月】

1．1億2,000万円　　2．1億6,000万円
3．1億8,000万円

問9　相続人が相続の放棄をする場合は、原則として、自己のために相続の開始があったことを知った時から10か月以内に、家庭裁判所にその旨を申述しなければならない。【R1年5月】

問10　被相続人の業務上の死亡により、被相続人の雇用主から相続人が受け取った弔慰金は、実質上退職手当金等に該当すると認められるものを除き、被相続人の死亡当時の普通給与の（　　　）に相当する金額まで相続税の課税対象とならない。【H25年9月】

1．半年分　　2．1年分　　3．3年分

問11　下記の〈親族関係図〉において、Aさんの相続における相続税額の計算上、遺産に係る基礎控除額は（　　　）である。なお、二男は相続の放棄をするものとする。【H30年9月】

〈親族関係図〉

```
        Aさん ━━━━━ 妻
      （被相続人）
         │
    ┌────┼────┐
   長男    二男    三男
        （放棄）
```

1．4,800万円　　2．5,400万円　　3．8,000万円

問12　国内に住所を有するAさんが死亡した場合、Aさんの相続における相続税の申告書の提出先は、Aさんの死亡の時における住所地の所轄税務署長である。【R2年9月】

┌─**解答**────────────────────────────┐
| 1 | 1 | 2 | 1 | 3 | × | 4 | × | 5 | ○ | 6 | ○ |
| 7 | × | 8 | 2 | 9 | × | 10 | 3 | 11 | 2 | 12 | ○ |
└──────────────────────────────────┘

本 節 で 学 ぶ こ と

- **宅地の評価**

  路線価方式による宅地の評価は、計算できるようにしましょう。

- **借地権などの評価**

  貸しているのか借りているのかによって、計算式が変わります。

- **建物の評価**

  自用家屋と貸家の場合で、評価額の計算方法が異なります。

- **小規模宅地等の相続税の課税価格の特例**

  頻出項目です。居住用宅地や事業用宅地を取得した場合が、よく問われます。

- **上場株式等の評価**

- **取引相場のない株式の評価方式**

---

1 宅地の相続税評価

①評価単位

　宅地や宅地上の権利の価額は、1画地（宅地を利用する場合の単位のこと）ごとに評価します。登記上の一筆ごとの評価ではありません。

　したがって、登記上の二筆以上の土地をまとめて1画地として評価することも、一筆の土地を二つ以上に分けて、それぞれ1画地として評価することもあります。

②評価方式

　宅地の評価方式には、路線価方式と倍率方式がありますが、どちらを選択するかは宅地の所在地により国税庁が指定します。

宅地の評価方式

路線価方式	・市街地にある宅地を評価する方法 ・宅地が接する道路に付けられた路線価に、宅地の位置や形状等による調整率を用いて評価する ・1㎡あたり千円で表示
倍率方式	・路線価が定められていない地域（市街地以外）にある宅地を評価する方法 ・固定資産税評価額に国税局の定める倍率を掛けて評価する

③路線価方式による宅地の評価

　宅地の評価額（自用地評価額）は、以下の計算式で求めます。

> 評価額＝正面路線価×面積（地積）

　正面路線価とは、宅地が2つ以上の道路に面している場合、それぞれの路線価に奥行価格補正率を掛けた価格が高い方の路線価のことです。

　宅地が1つの道路にのみ面している場合や複数の道路に接している場合、路線価を基準にして、「奥行価格補正率」、「側方路線影響加算率」などの調整率を用いて評価します。

1章 ライフプランニングと資金計画

2章 リスク管理

3章 金融資産運用

4章 タックスプランニング

5章 不動産

6章 相続・事業承継

● 1つの道路にしか面していない宅地の評価額 [計算]

> 評価額＝路線価×奥行価格補正率×面積（地積）

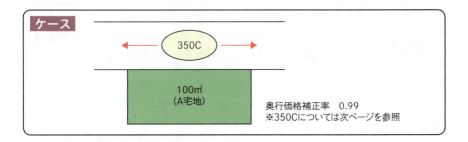

ケース

350C

100㎡
（A宅地）

奥行価格補正率　0.99
※350Cについては次ページを参照

> 35万円（正面路線価）×0.99（奥行価格補正率）×100㎡（面積）
> ＝3,465万円

● 角地で2つの道路に面する宅地の評価額（宅地の正面と側方に道路がある）

> 評価額＝（正面路線価×奥行価格補正率＋側方路線価×
> 　　　　　奥行価格補正率×側方路線影響加算率）×面積

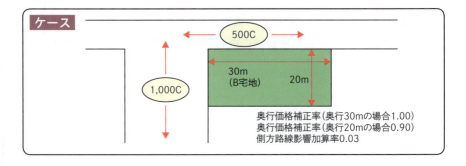

ケース

500C

1,000C

30m
（B宅地）

20m

奥行価格補正率（奥行30mの場合1.00）
奥行価格補正率（奥行20mの場合0.90）
側方路線影響加算率0.03

1章 ライフプランニングと資金計画

2章 リスク管理

3章 金融資産運用

4章 タックスプランニング

5章 不動産

6章 相続・事業承継

　各路線価に奥行価格補正率を乗じて、価額が高い方が正面路線価となり、もう一方が側方路線価とみなされます。

・100万円×1.00＝100万円

・50万円×0.90＝45万円

　正面路線価は高い方の100万円になるので、

［｛100万円（正面路線価）×1.00（奥行価格補正率）｝ ＋ ｛50万円（側方路線価）×0.90（奥行価格補正率）×0.03（側方路線影響加算率)}］×600㎡（面積）＝6億810万円

📝 ここも大事

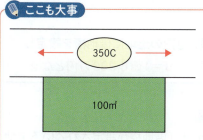

実際の路線価図には左記のような表記があります。路線価は千円単位で表記されます。

●正面路線価の350とは1㎡あたりの路線価が35万円（350×1,000円）であることを表しています。

●アルファベット表記（C）は借地権が設定されている場合の借地権割合を表しています。借地権割合は、A＝90％、B＝80％、C＝70％、D＝60％…を意味しています。

2 借地権などの相続税評価

①借地権（普通借地権） ⊙ここが出る

　借地権とは建物の所有を目的に、地主から土地を借りて使用する権利のことです。🧮

借地権の評価額＝**自用地評価額×借地権割合**

> **ケース**
>
> 　借地権割合が80％の地域で、価額2億円の土地に借地権を設定した場合の借地権の評価額は、**2億円×0.8＝1億6,000万円**となる

②貸宅地（底地） 🧮 ⊙ここが出る

　貸宅地とは他人に貸し付ける目的の土地（借地権が設定されている宅地）のことです。第三者に貸し付けている分だけ、評価額は低くなります。

貸宅地の評価額＝**自用地評価額×（1－借地権割合）**

また、使用貸借されている宅地は、**自用地**として評価します。

> ✏️ **ここも大事**
>
> **使用貸借**とは、例えば、親が自分の土地を子どもに無償（権利金や地代を、受け取らない）で使用させている場合などをいう（使用貸借している土地は贈与税の対象ではない）。この場合、親に相続が発生するとその土地は自用地として評価する

1章 ライフプランニングと資金計画

2章 リスク管理

3章 金融資産運用

4章 タックスプランニング

5章 不動産

6章 相続・事業承継

ケース

Bさんが建物を所有する目的でAさんの土地を借りている場合の、Aさんの貸宅地の評価額、Bさんの借地権評価額

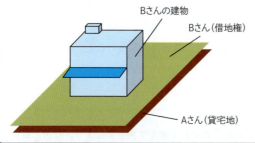

Bさんの建物
Bさん（借地権）
Aさん（貸宅地）

自用地評価額：5,000万円
借地権割合：　　70％
の場合

Bさんの借地権評価額
5,000万円×70％＝3,500万円

Aさんの貸宅地の評価額
5,000万円×（1－0.7）＝1,500万円

　なお、不特定多数の者が通行している私道は、一般道とみなされ、相続税の課税価格が**ゼロ**になります。

③貸家建付地 〔計算〕 ◉ここが出る

　貸家建付地とは、宅地の所有者が建物を建て、その建物を他人に貸し付けている場合の宅地（賃貸アパートなどが建っている宅地）のことです。

> 貸家建付地の評価額＝
> **自用地評価額×（1－借地権割合×借家権割合×賃貸割合）**

ケース

Aさんの土地にAさんがアパートを建てて、他人に貸している場合の貸家建付地の評価額

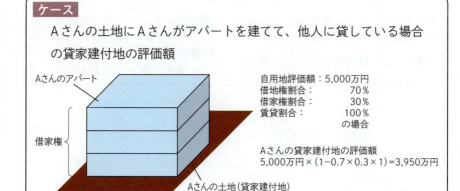

Aさんのアパート
借家権
Aさんの土地（貸家建付地）

自用地評価額：5,000万円
借地権割合：　　70％
借家権割合：　　30％
賃貸割合：　　100％
の場合

Aさんの貸家建付地の評価額
5,000万円×（1－0.7×0.3×1）＝3,950万円

- **借地権割合**とは、更地の時価額に対する借地権価格（借りている土地の価格）の割合のこと
- **借家権割合**とは、所有している家屋を他人に貸し付けている場合に相続税評価をするときに適用される割合のこと。国税庁が決定している
- **賃貸割合**とは、貸家の中で実際に貸している部屋の割合のこと。満室であれば賃貸割合は100％になる

間違えやすいポイント　貸家建付地の評価額の計算式は必ず覚えておきましょう。なお、賃貸割合は通常、満室（100％）で出題されることが多いです。

3　建物の相続税評価

建物の評価は、自用家屋と貸家の場合で評価額が異なります。

建物の評価 👁ここが出る

区分	形態	評価額
自用家屋	自宅、事務所、店舗など	評価額＝**固定資産税評価額×1.0**
貸家	貸付を行っている建物	評価額＝**固定資産税評価額×（1−借家権割合×賃貸割合）**

1章 ライフプランニングと資金計画
2章 リスク管理
3章 金融資産運用
4章 タックスプランニング
5章 不動産
6章 相続・事業承継

 4 **小規模宅地等の課税価格の特例**

　「小規模宅地等の相続税の課税価格の特例」とは、相続や遺贈により取得した宅地等について、その宅地上に被相続人の居住用や事業用の建物等があった場合に、一定の面積まで、通常の評価額から一定割合を減額する制度のことです。

①小規模宅地等の対象面積と減額割合

　宅地等の区分によって、減額される割合と対象面積が決まっています。

小規模宅地等の種類（対象面積と減額割合）◉ここが出る

区分と要件	対象面積	減額割合
特定居住用宅地等（住んでいた土地） 〈要件〉 ・被相続人の居住用で、取得者が**配偶者**の場合 ・取得者が配偶者以外の同居親族の場合は、相続税の申告期限まで宅地を所有し、引き続き住んでいること	330㎡	80%
特定事業用宅地等（事業を行っていた土地） 〈要件〉 ・取得した親族（配偶者を含む）が被相続人の事業を引き継ぎ、相続税の申告期限まで宅地を所有し、事業を継続していること	400㎡	80%
貸付事業用宅地等（貸付を行っている土地） 〈要件〉 ・取得した親族（配偶者を含む）が相続税の申告期限までに貸付事業を継続すること	200㎡	50%

※一定の条件を満たせば特定居住用宅地等（330㎡）と特定事業用宅地等（400㎡）とをあわせて730㎡までが減額の対象となります
※特定事業用宅地等や特定居住用宅地等と貸付居住用宅地等を同時に相続する場合、対象面積は調整されます

間違えやすいポイント　「小規模宅地等の課税価格の特例」では、配偶者が被相続人の居住していた宅地を相続した場合、その後の所有期間にかかわらず、無条件で特定居住用宅地等とみなされます。したがって、相続税の申告期限前に宅地を売却した場合でも、特定居住用宅地等となります。

②減額される金額の計算方法

　相続税の課税価格に算入すべき金額は、相続税評価額から以下の計算式で算出した額を差し引いた金額になります。

●特定居住用宅地等の場合 [計算]

$$\text{その宅地等の相続税評価額} \times \frac{330㎡までの部分}{その宅地等の総面積} \times 80\%$$

●特定事業用宅地等の場合 [計算]

$$\text{その宅地等の相続税評価額} \times \frac{400㎡までの部分}{その宅地等の総面積} \times 80\%$$

●貸付事業用宅地等の場合 [計算]

$$\text{その宅地等の相続税評価額} \times \frac{200㎡までの部分}{その宅地等の総面積} \times 50\%$$

1章 ライフプランニングと資金計画
2章 リスク管理
3章 金融資産運用
4章 タックスプランニング
5章 不動産
6章 相続・事業承継

特定居住用宅地等の場合の計算例

〈例題〉

2023年中に、自用地評価額1億円（500㎡）の居住用宅地等について、被相続人の配偶者が取得し、小規模宅地等の相続税の課税価格の特例の適用を受けた場合の相続税評価額はいくらか。

〈解答〉

特定居住用宅地等（配偶者が取得した場合は特定居住用宅地等になる）なので、500㎡のうち330㎡までの部分について、80%減額されます。

〈減額される金額〉　$1億円 \times \dfrac{330㎡}{500㎡} \times 80\% = 5,280万円$

〈相続税評価額〉　$1億円 - 5,280万円 = 4,720万円$

5 上場株式等の相続税評価 👁ここが出る

　上場株式等（ETFなどの上場投資信託、不動産投資信託などのJ-REITを含む）については、課税時期の終値（相続発生日の最終価格）および課税時期以前3か月間（相続が発生した月を含む）の各月の終値の平均の中で最も低い価格が相続税評価額になります。

被相続人の死亡日を6月20日とした場合、以下の①～④の4つの価格の中で③の「課税時期の属する月（6月）の終値の平均額」（1,480円）が最も低い価格のため、この1,480円が相続税を計算するときの評価額になります。

4月	①課税時期の属する月の前々月の 毎日の終値の平均額	1,520円
5月	②課税時期の属する月の前月の 毎日の終値の平均額	1,580円
6月	③課税時期の属する月の 毎日の終値の平均額	1,480円
	④課税時期の終値（6月20日の終値）	1,500円

間違え
やすい
ポイント

上場株式の相続税評価額は、課税時期以前3か月間の各月の終値の平均と比較し計算します。前の例で「3月の終値の平均額が1,450円」という情報があったとしても、これは課税時期以前4か月にあたるので対象外です。

6 取引相場のない株式の評価方法（自社株等の相続税評価額）

　取引相場のない株式とは、取引所に上場している株式以外の株式のことです。上場していない株式の評価額は、株式の取得者や会社の規模によって評価方法が異なります。

　まず、株主を同族株主等（会社の経営権を持つ親族の株主）と同族株主等以外の株主（経営権のない株主）に区分し、同族株主等が取得する株式は原則的評価方式、同族株主等以外の株主が取得する株式は特例的評価方式（配当還元方式）で評価します。

取引相場のない株式の評価方法

取得者	評価方式	具体的な評価方法
同族株主等 （会社の経営権を持つ親族）	原則的評価方式 （3つ）	・類似業種比準方式（るいじぎょうしゅひじゅん） ・純資産価額方式 ・類似業種比準方式と純資産価額方式の併用方式
同族株主等以外の株主 （経営権のない株主）	特例的評価方式	・配当還元方式

●会社の規模の判定

　会社の規模は従業員数、総資産額、取引金額にもとづいて大会社・中会社・小会社に区分します。原則として、大会社は類似業種比準方式、中会社は類似業種比準方式と純資産価額方式の併用方式、小会社は純資産価額方式で評価します。なお、従業員数が70人以上の会社は大会社になります。

7　株式の評価方式

①類似業種比準方式　ここが出る

　類似業種比準方式とは、事業内容が同じ上場会社の株価をベースに「1株あたりの配当金額」、「1株あたりの利益金額」、「1株あたりの純資産価額」の3つの要素を対象企業と比較して株式を評価する方法です。

②純資産価額方式

　会社を解散した場合に株主に払い戻される金額を算出し、それを基本に株式を評価する方式です。

1章 ライフプランニングと資金計画
2章 リスク管理
3章 金融資産運用
4章 タックスプランニング
5章 不動産
6章 相続・事業承継

③配当還元方式

　配当還元方式とは、過去2年間の平均配当金を基本に株式を評価する方法です。通常、会社の規模に関係なく、同族株主等以外の株主が取得する株式の評価に適用します。

間違えやすいポイント　類似業種比準方式の3つの要素（1株あたりの配当金額・1株あたりの利益金額・1株あたりの純資産価額）は必ず覚えておきましょう。

8　その他の財産の相続税評価

その他の財産評価

取引相場のある（市場で取引されている）ゴルフ会員権の評価 ◉ここが出る	相続発生日（課税時期）の取引価額の **70%**
預貯金の評価	課税時期の預貯金の残高＋経過利子－源泉徴収額 ※普通預金等で経過利子が少ないものは預入高で評価
公社債の評価	・利付債（上場債） 　課税時期の最終価額＋経過利子－源泉徴収額 ・個人向け国債 　課税時期の中途換金した価額
投資信託の評価 （上場投資信託は除く）	原則、課税時期の基準価額（解約価額） ※解約手数料や信託財産留保額は差し引く
生命保険契約に関する権利の評価 ◉ここが出る	課税時期の解約返戻金相当額 ※被保険者が死亡していない場合（保険事故が発生していない場合）

問1 子が父の所有する土地を無償で借り受け、その土地の上に建物を建築した場合には、父から子へ借地権の贈与があったものとして贈与税の課税対象となる。【H28年9月】

問2 アパート等の貸家の用に供されている家屋の相続税評価額は、（　　　　）の算式により算定される。【H28年5月】
1. 家屋の固定資産税評価額 × （1－借家権割合×賃貸割合）
2. 家屋の固定資産税評価額 × （1－借地権割合×賃貸割合）
3. 家屋の固定資産税評価額 × （1－貸宅地割合×賃貸割合）

問3 相続税において、貸家の敷地の用に供されている宅地（貸家建付地）の価額は、「自用地としての評価額×（1－借地権割合×借家権割合×賃貸割合）」の算式により評価する。【H27年9月】

問4 借地権の目的となっている土地（貸宅地）の相続税評価額は、原則として「自用地としての価額×（1－借地権割合）」の算式で算出する。【H25年9月】

問5 相続税評価において、借地権の価額は、原則として（　　　　）の算式により算出する。【H25年5月】
1. 自用地としての価額×借地権割合
2. 自用地としての価額×（1－借地権割合）
3. 自用地としての価額×（1－借地権割合×借家権割合）

問6 相続により取得した宅地（面積400㎡）が「小規模宅地等についての相続税の課税価格の計算の特例」における特定居住用宅地等に該当する場合、相続税の課税価格に算入すべき価額の計算上、減額される金額は、（　　　　）の算式により算出される。
【H28年9月】

1. 宅地の評価額 $\times \dfrac{200}{400} \times 50\%$

2. 宅地の評価額 $\times \dfrac{330}{400} \times 80\%$

3. 宅地の評価額 $\times \dfrac{400}{400} \times 80\%$

1章 ライフプランニングと資金計画

2章 リスク管理

3章 金融資産運用

4章 タックスプランニング

5章 不動産

6章 相続・事業承継

問7　類似業種比準価額の比準要素は、1株当たりの配当金額、年利益金額および純資産価額（帳簿価額によって計算した金額）である。
【H27年9月】

問8　宅地が「小規模宅地等についての相続税の課税価格の計算の特例」における特定居住用宅地等に該当する場合、宅地のうち400㎡までを限度面積として、評価額の80%相当額を減額した金額を、相続税の課税価格に算入すべき価額とすることができる。
【H30年9月】

問9　取引相場のない株式の相続税評価において、同族株主以外の株主等が取得した株式については、特例的評価方式である配当還元方式により評価することができる。【H31年1月】

問10　相続財産の評価において、相続開始時に保険事故が発生していない生命保険契約に関する権利の価額は、原則として、既払込保険料相当額によって評価する。【R1年5月】

問11　2022年9月7日（水）に死亡したAさんが所有していた上場株式Xを相続により取得した場合の1株当たりの相続税評価額は、下記の〈資料〉によれば、（　　　）である。【R4年9月】
〈資料〉上場株式Xの価格
2022年7月の毎日の最終価格の月平均額：1,180円
2022年8月の毎日の最終価格の月平均額：1,200円
2022年9月の毎日の最終価格の月平均額：1,200円
2022年9月7日の最終価格：1,190円
1．1,180円　　2．1,190円　　3．1,200円

解答
| 1 | × | 2 | 1 | 3 | ○ | 4 | ○ | 5 | 1 | 6 | 2 |
| 7 | ○ | 8 | × | 9 | ○ | 10 | × | 11 | 1 | | |

1章 ライフプランニングと資金計画

2章 リスク管理

3章 金融資産運用

4章 タックスプランニング

5章 不動産

6章 相続・事業承継

章末 実技試験対策

　金財およびFP協会の実技試験では、親族関係図を用いて法定相続分や相続税の基礎控除額、相続税の総額、宅地（貸家建付地等）の相続税評価額を求める計算問題が出題されています。

●相続税の総額の計算　[金財・個人]

　金財の実技試験では、相続税の総額を計算する問題がかなりの頻度で出題されています。

〈Aさんの親族関係図〉

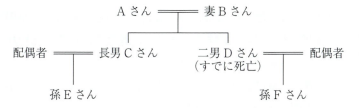

〈Aさんが保有する主な財産（相続税評価額）〉

現預金	：1億円
上場株式	：4,000万円
自宅（敷地250㎡）	：6,000万円※
自宅（建物）	：1,000万円

※「小規模宅地等についての相続税の課税価格の計算の特例」適用前の金額

　Aさんの相続が現時点で開始し、Aさんの相続に係る課税遺産総額（課税価格の合計額－遺産に係る基礎控除額）が1億2,000万円であった場合の相続税の総額はいくらか。

〈資料〉相続税の速算表（一部抜粋）

法定相続分に応ずる取得金額			税率	控除額
万円超		万円以下		
	～	1,000	10 %	－
1,000	～	3,000	15 %	50 万円
3,000	～	5,000	20 %	200 万円
5,000	～	10,000	30 %	700 万円
10,000	～	20,000	40 %	1,700 万円

●相続税の総額の計算（解答・解説）

　課税遺産総額を各相続人が法定相続分で相続したものとして各自の相続税を計算し、合計した金額が相続税の総額になります。

《課税遺産総額》

　相続税の課税遺産総額＝相続税の課税価格の合計額－相続税の基礎控除額で算出しますが、3級の実技試験では通常、問題文で課税遺産総額が与えられますので、計算する必要はありません。

　ただし、基礎控除額は必ず計算できるようにしておきましょう。学科試験や実技試験の正誤問題などで多く出題されています。

> 相続税の基礎控除額＝3,000万円＋（600万円×法定相続人の数）

　問題文にあるとおり、Aさんの相続に係る課税遺産総額は1億2,000万円です。

《法定相続人と法定相続分》

　次に、法定相続人が誰であるかを確認します。

　Aさんの法定相続人は、まずは妻Bさんです（配偶者は常に相続人になる）。配偶者以外の者には優先順位があり、第1順位の子がいる場合は子、子がいない場合は第2順位の直系尊属（父母等）、第2順位の父母等もいない

場合、第3順位の兄弟姉妹が相続人になります。

　本来であれば、第1順位の長男Cさんと二男Dさんが相続人になりますが、二男DさんはAさんが亡くなる前にすでに亡くなっているので、その子の孫Fさんが代襲相続人として相続人になります。

　代襲相続人である孫Fさんの相続割合は本来の相続人である二男Dさんと同じです（孫FさんはAさんの子として考えるということ）。なお、二男Dさんの配偶者は法定相続人にはなりません。

　以上より、Aさんの法定相続人は、妻Bさん、長男Cさん、孫Fさんの3人です。

　配偶者と第1順位の子2人が相続人なので、相続割合は妻Bさんが2分の1、残り2分の1を長男Cさんと孫Fさんが等分で相続します。長男Cさんと孫Fさんの各相続分は2分の1×2分の1＝4分の1になります。

　　妻Bさんの相続分＝1億2,000万円×2分の1＝6,000万円
　　長男Cさんの相続分＝1億2,000万円×4分の1＝3,000万円
　　孫Fさんの相続分＝1億2,000万円×4分の1＝3,000万円

《相続税額》
　相続税の速算表を使って各自の相続税額を計算します。
　　妻Bさんの相続税額＝6,000万円×30％－700万円＝1,100万円
　　長男Cさんの相続税額＝3,000万円×15％－50万円＝400万円
　　孫Fさんの相続税額＝3,000万円×15％－50万円＝400万円

《相続税の総額》
　相続税の総額＝1,100万円＋400万円＋400万円＝1,900万円になります。

　その他、貸家建付地、借地権、貸宅地、貸家などの相続税評価額の算出方法が出題されています。しっかりと確認しておきましょう。

1章 ライフプランニングと資金計画

2章 リスク管理

3章 金融資産運用

4章 タックスプランニング

5章 不動産

6章 相続・事業承継

●相続と相続税 　金財・個人

　Aさんは、2023年1月に死亡した。Aさんの家族は、妻Bさん（73歳）、長女Cさん（38歳）、次女Dさん（35歳）、養子Eさん（30歳）の4人である。Aさんと妻Bさんは長女Cさん夫婦と同居しており、次女Dさんと普通養子Eさんはそれぞれ結婚して独立して生計を営んでいる。Aさんの親族関係図およびAさんの主たる財産の状況は、次のとおり。

〈Aさんの親族関係図〉

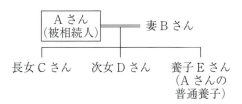

〈Aさんの自宅等の相続税評価額〉
・宅の敷地（500㎡）：1億5,000万円（Aさんおよび妻Bさんが居住用の自宅の敷地であり、金額は「小規模宅地等についての相続税の課税価格の計算の特例」の適用前のものである）
・自宅の家屋：300万円

※上記以外の条件は考慮せず、各問に従うこと。

問1　Aさんの相続に係る民法上の相続人の法定相続分はいくらか。

問2　Aさんの相続に係る相続税の基礎控除額はいくらか。

問3　Aさんの相続により、Aさんの自宅の敷地を妻Bさんがすべて取得した場合、「小規模宅地等についての相続税の課税価格の計算の特例」の適用により減額される金額および相続税評価額は、いくらか。

●相続と相続税（解答・解説）

問1　配偶者（妻Bさん）は常に法定相続人になります。また、配偶者以外の相続人は、長女Cさん、次女Dさん、養子Eさんの3人です。配偶者と子が相続人なので、相続分は、配偶者：2分の1、残り2分の1を子3人で均等割します（なお、実子と養子の相続分は同じです）。

　以上より、妻Bさん：**2分の1**、長女C・次女D・養子Eは2分の1×3分の1＝**各6分の1**です。

問2　相続税の基礎控除額は、以下の算式で計算できます。

> **相続税の基礎控除額＝3,000万円＋600万円×法定相続人の数**

　法定相続人の数には養子も加える（実子がいる場合は、養子が2人以上いても養子1人を法定相続人の数に加える）ので、Aさんの法定相続人の数は4人（妻B、長女C、次女D、養子E）です。

　従って、基礎控除額＝3,000万円＋600万円×4人＝**5,400万円**

問3　小規模宅地等の特例は、特定居住用宅地等（配偶者が相続する場合、必ず特定居住用宅地等となる）の場合、**330㎡**までの宅地の面積について、**80%**評価額が減額される制度です。以下の計算式で、減額される金額を算出することができます。

> 減額される金額＝自用地価額×$\dfrac{330㎡}{敷地面積}$×80%

　設例では、自宅の敷地面積が500㎡、自用地価額1億5,000万円なので
〈減額される金額〉
　1億5,000万円×（330㎡／500㎡）×80%＝**7,920万円**
〈相続税評価額〉
　1億5,000万－7,920万円＝**7,080万円**

1章 ライフプランニングと資金計画

2章 リスク管理

3章 金融資産運用

4章 タックスプランニング

5章 不動産

6章 相続・事業承継

●相続税評価額の計算 共通

下記〈資料〉の宅地（貸家建付地）の相続税評価額はいくらか。なお、記載のない条件については一切考慮しないこととする。

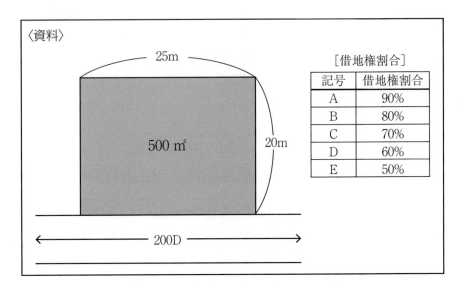

〈資料〉

25m

500 ㎡

20m

200D

[借地権割合]

記号	借地権割合
A	90%
B	80%
C	70%
D	60%
E	50%

※この宅地の自用地評価額は1億円（20万円×500㎡）
※普通住宅地区内にある自分の宅地の上に賃貸アパートを建築し、各部屋を普通借家契約により貸し付けている。
※借家権割合は40%、賃貸割合は100%である。

1章 ライフプランニングと資金計画

2章 リスク管理

3章 金融資産運用

4章 タックスプランニング

5章 不動産

6章 相続・事業承継

●相続税評価額の計算（解答・解説）

貸家建付地（自分の土地に賃貸アパートなどを建てて、貸付けている場合の宅地）の相続税評価額は、以下のように計算します。

> 貸家建付地の評価額
> ＝自用地評価額×（1－借地権割合×借家権割合×賃貸割合）

前面道路の "200 D" を説明します。まず、200は1㎡あたりの路線価を表しています。路線価は1,000円単位で記載されるので、この場合、路線価が20万円（200×1,000円）であることを示しています。

また、アルファベットのDは、借地権割合を表していて、60%です。

問題文より、借家権割合は40%、賃貸割合は100%（すべての部屋を貸し付けている）となっています。

以上より、この宅地の評価額

＝1億円×（1－60%×40%×100%）

＝1億円×0.76

＝7,600万円

宅地等の評価額は、ここに注意！

貸家建付地の評価額以外に、借地権、貸宅地、貸家の評価額の算出方法を覚えておきましょう。

借地権	自用地評価額×借地権割合
貸宅地	自用地評価額×（1－借地権割合）
貸家	固定資産税評価額×（1－借家権割合×賃貸割合）

索 引

か

さ

た